Não se leve tão a sério

Mike Rucker

Não se leve tão a sério

Como novos hábitos podem te ajudar a encontrar a alegria no dia a dia

Tradução
Diego Franco Gonçales

academia

Título original: *The Fun Habit*

Preparação: Ana Maria Fiorini
Revisão: Fernanda Guerriero Antunes e Gleice Couto
Projeto gráfico e diagramação: Gisele Baptista de Oliveira
Capa e ilustração de capa: André Stefanini
Crédito das imagens de miolo: Alpha Historica / Alamy Stock Photo (p. 40); ilustração por Doan Trang (p. 46); Six Flags Great Adventure (p. 76); acervo pessoal do autor (p. 91); © Nice Matin (p. 101); ilustração por Doan Trang (p. 143); acervo pessoal do autor (p. 182); © Tori Trafford (p. 234); acervo pessoal do autor (p. 286.)

DADOS INTERNACIONAIS DE CATALOGAÇÃO NA PUBLICAÇÃO (CIP)
ANGÉLICA ILACQUA CRB-8/7057

Rucker, Mike
Não se leve tão a sério / Mike Rucker ; tradução de Diego Franco Gonçales. - São Paulo : Planeta do Brasil, 2025.
320 p. : il.

ISBN: 978-85-422-3748-1
Título original: The Fun Habit

1. Desenvolvimento pessoal 2. Felicidade I. Título II. Gonçales, Diego Franco

25-2999 CDD 158.1

Índice para catálogo sistemático:
1. Desenvolvimento pessoal

Ao escolher este livro, você está apoiando
o manejo responsável das florestas do mundo

2025
Todos os direitos desta edição reservados à
Editora Planeta do Brasil Ltda.
Rua Bela Cintra, 986, 4º andar – Consolação
São Paulo – SP – 01415-002
www.planetadelivros.com.br
faleconosco@editoraplaneta.com.br

À memória de Brian Rucker. Quando nos virmos de novo, espero encontrá-lo com Bourdain e Cornell, bebendo uísque e comendo bem, na companhia de Farley e Hedberg, que nos deixam todos às gargalhadas. Sua memória serve de lembrete para aproveitar cada dia ao máximo, o que inclui concluir este livro. Como resultado, haverá muito mais diversão no mundo, e sei que isso o deixaria feliz. Amo você, meu amigo.

Nota do autor

Comecei a escrever a versão final deste livro no início de 2020. E então, como você certamente sabe, algo bastante extraordinário aconteceu: uma pandemia global. Entreguei o manuscrito finalizado no momento em que quase a metade dos Estados Unidos já estava vacinada e o país voltava a algum tipo de novo e precário normal. Dito de outra maneira, escrevi este livro durante os (espero) anos menos divertidos que qualquer um de nós jamais tenha experimentado *coletivamente* na vida.

As ideias deste livro foram testadas em circunstâncias "normais", mas a pandemia de covid-19 resultou num cenário completamente estranho. Durante os momentos mais desafiadores da pandemia, a diversão não estava no topo da pauta de ninguém, inclusive da minha. Em maio de 2020, fiquei extremamente doente, consequência de uma infecção inicialmente leve por covid-19 e da junção dos vários fatores de estresse do período. Perdi por meses a capacidade de dormir, o que tornou o meu funcionamento diário, para não falar da diversão, quase impossível. Embora tenha havido momentos em que as lições deste livro tenham sido úteis e me trazido grande satisfação, também houve aqueles em que lutei contra a síndrome do impostor, escrevendo capítulo após capítulo sobre diversão sem experimentar muito daquilo pessoalmente. Apesar dos meus contratempos, ainda me considero sortudo. Milhões de pessoas perderam seus meios de subsistência, perderam seus entes queridos; os mais desafortunados perderam as suas vidas. Além de um vírus incontrolável durante a pandemia, pessoas do mundo inteiro enfrentaram o racismo sistêmico e a injustiça, lutaram contra a turbulência política, batalharam contra os desafios das mudanças climáticas, e a lista continua. Com tantas necessidades de segurança fisiológica e psicológica não atendidas, não é de admirar que muitos de nós não estivessem preocupados com a busca de necessidades mais elevadas.

Se houve algo de positivo nessa paisagem sombria, foi o fato de ela ter proporcionado a muitos uma oportunidade única na vida de observar sua existência anterior – seus horários, ritmos, distrações e obsessões – a uma distância suficiente para fazer perguntas importantes: Estou vivendo a vida que eu quero? O que é acidental e o que é intencional? Consigo viver com mais propósito? E até, sim: *Dá para a vida ser mais divertida?*

Para aqueles que estão tentando responder a essas perguntas, este livro não poderia ter chegado em melhor hora. Quer o compreendamos completamente ou não, a pandemia nos tornou intimamente familiarizados com o que você verá que são conceitos-chave importantes deste livro. Vivenciamos como é doloroso desperdiçar nosso precioso tempo, excluídos de muitas das atividades que amamos. Sofremos com a falta de interação presencial com amigos e familiares e sentimos os danos que podem ocorrer quando não estamos pessoalmente conectados a algo que não seja nós mesmos. Nos demos conta da verdade na afirmação de que "a segurança é em grande parte uma superstição" e todos ansiamos por regressar à "aventura audaciosa".[1]

É hora de todos nós voltarmos à *aventura audaciosa* e recuperarmos nossa diversão – não apenas para nós mesmos, mas como um caminho reparador para nossos entes queridos e, como você descobrirá, também para a sociedade.

Introdução

Passei a maior parte da minha vida em busca da felicidade. Era como um quebra-cabeça que eu nunca conseguia acabar de montar. Quando adolescente, queria desesperadamente me encaixar e sentia um desejo agonizante de encontrar minha posição na estrutura social de Davis, na Califórnia, minha pequena cidade natal. Infeliz em casa, fui emancipado ainda adolescente para ver se a felicidade estava em algum lugar do mundo, esperando por mim. Tem sido uma bela jornada desde então.

As pessoas sempre quiseram ser felizes, mas a ideia da felicidade como uma habilidade a ser aprendida nunca foi tão popular. Hoje, existe um complexo industrial da felicidade, composto de gurus, psicólogos, instituições e organizações que tentam "solucionar" o problema da felicidade de uma vez por todas. Montanhas de livros são escritas sobre como ter mais felicidade do ponto de vista neurológico, psicológico, religioso e espiritual. A promessa de uma felicidade separada da riqueza, das realizações ou de qualquer outro fator externo impacta muito as pessoas. Muitos de nós nos sentimos desamparados hoje em dia em nossa tentativa de caminhar rumo a uma vida boa, enfrentando o que às vezes parece ser ventos contrários impossíveis.

Para todos, desde os *baby boomers* incapazes de se reconectarem com as alegrias do passado até as gerações mais jovens que têm experimentado níveis recordes de solidão, ansiedade e esgotamento, a busca da felicidade oferece a esperança como a resposta para os nossos problemas. A ideia é de que, se conseguirmos simplesmente apertar nosso "interruptor da felicidade", outros desafios na vida perderão sua força. A satisfação interior pode ser encontrada, não importa quão sombrias sejam nossas circunstâncias. Já contei que agora tem uma sala zen no trabalho?[1]

Como você descobrirá em breve, buscar a felicidade por si só pode ser uma armadilha. Na verdade, para quase todos nós, buscar a felicidade nos torna tudo, menos felizes. Eu sei disso porque eu mesmo caí nessa armadilha da felicidade. No início de 2016, sentia que tinha preenchido todos os requisitos na busca pela felicidade: um bom casamento e dois filhos saudáveis. Vida profissional bem-sucedida, tanto como empreendedor quanto como empregado. Completei duas vezes a prova Ironman. Viajava muito e já havia pisado em todos os continentes. Um Ph.D. com pesquisas revisadas por pares e publicadas. Vários elogios por ser influente em minha área. A maioria das pessoas diria que eu tinha tudo. Objetivamente, a vida era boa. Além disso, como membro fundador da Associação Internacional de Psicologia Positiva, eu havia me posicionado na vanguarda da investigação sobre a felicidade. Naturalmente, eu colocava em prática na minha própria vida todas as descobertas mais recentes na área. Como membro da comunidade Quantified Self, otimizava minha vida não apenas qualitativa, mas também quantitativamente – registrando meus dias bons e ruins, procurando constantemente correlações e maneiras de melhorar. Eu tinha chegado ao topo. Não havia muito mais que eu pudesse fazer para me tornar mais feliz, nenhuma técnica ainda a empregar.

Sou um blogueiro ávido e, em apoio a esse hobby, envio um boletim informativo trimestral por volta do dia 23, a cada três meses (dezembro, março, junho e setembro). Vinte e três de junho de 2016 foi um dia como qualquer outro. Cliquei em enviar o boletim, que era basicamente uma volta olímpica dizendo que a vida naquele momento era incrível. Perto do final do boletim informativo, eu comemorava a então recente realização de um item da lista de desejos com meu amado irmão, Brian: andar na montanha-russa mais alta do mundo, a Kingda Ka.

Em algum momento das vinte e quatro horas que se seguiram ao envio daquele boletim informativo, meu irmão faleceu inesperadamente de embolia pulmonar. Parecia surreal: no exato momento em que meus amigos, familiares e seguidores liam sobre o quanto eu havia gostado da experiência que ele e eu tínhamos compartilhado, o trágico falecimento de Brian garantia que nunca mais haveria outra oportunidade como aquela. À medida que o choque passava, eu me via profundamente triste e inquieto. Esse período abriu um caminho indesejado de questionamentos sobre tudo.

Pouco tempo depois, encontrei-me no hospital necessitando de uma grande cirurgia no quadril. Quando acordei após o procedimento, não conseguia sentir minhas pernas. Deitado na cama do hospital, tive dificuldades para permanecer positivo. Eu tinha construído minha vida em torno de permanecer fisicamente ativo e me beneficiar de uma atitude mental positiva. Agora eu estava me adaptando à realidade de que nunca mais correria competitivamente e, do ponto de vista emocional, estava um desastre. As ferramentas tradicionais da psicologia positiva estavam me deixando na mão. Não importava o quanto eu meditasse ou escrevesse em meu diário da gratidão, a felicidade permanecia fugidia. Finalmente tive que admitir para mim mesmo que essas ferramentas haviam perdido sua utilidade. Acreditando na felicidade, mas incapaz de me sentir feliz, experimentei uma grande dissonância cognitiva. Tinha pensado que estava com a vida resolvida, e agora me via perdido de novo.

A sensibilidade nas pernas voltou, felizmente. E, à medida que me recuperava nos meses seguintes, algo significativo começou a ficar evidente para mim. Comecei a me perguntar se tentar ser feliz com tanto fervor havia sido parte do problema. Porque, quando parei de me criticar por ser infeliz, algo incrível aconteceu. A energia que eu vinha queimando incansavelmente me concentrando em minha felicidade acabou ficando disponível para ser usada em outro lugar. Em vez de perseverar na lacuna do que faltava, comecei a fazer escolhas melhores no momento presente, usando meu tempo para agir e me divertir. Como você lerá a seguir, isso variou de coisas simples, como encontrar maneiras criativas de garantir que minha esposa e eu tivéssemos um horário agendado para nos conectarmos, até uma abordagem pouco ortodoxa de fisioterapia que me proporcionou a oportunidade de ser um dançarino melhor enquanto me conectava com minha filha.

Com o tempo, essa percepção floresceu em uma epifania completa. Enfim percebi quão inúteis, e até mesmo contraproducentes, tinham sido os meus esforços para agarrar e depois manter a felicidade – não apenas naquele período de crise, mas durante anos. O trabalho de ser feliz estava consumindo o tempo e a atenção limitados que eu tinha para viver a vida.

Cientificamente, minha epifania fazia todo o sentido. A felicidade evoluiu por uma razão: para nos atrair para aquelas coisas e atividades que melhoram as nossas chances de sobrevivência. Se sempre nos sentíssemos saciados, teríamos pouca motivação para seguir em frente. Às vezes, a *insatisfação*, e não a felicidade em si, é o que nos move. No entanto, embora muitos de nós entendamos isso conceitualmente, a busca pela felicidade permanece universal. Assim como Sísifo, que rolava sua pedra morro acima sem pensar muito no assunto, apenas para acabar vendo-a descer de novo, nós lutamos incessantemente com o esforço de nos tornarmos e depois permanecermos felizes, sem nunca questionarmos o valor do esforço em si.

Pessoalmente, cheguei à conclusão de que minha preocupação deliberada em ser feliz apenas chamava a minha atenção para o que estava faltando, tornando-me mais infeliz. (Desde então, descobri que novas pesquisas sobre a ciência da felicidade, que vou compartilhar nas páginas deste livro, apoiam esse *insight*.) Comecei a aceitar que ficar triste com a morte do meu irmão e, depois, temeroso pela minha recuperação física eram respostas apropriadas e inevitáveis a verdadeiras tragédias. O luto e a dor fazem parte da experiência humana. Mas, no encalço da busca pela felicidade, em vez de aceitar esse fato, acabei aprofundando minha miséria na tentativa de subjugar o luto e evitar a dor. Eu estivera tão convencido da necessidade de ser feliz que não honrei a necessidade de processar, de sentir, de lamentar.

Mas se perseguir deliberadamente a felicidade me deixou infeliz, qual era a alternativa? Existe alguma coisa em que nós, humanos, *podemos* confiar para nos ajudar a atravessar períodos sombrios? Comecei a fazer perguntas menos introspectivas. Em vez disso, concentrei-me em exercer compassivamente minha autonomia e agência em alinhamento com meus valores. À medida que deixei de lado a autorrecriminação e comecei a ficar mais ativo, apesar do meu estado de luto, um segundo *insight*, crucial, surgiu: nem sempre eu conseguia me fazer feliz, mas quase sempre conseguia me divertir. Eu era capaz de criar momentos de diversão e prazer quando essa era minha intenção – sim, mesmo admitindo que estava triste. Como você lerá em breve, a diversão pode coincidir com uma variedade de estados emocionais ou até mesmo transcendê-los completamente.

Ao contrário da felicidade, a diversão não é uma reação às circunstâncias. É uma orientação ativa, que você controla e pode implementar em praticamente qualquer lugar, a qualquer hora. Também é extremamente benéfica, física e psicologicamente. Em vez de preocupação com o que pode estar faltando, o viés para a diversão proporciona ganhos imediatos.

A diversão é um caminho neurológico direto para melhorar nosso bem-estar – e, no entanto, como mais tarde eu descobriria, é também uma habilidade que requer algum treino, pelo menos para qualquer pessoa profundamente envolvida nos sérios assuntos da vida adulta. As crianças abraçam a diversão naturalmente, mas, como adultos, enfrentamos três obstáculos:

1. À medida que envelhecemos, somos condicionados a acreditar que tentar se divertir é algo infantil, até mesmo inapropriado.
2. Subestimamos os benefícios físicos e mentais da diversão.
3. Ficamos desanimados com o fato contraintuitivo de que, para adultos ocupados, a diversão exige disciplina, o que parece... bem, nada divertido.

Quando você terminar de ler *Não se leve tão a sério*, terá à mão evidências científicas claras e convincentes do valor e da importância da diversão para nutrir a vida. Você aprenderá táticas e técnicas para tornar a diversão uma parte regular de sua vida de maneira confortável e autêntica, e não forçada ou falsa. Essas técnicas melhoraram drasticamente meu bem-estar, e as usei para ajudar outras pessoas com grande sucesso.

Não sou um guru que desceu do topo da montanha. Quando digo que é hora de parar de buscar a felicidade e começar a se divertir, sem se levar tão a sério, esses princípios estão totalmente fundamentados em pesquisas revisadas por pares. Minha equipe e eu passamos anos comprovando as ideias e estratégias que você está prestes a descobrir. Todos nós temos o arbítrio para viver uma vida mais alegre; apenas não temos as ferramentas corretas. Este livro resolve esse problema.

Capítulo 1

O antídoto é a diversão

> Houve um tempo na minha vida em que eu achava que tinha tudo: milhões de dólares, mansões, carros, roupas bonitas, mulheres bonitas e todas as outras coisas materiais que você possa imaginar. Agora luto para ter paz.
>
> — **RICHARD PRYOR**

Num dia de inverno na árida Phoenix, Arizona, um homem chamado Will Novak recebeu um e-mail que o convidava para uma despedida de solteiro. Parecia muito divertido: um fim de semana de esqui e loucuras em Vermont. A temática seria os anos 1980, haveria churrasco e comida italiana, cerveja e a linda neve recém-caída. Mas havia um único porém: Will nunca tinha ouvido falar do noivo, Angelo, ou de qualquer um dos padrinhos; um deles lhe enviara o convite por engano. (Notavelmente, havia um padrinho chamado Bill Novak.) Mesmo assim, Will ficou de bom humor lendo o e-mail. Ele era pai de um bebê de dez meses, e a aquela bagunça era bem-vinda.

Então, rindo consigo mesmo, ele respondeu: "P*rra, conte comigo. Pelo conteúdo deste e-mail, Angelo parece ser muito legal e quero ajudar a despachá-lo com estilo. Espero que sua noiva (ou noivo) seja incrível". E informou que tamanho de camiseta usava.

Não esperava receber uma resposta. Mas tinha jogado para o universo, e o universo respondeu. Os padrinhos acharam Will hilário – tão hilário que seria um ótimo complemento para a festa. Logo ele recebeu a mensagem: "Se você está falando sério, nós também estamos. Pode vir".

Will ficou atordoado. Ele *estava* falando sério? A viagem lhe custaria quase mil dólares. E mais: ele tinha esposa e um filho e estava apertado por ter reformado a casa. E... eles eram totalmente desconhecidos. Por sua vez, ele não esquiava desde os 14 anos. Sua vida era plena, mas, como a maioria dos pais durante o primeiro ano, fraldas que vazavam e a privação de sono eram, no momento, o que aventura significava.

Então, em vez de recusar, ele dobrou a aposta. Ele iniciou uma campanha no GoFundMe: "Ajude-me a ir à despedida de solteiro de um desconhecido". Uma coisa é um pai recente privado de sono e um bando de caras planejando uma festa se comprometerem com algo tão completamente aleatório. Mas então dezenas e, por fim, centenas de pessoas embarcaram, parando qualquer coisa mais séria que estivessem fazendo naquele dia para entrar no GoFundMe e ofertar alguns dólares. Antes do final do dia, a viagem de Will estava totalmente financiada. No final das contas, 224 pessoas contribuíram com 4.615 dólares, e a campanha foi compartilhada 6,3 mil vezes. (O dinheiro extra foi para um fundo "faculdade/comida/brinquedos/qualquer coisa de que o bebê precise" para o noivo e sua então noiva, que estava grávida.)

Se você acha tudo isso ridículo, coloque-se no lugar de Will por um momento. Considere como foi a experiência:

A tolice inebriante de uma boa piada
A adrenalina de se arriscar

A pura alegria de saltar do mundano para o extraordinário
A emoção da viagem espontânea e uma oportunidade de se divertir
A recompensa de fazer novos amigos
A chance de uma fuga saudável

A história de Will, destilada em seus elementos, é diversão pura, não adulterada. Com a bênção da companheira, ele embarcou em um avião e se divertiu. Criou memórias das quais se lembrará por toda a vida. Para os outros, ele se tornou uma lenda. Algum dia seus filhos verão as fotos e darão risada, sem acreditar que seu pai tenha feito algo tão espontâneo.

Meu objetivo ao contar essa história não é fazê-lo querer imitar Will Novak ou jogar fora sua agenda em favor de algo completamente novo. Não é disso que trata este livro. No final das contas, o ponto principal da história realmente não é Will, mas todas aquelas pessoas que aplaudiram sua aventura do lado de fora. Seu fervor viral é revelador. Há uma razão pela qual as pessoas financiaram a campanha de Will e muitas outras campanhas divertidas (mas possivelmente "inúteis") na internet:

Vivemos em um mundo em que as pessoas estão extremamente carentes de diversão. Em vez de nos divertirmos nós mesmos, clicamos em alguns botões e a entregamos para caras como Will.

A diversão é – ou deveria ser – um dos bens fundamentais à disposição de todos nós. Não atravessamos a vida sem passar por alguns períodos de decepção, dor e perda. A diversão é o bálsamo mágico que torna as adversidades suportáveis.

Desde o nascimento, a diversão é essencial para o desenvolvimento do cérebro humano. Em uma brincadeira tão simples quanto "cadê... achou", os humanos lançam as sementes para dar sentido ao mundo. Durante a infância, a diversão nos ajuda a desenvolver competências sociais e motoras básicas, a estabelecer e testar limites e a nos definir em relação ao resto do mundo. Na adolescência e no início da idade adulta, usamos a diversão para explorar a vida, descobrir quem e o que nos dá prazer e testar diferentes identidades, levando, em última análise, a um sentido amadurecido de si mesmo. (Nas sábias palavras do Chef, do programa de TV *South Park*: "Existe um tempo e um lugar para tudo, e o nome disso é faculdade".)

À medida que ficamos mais velhos quando adultos, quando a vida se torna mais intencional, a diversão se torna tanto uma ferramenta de enriquecimento quanto uma válvula de escape para as pressões da vida. Também nos mantém saudáveis: o riso e o bom humor que muitas vezes acompanham a diversão reduzem a ansiedade, diminuem o estresse, melhoram a autoestima e elevam a automotivação. A diversão melhora a respiração e a circulação, reduz a pressão arterial e sanguínea e ajuda a liberar endorfinas na corrente sanguínea. Alivia a solidão e o tédio. Conforme envelhecemos, a diversão é uma das chaves para a vitalidade.

Essa é a verdade e o potencial da diversão, ou pelo menos deveria ser. A triste realidade é que a maioria de nós praticamente abandona a diversão após o início da idade adulta porque "Temos que crescer algum dia, *certo*?". Em um artigo para o *The Wall Street Journal*, "An Overlooked Skill in Aging: How to Have Fun" [Uma habilidade menosprezada na velhice: como se divertir], Clare Ansberry argumenta que ao longo da vida adulta muitos de nós nos esquecemos de como nos divertir. Deixamos que essas importantes habilidades enfraqueçam pela falsa crença de que elas têm pouco valor, quando a verdade é que "o riso, a leveza, o prazer e a diversão podem atuar como antídotos para o estresse, a depressão e a ansiedade".[1]

Você comprou este livro, então provavelmente já suspeitava de que nossas vidas são perversamente carentes de diversão. Bem, leitor, você é especial. Muitos descartam a diversão como algo infantil, estranho, uma distração ou até mesmo um perigo. Sei disso porque tenho visto reações hesitantes de muitas pessoas quando lhes digo que estou escrevendo um livro para fazer as pessoas voltarem a se importar com a diversão. Alguns olham por cima dos ombros, nervosos. Outros riem e mudam de assunto. Outros, ainda, acenam com entusiasmo, apenas à espera da oportunidade de defenderem a razão pela qual, dada a sua situação, não podem priorizar a diversão.

Numa sociedade que valoriza a produtividade acima de tudo, aderimos à noção de que a diversão é algo "bom de se ter". Em vez de dedicar diariamente tempo de qualidade à diversão, nós a relegamos a férias anuais e, talvez, a um eventual fim de semana de aventuras, se tivermos sorte. Os Estados Unidos têm o menor tempo de férias remuneradas entre os países desenvolvidos, de acordo com a empresa de recursos humanos Zenefits,[2] e, mesmo assim, muitos funcionários norte-americanos precisam ser incentivados pelas suas empresas a utilizá-las. Dia após dia, dedicamos a maior parte de nossas horas de vigília ao trabalho e ficamos cada vez mais ressentidos com nossas listas de tarefas. E, nesse estado incapacitante, começamos a viver indiretamente através de bobocas diferentões como Will, que perambulam pelos *feeds* das nossas redes sociais, em vez de escolher nossa própria aventura, todos os dias.

Quando digo "escolha sua própria aventura", não estou falando em atravessar o país para ir a uma festa com estranhos, nem nada tão radical. **Quero dizer viver a vida intencionalmente, começando com uma decisão consciente de adotar um viés para a diversão todos os dias – na vida que você tem agora, não em alguma fantasia de amanhã. Chame isso de *Hábito da Diversão*.***

Construir o seu hábito começa com uma nova compreensão do que é diversão e de por que ela é muito mais essencial para a nossa saúde, felicidade e sucesso do que fomos levados a acreditar.

---

* Do inglês, "The Fun Habit", título original do livro e que nomeia o conceito que será desenvolvido pelo autor ao longo da obra. (N.E.)

Só trabalho, sem diversão

Como chegamos até aqui? Nos Estados Unidos e na Europa, a maior parte de nós foi marinada naquela velha ética de trabalho protestante, o ponto nevrálgico espiritual do sonho americano: trabalho árduo é uma virtude. Para os puritanos, o sucesso definiria não apenas o nosso valor próprio, mas também o nosso valor espiritual. A alma de cada um estava literalmente na balança. Nesse contexto, o trabalho árduo e o seu resultado se tornam um assunto muito sério!

E se o trabalho é sagrado, isso torna as distrações do trabalho – também conhecidas como diversão – não apenas desprezíveis, mas também *malignas*.

Seguindo esse mesmo evangelho, basta trabalhar duro para criar riqueza e viver o sonho americano – apesar de a sociologia moderna sugerir que a relação entre a pobreza e o indivíduo é muito mais complexa. Isso foi vividamente demonstrado pela jornalista e crítica social Barbara Ehrenreich no seu livro *Miséria à americana*,[3] no qual ela relata o que aconteceu quando tentou viver de uma série de empregos com salário mínimo. Em suma, o trabalho árduo não foi suficiente para superar a enorme ineficiência de viver vendendo o almoço para comprar o jantar, sem poupança ou uma rede de segurança social significativa.

Ainda assim, a noção de que através do trabalho ascendemos (em todos os sentidos) permanece profundamente arraigada. Nosso senso de autoestima aumenta e diminui com nossa produtividade. O autor Rahaf Harfoush observa em *Hustle & Float* [Correria e tranquilidade][4] que a ênfase no trabalho como uma virtude – por mais divorciado que esteja do prazer, de um sentido ou dos frutos do trabalho – foi extremamente útil conforme a Revolução Industrial subdividia o trabalho em tarefas cada vez menos especializadas, cuja produção podia ser medida e otimizada. Esse assim chamado *trabalho algorítmico* – o trabalho realizado em um padrão sequencial repetível – é o modo como muitas pessoas ganhavam a vida.[5] Por exemplo, meu avô era dono de uma fundição em Oklahoma. Ele e seus funcionários trabalhavam no mesmo horário todas as manhãs. Todos os dias, cada pessoa sabia o que se esperava dela. O trabalho era fisicamente cansativo, então ficar acordado até tarde não era uma opção. Você sabia o que era esperado, fazia seu trabalho e era pago. O resto do seu tempo fora do trabalho era só seu.

Na década de 1970, demos as boas-vindas à Era da Informação. Muitos trabalhadores pararam de construir coisas e, em vez disso, encontraram o seu sustento no novo campo do "trabalho do conhecimento". Como agora a propriedade intelectual e a inovação são os produtos do trabalho, já não somos trabalhadores operando máquinas com rodas dentadas e engrenagens. Nós *somos* as rodas dentadas e as engrenagens, e a nossa capacidade de desempenho é explorada e superotimizada, exatamente como o maquinário numa linha de montagem. Nós nos transformamos nas máquinas que agora produzem os bens que geram lucro para outras pessoas.

Para complicar o quadro, ficou cada vez mais difícil medir a produtividade nos últimos anos. Ao contrário das linhas de montagem, o trabalho criativo é impulsionado por processos e uma forma de pensar não lineares, e já não mais segue um padrão consistente. Como resultado, o nosso trabalho tem agora uma linha de chegada mal definida. Sem os objetivos bem definidos proporcionados pelo trabalho algorítmico, restam-nos indicações borradas sobre se tivemos um dia produtivo no escritório. Ansiosos por ganhar nosso sustento, estamos sempre "*on*". Entretanto, novas formas de comunicação que nos tornam acessíveis em quase qualquer lugar, a quase qualquer hora, estão agravando o problema. Hoje em dia, com tantos de nós trabalhando em casa, nosso trabalho aparentemente não tem fim. Trabalhamos, comemos e dormimos no mesmo espaço físico, de modo que não existe nenhuma transição tangível que diga à nossa mente que estamos "*off*" do trabalho. Em vez disso, respondemos a e-mails até encostarmos nossa cabeça no travesseiro.

Nos últimos anos, os tentáculos da "economia *gig*"* desequilibraram ainda mais esse cenário. Para aqueles que ganham a vida em plataformas como Uber, Lyft, Fiverr, Instacart e DoorDash, o trabalho está infiltrado em tudo que é canto e brecha da vida. Atraídos para os *gigs* pela falsa promessa de autonomia, esses trabalhadores muitas vezes não percebem que existem forças poderosas agindo para garantir que uma parte significativa do valor criado pelo seu esforço vá para outra pessoa. Pior ainda, a mecânica de atuação dessas plataformas é configurada para induzir os trabalhadores *gig* a trabalharem cada vez mais por salários cada vez menores. Se você for um desses trabalhadores, uma rápida pesquisa na internet vai apresentar a você inúmeras confissões de desenvolvedores de software que se sentem culpados porque suas habilidades foram usadas para manipular o jogo contra você.

A ilusão de controle e a manipulação consciente dos trabalhadores na economia *gig* baseada em aplicativos são extremas – mas não inteiramente singulares. A menos que você trabalhe por conta própria, poucos empregadores são perfeitamente transparentes quanto à sua principal prioridade: extrair o máximo possível de cada recurso – incluindo pessoas. Esse truque corporativo foi denunciado em um artigo da *Slate* chamado "My Disturbing Stint on a Corporate Wellness App" [Minha experiência perturbadora em um aplicativo de bem-estar corporativo]. A autora Ann Larson teoriza que o objetivo clandestino do aplicativo de bem-estar no local de trabalho de sua empresa era transferir do empregador para o empregado a culpa pelos efeitos nocivos do trabalho árduo e mal remunerado, possibilitando, ao mesmo tempo, que ela realizasse por mais tempo tarefas ainda mais debilitantes.[6] Há empresas que têm como missão partilhar a riqueza com os funcionários, mas elas não são a regra.

---

* Trabalhos pontuais, temporários e sem vínculo empregatício, em sua maior parte potencializados por aplicativos digitais. (N.T.)

Sem fronteiras entre trabalho e vida, "Dedique-se 110%" assume um significado novo e nefasto. Para todos os tipos de trabalhadores, o burnout atingiu seu ponto mais alto nos Estados Unidos. Empresas contratam palestrantes populares como Gary Vaynerchuk (que insiste que é preciso "trabalhar duro"[7])* e Grant Cardone (que proclama que a glória vai para aqueles que trabalham "10X"[8]). Essas mensagens soam excelentes no palco, mas um número crescente de descobertas empíricas deixa claro que quem se inspirar nelas provavelmente vai pagar um preço considerável. Em seu livro *Dying for a Paycheck* [Morrendo por um salário], Jeffrey Pfeffer, professor de comportamento organizacional na Stanford Graduate School of Business, descreve em linhas gerais até que ponto as exigências dos empregadores modernos de que os funcionários estejam "sempre *on*" estão nos prejudicando.[9] Numa entrevista para a *Insights by Stanford Business*, Pfeffer atribui a Nuria Chinchilla, da IESE Business School, a designação desses comportamentos inadequados como "poluição social".[10] Os danos provocados por essa poluição – prioridades de trabalho invasivas – vão além da simples destruição de amizades e laços familiares: ela está literalmente matando alguns de nós. Pesquisas da Organização Mundial da Saúde e da Organização Internacional do Trabalho indicam que longas horas de trabalho causaram 745 mil mortes em 2016, um aumento de 29% em relação a dados semelhantes analisados em 2000.[11]

Fazer com que os trabalhadores produzam mais para as organizações às quais servem não é um conceito novo. *Princípios da administração científica*, obra de Frederick Winslow Taylor de 1911 – na qual ele conta a famosa história de como conseguiu que os manufatureiros de ferro-gusa aumentassem sua produção diária de 12 para 47 toneladas, aumentando seus salários e gerenciando de perto a cadência do trabalho –, ainda hoje serve de base para a

---

* Encontrei-me pessoalmente com Gary e acredito que ele seja bem-intencionado (e presumo o mesmo sobre Grant). Nos últimos anos, Gary de fato suavizou sua postura em relação ao "trabalho duro", e acho importante reconhecer isso aqui. (N.A.)

teoria e a prática da administração, apesar de todas as mudanças dramáticas na nossa economia descritas anteriormente. (E apesar do indisfarçável desprezo de Taylor por pelo menos um dos trabalhadores, um fleumático que, em sua constituição mental, o autor mais assemelha a um bovino do que a qualquer outro tipo.)[12] Lembro-me de aprender sobre a teoria da fixação de objetivos quando estudei para me candidatar a um doutorado.[13] Edwin Locke e Gary Latham (líderes no estudo do comportamento organizacional desde meados da década de 1960) tornaram-se reconhecidos por seus métodos que usam ambiciosos objetivos de negócios para aumentar a produção dos trabalhadores. Tudo isso para dizer que a evolução da nossa otimização para sermos máquinas de trabalhar tem uma longa história, mas mais recentemente as empresas estão tentando nos vender a mensagem de que "se acabar de trabalhar" é uma medalha de honra. Na realidade, é um veneno.

Vamos ser sinceros, se você não estiver trabalhando duro... se não estiver respondendo aos seus e-mails no banheiro... se não estiver dando seus 10 mil passos... então você deve ser um preguiçoso, *certo*? Sinceramente, é maluco quanto fomos enganados. Esses atos de sacrifício têm um custo terrível. Um componente do nosso bem-estar depende da diversão, da brincadeira e do lazer, e a vida moderna corroeu as nossas oportunidades de desfrutar desses componentes essenciais da vitalidade.

Acionando a armadilha da felicidade

Como relatei na Introdução, sou um dos muitos cuja resposta a essa panela de pressão foi fazer de "ser feliz" um objetivo incansável. Como tantos, ao fazer isso caí na armadilha de quantificar essa aspiração em todos os aspectos da experiência que nos trazem alegria. Deixe-me lhe dar um exemplo. Eu gosto de meditar. Na esperança de "otimizar" minha experiência de meditação, comprei um dispositivo para fornecer feedback neural para que eu pudesse saber quão "bem" estava meditando. A experiência, porém, logo azedou, já que o software do dispositivo ficava me estimulando a meditar mais, em vez de simplesmente me permitir desfrutar da experiência. Tal como acontece com tantas atividades hoje em dia, somos incentivados a usar aplicativos e gadgets para monitorar quase todos os aspectos de nossas vidas, desde o sono até o exercício, passando até por algo tão íntimo como o número de dias que estivemos com a pessoa que amamos.[14]

Em vez de desfrutarmos das atividades nos nossos termos, nós as transformamos em estatísticas a serem analisadas. Comparamos a versão de hoje de nós mesmos com a versão de ontem, ao mesmo tempo que nos comparamos com os vizinhos. Focamos a lacuna entre o nosso estado atual e os nossos desejos acidentais, que são mais uma questão de acaso, quando poderíamos estar caminhando em direção a experiências significativas que realmente nos alimentem e nos ajudem a crescer. A felicidade se torna uma miragem que só conseguimos enxergar claramente a alguma distância: assim que chegamos, descobrimos que não tem muita coisa lá – e começamos a examinar o horizonte novamente, no que acaba se tornando um ciclo infinito.

Não é nossa culpa: a ciência sugere que os dados estão viciados e contra nós. Na verdade, nosso cérebro está *programado* para se fixar na distância entre onde estamos e onde pensamos que seremos felizes. Um jargão que os acadêmicos usam para expressar que algo tem a ver com prazer é a palavra *hedônico*. Quando falamos em ter uma experiência hedônica, ela normalmente tem dois componentes: prazer antecipatório e prazer consumatório. Houve um tempo em que a ciência acreditava que éramos movidos principalmente pela busca de prazeres consumatórios – uma maneira elegante de dizer que fazemos coisas para nos sentirmos bem. A ciência chegou agora à compreensão de que, para muitos de nós, o que realmente nos motiva a buscar o prazer muitas vezes não é a experiência de se sentir bem em si, mas o fascínio pelo prazer de uma recompensa potencial ou de um resultado positivo e os sentimentos prazerosos que advêm de termos previsto algo corretamente. Existem três razões para isso:

1. **Somos bons em antecipar.** Se você já leu alguma coisa sobre felicidade, provavelmente já ouviu falar de dopamina. A dopamina recebeu seu apelido comum, o hormônio "da felicidade", porque foi originalmente compreendida como o neurotransmissor que nos ajuda a sentir prazer. Mas, como disse o neurocientista Blake Porter quando o entrevistei: "Para a neurociência, a ideia do prazer via dopamina está bem morta a essa altura". À medida que os cientistas começaram a estudar a dopamina, notaram algo surpreendente: muitas vezes ela aumenta *antes* de fazermos algo divertido. Se antes pensávamos que a dopamina era essencial para experimentar algo divertido e prazeroso, agora sabemos que a sensação intensificada à qual ela se relaciona está principalmente na *antecipação*.[15] E, de fato, a antecipação não está necessariamente ligada ao prazer. Os cientistas acreditam agora que o propósito evolutivo da dopamina era preparar você para algo inesperado, intensificando sua animação. E a qualidade desse "algo" em si? A dopamina não se importa. Acredita-se agora que a dopamina também está ligada à busca de objetivos, proporcionando uma onda de motivação para nos levar à linha de chegada.

   Impulsionados pela dopamina, então, *buscamos* a felicidade ao acaso, em vez de desfrutarmos genuinamente a dádiva da felicidade em si.[16] O desejo de aliviar esse impulso é, propositadamente, insaciável. E assim, encontramo-nos numa roda de hamster que as pesquisas chamam apropriadamente de "esteira hedônica". Algumas pessoas também se referem a isso como adaptação hedônica, relativismo hedônico ou ponto de ajuste da felicidade – mas, em geral, todos esses conceitos correspondem à nossa tendência de superestimar o impacto que as mudanças e acontecimentos da vida terão na nossa felicidade. Na maioria das vezes, quando uma mudança se torna familiar, a nossa felicidade regressa ao nosso singular "ponto de ajuste" – o mesmo nível de felicidade que existia para nós antes da mudança. Não estamos mais felizes do que antes, então retomamos a busca por algo mais.

Da esteira hedônica seguem mais dois "truques humanos bobos" que tornam a felicidade fugidia.

2. **Somos bons em nos adaptar**. Qualquer desfecho na vida – seja bom, seja mau – geralmente tem apenas um impacto limitado e temporário na nossa felicidade subjetiva. A felicidade começa a escapar assim que a agarramos. Há décadas, pesquisas têm aplicado a teoria do nível de adaptação para tentar compreender por que as coisas boas parecem não durar, mas foi um artigo de 1978 de Philip Brickman, Dan Coates e Ronnie Janoff-Bulman sobre ganhadores de loteria que realmente conseguiu a atenção das pessoas.[17] O que esses pesquisadores descobriram é que podemos ter experiências surpreendentes e inesperadas – ganhar na loteria, por exemplo – e a vida ficar temporariamente emocionante, mas tendemos a nos adaptar. Acabamos por nos habituar à nossa nova realidade e regressar ao nível padrão de felicidade ao qual estávamos inicialmente habituados, qualquer que seja ele. Na verdade, quando não somos intencionais na nossa forma de encarar mudanças circunstanciais, corremos o risco de sermos menos felizes em razão de novas complicações (por exemplo, para os ganhadores da loteria, a nova pressão de amigos e familiares que querem partilhar a boa sorte) e novas responsabilidades (como diria Notorious B.I.G., "Mais dinheiro, mais problemas"). A boa notícia é que pesquisas mais recentes mostram que nem toda esperança está perdida, mesmo para os ganhadores de loteria. Se formos capazes de assimilar a boa sorte com eficácia, podemos de fato melhorar a nossa satisfação com a vida.[18] Podemos ser mais "espertos" que a adaptação se tivermos as ferramentas corretas.

3. **Somos bons em comparar**. Sentir-se feliz muitas vezes pode ter menos a ver com a nossa experiência real e mais a ver com a maneira como pensamos que ela se compara à de outra pessoa.
   Grande parte da forma como percebemos a felicidade se baseia na experiência partilhada. Dessa forma, a nossa felicidade é quase

como uma alucinação em massa. Nós nos comparamos com os outros em qualquer que seja a realidade consensual na qual estivermos vivendo naquele momento.

Por exemplo, um estudo sociodemográfico francês observou que, quando podem escolher, as pessoas geralmente não querem ter "mais" em qualquer sentido abstrato. Elas só querem ter mais do que aquelas ao seu redor. Quando os participantes do estudo foram questionados se prefeririam ter um QI de 110 enquanto os outros tinham um QI médio de 90 ou um QI de 130 enquanto os outros tinham um QI de 150, muitos participantes escolheram a primeira opção, embora isso significasse ter um QI mais baixo de modo geral. Da mesma forma, muitos preferiram quatro semanas de férias se os outros tivessem duas em vez de seis semanas de férias se os outros tivessem oito.[19]

Inerentes a todos nós, há mecanismos evolutivos profundamente arraigados que nos predispõem à esteira hedônica. Você enfim tira aquelas férias, e acaba não ficando tão feliz quanto achou que ficaria porque elas não corresponderam ao *hype*. Você enfim consegue aquela promoção, mas sua alegria desaparece conforme você se adapta à nova função. Pior, descobre que ela não é o que você esperava. Seu filho adora a emoção dos presentes de Natal, mas o mundo desmorona quando ele compara sua boa sorte com a do primo, que por acaso ganhou algo um pouco mais legal. Os aspectos positivos dessas experiências se revelam efêmeros, e voltamos ao nosso estado original (aquele irritante ponto de ajuste da felicidade), e às vezes nos sentimos ainda pior.

Entrando no *Nada*

Você já assistiu ao filme *A história sem fim*? Nele, uma força todo-poderosa e malévola chamada *O Nada* está devorando o mundo mágico de Fantasia, deixando para trás apenas um vazio sombrio, que significa uma total falta de imaginação no mundo "real". É assim que agora penso no consumo irrefletido de mídia e em outras atividades sugadoras de almas – um *Nada* aparentemente imparável, capaz de sugar da vida o prazer e o sentido... se permitirmos.

Vejamos o consumo de redes sociais, por exemplo. As plataformas de redes sociais podem ser eficazes para nos divertirmos um pouco, para nos conectarmos com outras pessoas e para desfrutarmos e relembrarmos as nossas memórias. Como eu gosto de interagir com as pessoas e compartilhar coisas online, não estou tentando demonizar essas ferramentas. É importante lembrar, porém, que esses aplicativos são projetados especificamente para invadir e controlar nosso lazer. Eles prendem nossa atenção por meio de alavancas de engajamento intencionais. Conforme o software nos lembra que determinados eventos foram socialmente recompensados, aprendemos lentamente a classificar nossas memórias através de comentários e curtidas, e não pelos méritos intrínsecos das nossas experiências.

Esses tipos de mecânica de jogo – destinados a nos manter usando a plataforma – podem levar a mudanças de comportamento não intencionais, já que, pouco a pouco, fazemos coisas para deixar o "Insta" feliz, em vez de deixarmos a nós felizes. Renunciamos à intimidade situacional e a diluímos através de atos de deslocamento vicário. À medida que o nosso público cresce, a validação vem cada vez mais de fontes externas, de um exército do *Nada* – desconhecidos que têm pouco ou nenhum interesse real em nós ou no nosso bem-estar.

Nossas experiências, em vez de serem fins em si mesmas, são agora um meio para alcançar *status* através de estranhas moedas virtuais que quase não têm valor e, para a maioria de nós, não servem para quase *Nada*. Ver mais uma curtida no contador deixa você temporariamente saciado pela liberação de dopamina. A gratificação passageira é de fácil acesso e agradável, então você volta para conseguir mais, de novo e de novo. Soa um pouco como o surgimento de um vício, não é? É porque é isso mesmo. Pesquisas recentes sugerem que essas práticas estão mudando a estrutura do nosso cérebro, tornando-nos mais propensos à depressão e à ansiedade.[20] Na verdade, alguns pesquisadores afirmam que o aumento das estatísticas de suicídio e depressão coincide com a expansão dos smartphones e da utilização das redes sociais.[21] O trabalho de Jean Marie Twenge, professora de psicologia na Universidade Estadual de San Diego, tem se destacado particularmente ao abordar a ideia de que os smartphones destroem a saúde mental. Embora alguns a tenham criticado por ser excessivamente negativa nas suas interpretações, sua pesquisa mostra que as redes sociais provavelmente têm um efeito negativo importante sobre o nosso bem-estar.[22]

Em *The Compass of Pleasure* [A bússola do prazer],[23] um livro inteiro dedicado à ciência do que nos faz sentir bem, o autor David J. Linden aponta que a dor já foi considerada o oposto do prazer – até que começamos a estudar aquela malandragem da dopamina e descobrimos que a dor também pode ativar nossos circuitos de recompensa. Agora entendemos que o oposto do prazer é o tédio – a insatisfação resultante da falta de estímulo e enriquecimento. Se o tédio é um inimigo da diversão, o *Nada* é o vilão principal da diversão.

Ocitocina, a arma secreta da diversão

Aquilo que acreditamos que nos deixa felizes hoje em dia pouco está contribuindo para enriquecer nossas vidas; é simplesmente um esforço que se perde no vazio do *Nada*. Trabalhamos duro para sermos felizes por uma recompensa pouco duradoura e, quando a felicidade é fugidia, ficamos nos perguntando o porquê.

Para tudo isso, a diversão é o antídoto – talvez até literalmente, neuroquimicamente. Veja, a diversão compartilhada com outras pessoas está ligada a um segundo hormônio do bem-estar, igualmente importante, sobre o qual não falamos o suficiente: a ocitocina. Ganhamos parte da nossa ocitocina através de interações pró-sociais e do envolvimento em experiências que nos conectam a outras pessoas. A ocitocina nos dá aquela doçura real de algo maior do que nós mesmos, enquanto a dopamina é, metaforicamente, a sacarina do sentir-se bem.

Sem controle consciente, deixamos que outros controlem nosso tempo. Isso nos faz sentir presos e impotentes porque sabemos que não deveria ser assim. Ignoramos nossos ímpetos primordiais por agência e autonomia e aplacamos esses sentimentos doando para a aventura de Will ou postando um #tbt e assistindo à chegada das curtidas. O problema é que essa não é uma conexão real. Apertamos esses botões ao mesmo tempo que ignoramos as pessoas com quem estamos compartilhando uma refeição e chamamos essa troca virtual de engajamento social, enquanto, no fundo, somos incomodados por um sentimento de que a vida está passando. Tudo o que fizemos foi lançar mais um momento no *Nada*.

Quando temos um viés para a diversão, começamos a retomar o controle. Quando priorizamos o compartilhamento de experiências intencionais, quando buscamos ativamente uma interação social significativa com outras pessoas por meio da diversão, escapamos da necessidade do gotejamento intravenoso de dopamina. Assim, a diversão é um antídoto para a esteira hedônica, enriquecendo as nossas vidas em vez de simplesmente reprimir a nossa verdadeira necessidade de nos sentirmos vivos e conectados.

A liberação de ocitocina parece ser mais do que meramente prazerosa; pesquisas sugerem que ela nos protege de nossos próprios impulsos negativos. Na Universidade de Libeck, na Alemanha, Volker Ott e colegas deram ocitocina a um grupo de vinte homens saudáveis, e o resultado foi que o autocontrole dos participantes aumentou e o consumo de petiscos diminuiu, levando os pesquisadores a concluir que a ocitocina pode ter um efeito significativo sobre o controle de comportamentos relativos à recompensa.[24] Quando priorizamos atividades que nos enriquecem com ocitocina, satisfazendo nossa necessidade de diversão, estamos mais bem equipados para ir além da gratificação instantânea e fazer escolhas melhores sobre como investir nosso tempo e atenção. Incentivar a liberação de ocitocina também parece reforçar os laços da conectividade por nos ajudar a vivenciar a empatia mais profundamente. Nesse estado, deixamos de alimentar o *Nada* para alimentar a nós mesmos e àqueles com quem realmente nos importamos. Quando a ocitocina está presente, tendemos a agir de forma mais favorável ao social e a perceber melhor que não se trata de nós mesmos e de como nos classificamos em relação aos outros, mas sim de que somos melhores quando apoiamos uns aos outros.[25]

Nota: A ocitocina e a dopamina têm ligações reais e bem estudadas com o comportamento. A ciência está começando a juntar peças do quebra-cabeça, mas admite que o quadro completo de como elas funcionam no corpo é muito mais complexo do que o nosso entendimento atual. Com os neurotransmissores, não existe isso de ou um ou outro; eles são inter-relacionados e simbióticos, e estão a serviço de uma variedade de usos diferentes pelo corpo. Portanto, embora não se trate realmente de *ocitocina versus dopamina* no cérebro – na verdade, elas são mais como colegas de brincadeira que precisam um do outro para se divertir –, elas são úteis aqui como metáforas para o que devemos valorizar e por quê.

Uma teoria simples da diversão

A diversão tem sido tão vilanizada, marginalizada, ofuscada e ignorada que precisa de uma reformulação. Nossa aventura conjunta começa com a compreensão da verdadeira natureza da diversão. A felicidade é um estado de espírito, mas a diversão é algo que você pode fazer. Não exige educação, dinheiro ou poder. Tudo o que ela exige é intencionalidade. Se a felicidade é uma miragem, a diversão é um oásis no seu quintal. Ao final deste capítulo, começaremos a tomar medidas imediatas. É assim que a diversão funciona.

Do ponto de vista da ciência, a diversão é um território relativamente desconhecido. Nesse sentido, é como o relâmpago, que os humanos observam com medo e admiração desde os primórdios da humanidade. Os relâmpagos são espetaculares, reais e, em alguns casos, podem ser destrutivos – e mesmo assim, ainda hoje, a forma exata como se manifestam é um mistério.[26] Os cientistas discordam sobre a maneira como as nuvens de trovoada carregam e como iniciam uma faísca. O relâmpago quebra regras básicas da física.

Da mesma forma, muito do que diz respeito à diversão permanece um mistério. O conhecimento científico sobre suas origens é em grande parte especulativo. Há a teoria de que, no início da nossa evolução, descobrimos que a diversão sustenta o desenvolvimento do nosso cérebro.[27] Divertir-se com outras pessoas ensinou aos humanos como cooperar e desenvolver acordos mútuos que preparam o terreno para futuras normas e consensos sociais. Ao se engajarem em diversão e brincadeira, nossos antepassados desenvolveram relações gratificantes e acordos benéficos e pró-sociais que são a base da dinâmica de grupo moderna. Devido a esse aspecto do poder da diversão, ela provavelmente facilitou o crescimento das nossas sociedades – pelo menos é o que diz essa teoria.

Trata-se de suposições. A verdade é que ninguém conhece ao certo as origens evolutivas da diversão ou por que se divertir é tão útil para nos ajudar a prosperar. Mas, ao contrário da *felicidade*, uma construção subjetiva definida pela percepção humana, a diversão é demonstrável, observável, real e está ao nosso alcance imediato. É primordial e universal, operando num nível mais profundo do que a cultura – um fato que se torna facilmente evidente quando nos lembramos de que muitos animais procuram diversão, e não apenas os humanos. A diversão é tão simples quanto dois cães brincando e tão complexa quanto o caminho atribuído a algumas das descobertas mais significativas de Albert Einstein.

Para quem deseja uma definição simples de diversão, aqui vai: **diversão é o envolvimento em experiências prazerosas.** Mas nos aprofundemos, porque a diversão também é muito mais que isso. A diversão é:

1. Propensa à ação

A diversão é imediata. Ou você está se divertindo ou não está. Na ciência, definimos a qualidade afetiva da experiência através do rótulo de *tom hedônico*, mais comumente referido como *valência*. Para manter as coisas simples, as palavras *hedônico* e *valência* são os únicos dois itens do jargão da psicologia popular dos quais eu gostaria que você se lembrasse à medida que avançamos. As experiências positivamente valentes são prazerosas, as que são negativamente valentes não o são.

Quando temos um viés para a diversão, o que significa que reorganizamos o baralho a nosso favor para experiências mais positivas, começamos a acumular ganhos.[28] Em contraste, quando nos preocupamos em "nos tornarmos" mais felizes, por delegação estamos inconscientemente nos identificando como infelizes (ou, na melhor das hipóteses, insuficientemente felizes). Essa lacuna dentro de nós mesmos – esse ponteiro baixo de bem-estar – torna-se o nosso foco, parte da nossa identidade, eliminando a crença fortalecedora de que temos agência em relação à maneira como gastamos o nosso tempo.

2. Pró-social

A diversão é inclusiva. Não depende da atitude "você não pode se servir de um copo vazio" e "coloque sua máscara primeiro" exibida por muitos que se concentram na felicidade. Em vez disso, a diversão muitas vezes transporta você para fora de si mesmo. Adorei a expressão usada pela neurocientista Lisa Feldman Barrett em uma de nossas conversas: "Você se desaloja do centro do seu próprio universo por alguns minutos". Você passa de um espaço *eu* para um espaço *nós*.

A diversão está predisposta a beneficiar não apenas você, mas todos os que dela participam. Rir com os amigos, por exemplo. Como bem disse o ator de comédia John Cleese: "É quase impossível manter qualquer tipo de distância ou qualquer senso de hierarquia social quando você está simplesmente gargalhando. O riso é uma força democrática".[29]

Isso não quer dizer que a diversão exija a companhia de outras pessoas. A diversão solitária é igualmente importante, e pode ser particularmente importante para os introvertidos. Dito isso, as pessoas de quem gostamos podem ser nossas fontes mais poderosas de diversão. Da mesma forma, quando digo que a diversão é pró-social, também quero dizer que diversão não é algo que você consegue à custa de outra pessoa. Curiosamente, quando a palavra *fun* (diversão) apareceu pela primeira vez na língua inglesa, provavelmente no final dos anos 1600, inicialmente significava uma trapaça ou farsa. Essa conotação persiste até hoje quando dizemos: "Eu me diverti um pouco à custa de alguém", e talvez tenha contribuído para a nossa atitude sombria em relação à diversão em geral. Vamos acabar com essa bagagem. Daqui para a frente, vamos concordar que, se você precisou machucar alguém, o que você conseguiu com isso não foi diversão.

3. Autônoma

A inclinação pró-social da diversão faz com que alguns sintam que defender a diversão é apenas mais uma forma de o valentão do escritório dizer para você sorrir mais. Ao contrário da felicidade (que foi definida de forma quantificável pela ciência), a definição de diversão é exclusivamente sua. Sua diversão é autônoma, é exclusivamente sua e você é o dono dela. O único ponto em comum que a diversão compartilha com todos nós é a valência positiva – a energia que nos preenche. Quando outras pessoas impõem a você a ideia de diversão, isso pode ser prejudicial. Essa prática é outro motivo pelo qual a diversão ganhou má reputação, e abordaremos esse assunto no capítulo sobre diversão no trabalho.

4. Extraordinária

A diversão tem tantos níveis – evidenciados desde o sorriso malicioso que você dá ao ler uma história em quadrinhos engraçada até a onda envolvente de prazer fisiológico e psicológico que você sente nas experiências culminantes. A diversão pode ser abraçar um parceiro assistindo Netflix para uma pessoa e tocar gloriosamente uma bateria para outra. A melhor parte, como descobriremos, é que, independentemente do que diversão signifique para você, ela pode levá-lo a transcender o comum. Existe uma área milagrosa de diversão que está além da ciência, além da medição.

Gosto de pensar na valência como as duas cores de uma roleta. Vou deixar você decidir qual cor representa a experiência positiva e qual representa a negativa. Você escolhe. Quando desenvolvemos um Hábito da Diversão, manipulamos essa cor vencedora a nosso favor. Não podemos garantir que a bola nunca cairá em valência negativa, mas geralmente podemos influenciar o nosso tempo de tal forma que catalogamos mais experiências boas do que más. Também podemos aprender a desfrutar de nossa experiência mesmo quando as coisas não dão certo. Mas o motivo pelo qual adoro a analogia da roleta são as casas verdes da roda. No seu melhor, a diversão transcende a dicotomia entre infeliz e feliz. Há uma casa especial de diversão que você não consegue encontrar em uma escala linear. Está além da valência. Ultrapassamos as simples aspirações por mais bem-estar subjetivo e as reconhecemos pelo que são, preocupações triviais do eu. Esses momentos de pico estão momentaneamente ausentes de felicidade e tristeza, e aqueles que têm a sorte de encontrá-los descrevem as experiências como uma maravilha que as palavras não alcançam. Esses saltos libertadores têm o potencial de nos conectar a algo maior – algo que, como você verá, passei a chamar de *O Mistério.*

Hall da Diversão **Albert Einstein**

Aniversário de 72 anos de Albert Einstein na Universidade de Princeton (Princeton, Nova Jersey), 14/03/1951

Apesar de sua mente complexa, Einstein era conhecido por ser muito divertido. Você inevitavelmente conhece a versão recortada deste retrato icônico, mas talvez não conheça a história por trás dele. A foto foi tirada por Arthur Sasse, em 14 de março de 1951, no aniversário de 72 anos de Einstein. Na foto não cortada, podemos ver Einstein sentado em um carro, entre sua esposa, Elsa, e o Dr. Frank Aydelotte, chefe do Instituto de Estudos Avançados. Reza a lenda que, quando saíam da comemoração do seu aniversário para a sua casa em Princeton, Nova Jersey, Einstein foi repetidamente solicitado a sorrir para as câmeras. Quando Sasse pediu uma última foto, de forma contestadora, ele fez uma cara engraçada. Einstein gostou tanto da imagem final que imediatamente encomendou vários exemplares para poder autografá-los e enviá-los aos amigos como uma brincadeira. Mais tarde, ele usou essa foto para fazer cartões comemorativos.

Einstein raramente deixava que outros atrapalhassem sua diversão. Ele tinha a língua afiada para fazer piadas, raramente usava meias (achava que os sapatos deveriam bastar), deixava crescer o bigode e o cabelo e dava entrevistas na varanda com chinelos fofos cor-de-rosa. Seu compromisso com a diversão era profundo – e, no entanto, quando Sasse enviou essa fotografia aos editores para ser publicada, eles debateram se seria até mesmo adequado torná-la pública, dada a eminência de Einstein. A foto só viu a luz do dia porque Sasse relatou quanto o próprio grande cientista tinha adorado a imagem.

De acordo com a biografia de Walter Isaacson, *Einstein: sua vida, seu universo*,[30] os traços de personalidade que mais contribuíram para a grandeza de Einstein foram a curiosidade e o inconformismo. Estudos científicos sugerem que o humor e a inteligência estão associados. Pessoas que demonstram aptidão para a diversão também parecem ter capacidades cognitivas superiores.[31] Einstein foi uma excelente prova disso. Diz a lenda que Einstein disse que sua outra grande ideia (depois da relatividade) foi colocar um ovo para cozinhar junto com a sopa, de modo que assim seria possível fazer o serviço sem sujar outra panela.

A diversão não é uma porta de entrada para drogas mais pesadas

Meu palpite é que algumas pessoas só precisam de um empurrãozinho. Um lembrete gentil para que elas se realinhem. Fico animado quando ouço falar que alguém, num primeiro momento, descartou a diversão como nada mais do que um capricho, para logo depois usar algumas das táticas que você está prestes a aprender e então descobrir que mais prazer o estava esperando o tempo todo.

Para aqueles que ainda resistem, garanto-lhes que não estou tentando vender uma droga de entrada. Ter um Hábito da Diversão não significa que você com certeza estará no festival Burning Man no ano que vem (a menos que isso seja o que você considera diversão). Nem estou pedindo que você ignore ou negue tudo o que é difícil, errado e perturbador na vida. Isso seria positividade tóxica – a crença prejudicial de que não deveríamos ter emoções negativas. Como aprenderemos mais tarde, limitar a nossa gama de emoções tem um sério lado negativo, e a realidade da vida é que simplesmente não é possível ser feliz o tempo todo. É prejudicial fingir o contrário. Então, vamos deixar de lado aquele meme de "só vibrações positivas" e aceitar que toda semana precisaremos gastar horas em tarefas desagradáveis para sermos membros contribuintes da raça humana. Além da nossa rotina diária, inevitavelmente nos depararemos com surpresas, algumas das quais serão péssimas.

O que estou sugerindo é que a sociedade desvalorizou tanto a diversão e o lazer que isso está nos prejudicando significativamente. Assim como já esteve em voga vilanizar o descanso e a recuperação e ao mesmo tempo cantar as glórias da privação de sono – uma prática que está desaparecendo só depois de ter sido exposta como estúpida e prejudicial à saúde –, é hora de pararmos de vilanizar a diversão dessa mesma maneira, porque uma vida prazerosa é tão importante quanto uma vida com descansos.

Se você se pegar resistindo à ideia de se divertir mais, com medo de que aumentar o prazer traga o risco de uma autoindulgência desenfreada ou de escapismo, então peço que você avalie se essa reação pode estar relacionada com sua própria visão de mundo atual sobre a renovação. Recuperar nosso controle, nossa autonomia e encontrar diversão nunca foi tão importante. Quanto mais cedo conseguirmos perceber isso, melhor. Vamos começar.

Tome uma atitude: crie um impulsionador de diversão

A construção do seu Hábito da Diversão começa aqui: explore suas fotos e encontre uma imagem que exemplifique a diversão para você. O ideal é que você esteja na foto, um artefato visual de um momento ou época em que você experimentou a pura alegria de viver. (Se você não conseguir encontrar uma foto sua, qualquer uma que documente uma experiência divertida servirá.)

Imprima a foto e ponha-a perto da sua mesa; use uma bela moldura ou uma borda desenhada à mão, se isso lhe agradar. Quando você estiver se sentindo deprimido ou em dúvida, olhe a foto. Esse é o primeiro passo. O segundo passo é usar a imagem para recriar vividamente em sua mente a experiência que envolveu aquela foto.

Como a maioria das recomendações deste livro, essa atividade é baseada em pesquisas. Num estudo publicado no *Journal of Happiness*, pesquisadores analisaram como diferentes tipos de reminiscências melhoravam o humor. Os alunos foram designados aleatoriamente para passar dez minutos por dia relembrando por meio da repetição de uma memória feliz em seus pensamentos (chamada imagética cognitiva), ou relembrando por meio de recordações físicas, como fotos ou álbuns de recortes. Pediu-se a um terceiro grupo de controle que passasse os dez minutos pensando sobre as condições atuais. Eles descobriram que ambos os grupos de reminiscências relataram aumentos na porcentagem de tempo em que se sentiram felizes na semana seguinte – mas que a felicidade aumentou mais no grupo da imagética cognitiva.[32]

Tendo isso em mente, olhar a foto é uma coisa boa. Usá-la como ponto de partida para reviver mentalmente um dia divertido é ainda melhor. É por isso que dedicamos um capítulo inteiro às reminiscências. Por enquanto, porém, simplesmente deixe a imagem escolhida ser um lembrete de que você não é apenas capaz de se divertir, mas também está no caminho do bem-estar genuíno e duradouro, não importa quais desafios a vida ponha no seu caminho. *A diversão ilumina o caminho adiante.*

Capítulo 2

Hora de descer para o PLAY

> Estou aqui hoje porque me recusei a ser infeliz. Tentei a chance.
>
> — WANDA SYKES

Espero que, depois de ler o Capítulo 1, você compartilhe minha apaixonada perspectiva sobre o valor inato e maravilhoso da diversão e esteja ansioso para aprender e usar as estratégias deste livro para aproveitar o poder dela. Espero também que você reconheça os obstáculos e os ventos contrários e esteja pronto para se juntar à luta contra o *status quo*. É assim que você dá o primeiro golpe: adicionando atividades novas e prazerosas à sua vida diária, a partir de hoje. Além disso, identifique e comece a remover qualquer resistência à passagem da teoria à prática. Vamos começar imediatamente a construir um impulso.

"Não tenho tempo" é a reação que recebo com mais frequência quando incentivo as pessoas a programarem mais diversão em suas vidas diárias. O objetivo deste capítulo, portanto, é fornecer tudo de que você precisa para consertar isso. Construir um Hábito da Diversão significa aproveitar cada dia como uma oportunidade de se divertir.

Neste capítulo, você aprenderá a reabastecer seu arsenal com experiências positivas que o enriqueçam e se multipliquem com o tempo, levando a escolhas cada vez melhores.

O Modelo PLAY (do inglês, *Pleasing, Living, Agonizing, Yielding*) é uma ferramenta simples, mas poderosa para apoiar essa jornada. O que você vai fazer com o Modelo PLAY é radical, até mesmo contracultural. É também libertador. No passado, você pode ter sido incentivado a auditar sua agenda para favorecer a produtividade. Você pode até ter feito um curso ou pagado alguém para ajudá-lo a extrair mais utilidade de cada minuto. Invoque, agora, o seu eu mais rebelde e, **em vez de auditar sua agenda para favorecer a *produtividade*, audite-a para favorecer a *diversão*.** De fato, já que *auditoria* está listada no *Dicionário Webster's Extenso e Integral das Coisas Incrivelmente Chatas*, vamos revolucionar sua agenda. Seja corajoso. Permita-se ver com olhos desimpedidos, independentemente das crenças e prioridades que possam ter orientado suas decisões no passado. Prometo que, ao fazer isso, você descobrirá oportunidades ocultas para aumentar sua diversão, mesmo *sem* sacrificar a produtividade.

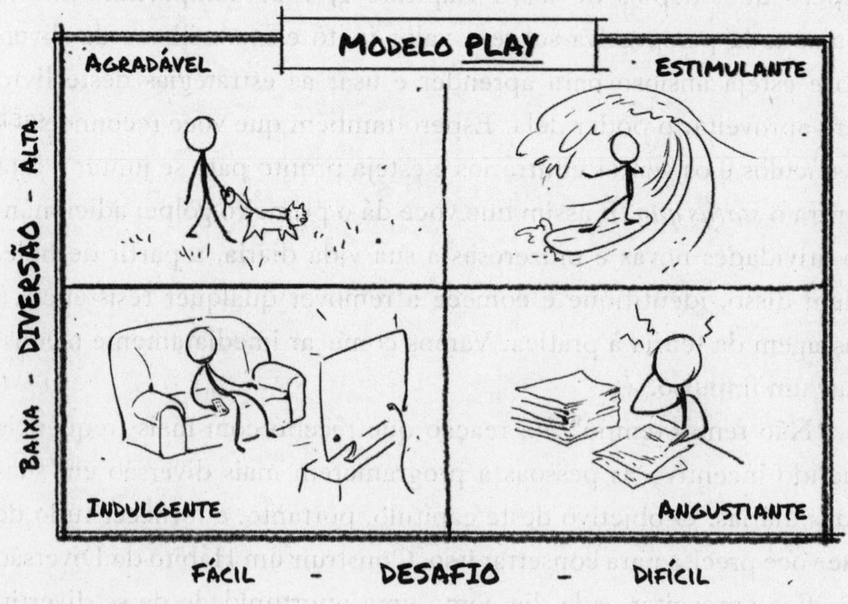

O Modelo PLAY pede que você classifique cada uma de suas atividades usando dois eixos – nível de desafio e grau de diversão –, o que cria quatro quadrantes:

- ***Agradáveis*** são aquelas atividades prazerosas e fáceis de executar. São os momentos de alegria e deleite que pontuam o nosso dia a dia. Só você saberá quais são essas atividades, mas exemplos incluem tempo para conversar com um amigo, brincadeiras não estruturadas com crianças e/ou animais de estimação, *hobbies* pessoais e assim por diante. As atividades nessa categoria são muitas vezes vistas como frívolas, mas a ciência afirma que elas são tudo menos isso. Matthew Killingsworth, ao concluir seu doutorado na Universidade de Harvard, descobriu que atividades associadas à felicidade momentânea também estão associadas a uma maior satisfação com a vida.[1] Embora tenham curta duração e exijam pouco investimento, quando combinadas, essas atividades contribuem para esse sentimento indescritível que a maior parte de nós procuramos – o de que a nossa vida vale a pena e é gratificante. A diversão momentânea, portanto, é um elemento importante do nosso cardápio de atividades.
- Atividades divertidas, mas desafiadoras, ficam no quadrante ***Estimulante***. Às vezes, a diversão significativa é vivenciada fora da nossa zona de conforto (embora possamos aproveitar ainda mais o momento quando estivermos de volta ao conforto). Isso inclui experiências como dominar uma nova habilidade, enfrentar um desafio ou fazer algo excitante, como uma caminhada desafiadora que leva a vistas majestosas. Geralmente, não se trata de atividades nas quais você possa se envolver o tempo todo. Contudo, quando nos envolvemos em atividades experienciais de ponta, muitas vezes desencadeadas por desafios, riscos, esforço físico, maravilhas naturais, *insights* ricos ou interações pessoais profundas, a recompensa é significativa. Que tipo de diversão faz com que você se sinta vivo de verdade?

- ***Angustiantes*** são atividades difíceis de executar e que nos trazem pouca ou nenhuma alegria. É justo dizer que a vida não foi feita para ser só divertida. A maioria de nós tem um trabalho sem alegria e tarefas desagradáveis que, no entanto, precisam ser realizadas. A lista das Angustiantes será diferente para cada pessoa, mas os exemplos podem incluir responsabilidades profissionais e pessoais, responsabilidades domésticas (por exemplo, limpeza e jardinagem) ou outras obrigações (por exemplo, impostos). Essas atividades podem ser um pouco mais difíceis de identificar, porque as nossas verdadeiras preferências são obscurecidas pela bagagem emocional ou cultural. Por exemplo, quando minha esposa e eu auditamos nossas próprias vidas, ficamos surpresos ao descobrir que ambos colocamos a hora do banho noturno de nossos filhos na categoria Angustiante. (**Nota**: amar muito seus filhos não significa que alguns aspectos da criação deles não sejam enfadonhos. Uma pesquisa de 2004 com 909 mães trabalhadoras no Texas descobriu que cuidar dos filhos estava quase no mesmo nível do trabalho doméstico no que diz respeito ao grau de prazer envolvido nas respectivas atividades.)[2]
- O último tipo de atividade são as ***Indulgentes***. Essas atividades são fáceis de executar, mas não agregam muito valor à nossa vida. É comum que elas simplesmente nos pacifiquem. O uso irrefletido de mídias sociais ou zapear canais de TV se enquadram nessa categoria. O mesmo pode acontecer com amizades de conveniência ou reuniões sociais das quais você participa porque se sente obrigado. Para algumas pessoas, a maior parte ou todo o seu tempo de lazer é gasto em atividades Indulgentes. O tempo gasto neste quadrante só alimenta o *Nada*.

Onde você está hoje?

Hora de ser curioso: como você *realmente* está gastando seu tempo?

Sua tarefa é simples. Durante uma semana, registre suas atividades hora a hora (168 horas por semana) e avalie onde elas se enquadram no Modelo PLAY. Existem duas maneiras de fazer isso. Se você mantém uma agenda ou um diário completo e deseja uma leitura rápida e simples, pode trabalhar a partir da semana anterior. Para uma avaliação mais completa, controle seu tempo todos os dias durante a próxima semana.*

Acompanhe tudo: sono, preparo de alimentos, refeições, deslocamentos para o trabalho, trabalho, momentos de lazer, tempo para a família, brigas, sexo, esportes – toda a alegria e o tédio de sete dias de vida.

À medida que você realiza este exercício, ficará claro rapidamente quais atividades maximizam e quais desperdiçam oportunidades para construir seu Hábito da Diversão. Depois de identificar distrações e obstáculos, ficará mais fácil diagnosticar as mudanças que precisam ser feitas para melhorar seu panorama.

Este é o momento em que a maioria dos livros oferece uma avaliação. Você somaria seus números e nós devolveríamos uma pontuação e seu "Tipo de Diversão". Criei uma ferramenta para fazer isso on-line, mas apenas pela brincadeira (https://share.michaelrucker.com/fun-type). Não faremos isso aqui, pois já definimos diversão como necessariamente autônoma. A última coisa que quero fazer é encaixá-lo em uma identidade ou classificá-lo de acordo com um modo de ser

* Não espere, comece hoje. Você pode baixar o rastreador de tempo PLAY aqui: https://share.michaelrucker.com/time-audit. (N.A.)

considerado correto. O objetivo dessa autoavaliação não é de forma alguma *classificar*. É uma questão de *se encaixar* – observar cuidadosamente as escolhas que você está fazendo sobre como gasta seu tempo e considerar se elas estão alinhadas com o que dá sustentação ao seu bem-estar, agora e no futuro.

Em última análise, queremos garantir um equilíbrio saudável do tempo gasto nos quadrantes Agradável e Estimulante e diminuir nosso tempo nos espaços Indulgente e Angustiante (onde isso fizer sentido). É importante ressaltar que você também deve dedicar um tempo para descanso e renovação. Embora o objetivo aqui seja definitivamente nos divertirmos mais, qualquer coisa em excesso pode nos esgotar.

Para aqueles que inevitavelmente estão se perguntando *OK, mas quanto tempo devo gastar com diversão?*, aqui está um ponto de partida: duas horas por dia. Essa recomendação é baseada em duas fontes empíricas: primeiro, pesquisas de Marissa Sharif, Cassie Mogilner Holmes e Hal Hershfield que sugerem que o ponto ideal para momentos de lazer é entre duas e cinco horas por dia (mais de cinco horas e o peso de ser excessivamente improdutivo podem ter um impacto psicológico negativo),[3] e, em segundo lugar, dados sobre os norte-americanos e o tempo de lazer que indicam qual é a média nos Estados Unidos, sugerindo que duas horas é pelo menos uma linha de base alcançável para a maioria de nós.

De acordo com os resultados da Pesquisa Norte-Americana de Uso do Tempo, feita pelo Departamento de Estatísticas Trabalhistas dos Estados Unidos, em média, as pessoas com emprego de tempo integral têm 4,09 horas por dia de lazer.[4] Isso inclui 3,34 horas durante a semana e 5,87 horas por dia nos fins de semana. Não é de surpreender que pessoas sem filhos em casa tenham mais que isso: 5,93 horas por dia. Mas mesmo pessoas com crianças relatam de 4,12 a 5,00 horas por dia. E embora a investigação da Pew indique que os pais (homens) modernos em relações heterossexuais[5] estão tentando fechar a lacuna da paridade parental, é importante notar que ainda existe uma lacuna entre os papéis de gênero dos pais.[6] As mães modernas em relações heterossexuais permanecem em desvantagem quando se trata de lazer. O Pew Research Center relata que as mães, em média, têm 2,7 horas a menos de lazer por semana que os pais.[7]

É difícil adivinhar como os participantes teriam avaliado o seu tempo livre usando o Modelo PLAY, mas os investigadores consideraram as seguintes atividades como lazer: ver televisão, socializar, ler, fazer exercício, praticar esportes, relaxar, jogar jogos eletrônicos e outras atividades semelhantes.

Se você acha que quatro a cinco horas de tempo livre diário é muito (ou mais do que você pensava), uma pesquisa da seguradora Direct Line que incluiu 2 mil pessoas sugere que a quantidade ideal de tempo livre para nós é, na verdade, *seis horas e cinquenta e nove minutos*![8] Em outras palavras, nesse estudo específico, a quantidade de tempo livre desejada foi um pouco maior do que aquele do qual a maioria das pessoas de fato desfruta.

Tentar encontrar quase sete horas de tempo livre por dia pode não ser realista para muitos de nós. No entanto, quase todos nós deveríamos ter o domínio de pelo menos duas horas do dia, então esse é um bom ponto de partida.

Uma nova visão sobre a riqueza

A maior parte das pessoas passa muito tempo pensando em riqueza no sentido financeiro. Nós nos fixamos na percepção de escassez de dinheiro em nossas vidas. Alguns de nós nos fixamos em gerar mais do que precisamos. Enquanto isso, gastamos muito pouco tempo construindo *riqueza de tempo*. Se o nosso objetivo é uma vida divertida e rica em experiências, isso é um erro. Um estudo de 2010 realizado por Cassie Mogilner Holmes revela que simplesmente mudar nosso *pensamento* em direção ao tempo, em vez de ao dinheiro, pode ajudar a trazer mais diversão à vida. Quando Mogilner Holmes deu aos participantes do estudo um exercício que os levou a refletir sobre dinheiro, eles se concentraram na produtividade como um valor. Mas, quando ela levou os participantes a pensarem sobre o tempo, algo animador aconteceu: pelo menos no pensamento de curto prazo, eles imediatamente priorizaram as conexões sociais em detrimento do trabalho.[9] É fácil extrapolar a partir daí que focar a abundância de tempo pode tornar mais fácil apreciar o lado positivo da diversão. Outros estudos mostraram que as pessoas que priorizam o tempo em detrimento do dinheiro são geralmente mais felizes. Num deles, professores da UCLA e da Universidade da Pensilvânia descobriram que, embora os norte-americanos tendessem a escolher o dinheiro ao longo do tempo, escolher mais tempo estava associado a uma maior felicidade no longo prazo.[10]

Apesar de muita preocupação em contrário, "vida produtiva" e "vida divertida" não são necessariamente opostas. Felizmente, não é preciso prejudicar seu desempenho profissional para dedicar um tempo a algo além do trabalho. Na verdade, já vi o oposto acontecer comigo e com as pessoas com quem trabalho. Reservar um tempo para relaxar e se recuperar nos torna mais produtivos, passamos a trabalhar melhor e temos melhores resultados (isso funciona se você tiver a sorte de ter a liberdade e a segurança financeira necessárias para acionar essas alavancas, o que infelizmente não é o caso de todo mundo). Cada vez mais, as empresas têm reconhecido que alongar as horas de trabalho para além de um certo ponto traz retornos decrescentes, especialmente para as pessoas envolvidas no trabalho criativo e heurístico que discutimos no capítulo anterior.

Há uma última maneira pela qual a abundância de tempo pode ajudar a reestruturar sua vida em direção à diversão. Gera-se riqueza ao investir em oportunidades de retornos futuros. Poucos de nós pensam sobre o tempo da mesma maneira, sobretudo nos momentos de lazer. Ao considerar uma atividade, pergunte-se se ela é um investimento ou apenas um custo. Diversão é enriquecimento, não despesa. Por exemplo, e os trinta minutos gastos olhando fotos das férias de outras pessoas em seu *feed* social? *Custo*, uma contribuição para o *Nada*. E trinta Agradáveis minutos gastos trabalhando nos detalhes de suas próximas férias? *Investimento!* O tempo gasto em atividades

Agradáveis e Estimulantes não apenas nos satisfaz no momento, mas também nos enriquece no futuro. Atividades Indulgentes são ocasionalmente investimentos, mas com maior frequência são custos. E atividades Angustiantes? É ainda mais o caso, mas, ao contrário das atividades Indulgentes, as atividades Angustiantes podem ser um meio para atingir um fim. São custos, mas por vezes custos necessários – da manutenção da vida. Já as atividades Indulgentes ficam geralmente a nosso critério.

Em última análise, o que dizem sobre o dinheiro – "Dinheiro na mão é vendaval" – é ainda mais verdadeiro sobre o tempo, por isso é vital que sejamos mais intencionais em relação a isso. O tempo é um recurso finito, é claro; portanto, construir abundância de tempo significa encontrar maneiras de aumentar a quantidade de tempo sobre a qual você tem controle. Por esse motivo, nosso trabalho com o Modelo PLAY começa *tirando* coisas da sua agenda, não adicionando.

Torne a vida menos angustiante

Se você concluiu sua auditoria do tempo, provavelmente já teve algumas boas revelações sobre como tem feito uso do seu tempo. Agora vem o primeiro passo em direção à abundância de tempo: subtrair o que você puder daquilo que o angustia. Vamos arranjar algum espaço para você.

Claro, não podemos evitar tudo o que pertence ao quadrante Angustiante. Mas quando as pessoas usam o Modelo PLAY, ficam sempre surpresas com a quantidade de atividades que podem simplesmente... parar de fazer... só porque nunca tinham avaliado seus hábitos com um olhar crítico antes. Passar roupas é um exemplo muito básico, mas universal. A menos que você trabalhe em alguma de um punhado de profissões que exigem vestuário engomado, você provavelmente poderia jogar fora seu ferro e ninguém notaria. Portanto, pare de comprar roupas que precisam ser passadas. Existem algumas tarefas de manutenção doméstica e pessoal que você pode fazer com menos frequência – ou parar totalmente – quando perceber o verdadeiro custo agregado de "manter as aparências".

Tenho a sorte de ter Nir Eyal como amigo. Nir escreveu o best-seller *Indistraível* e é especialista em construção de hábitos. Com sua sabedoria, aprendi como reduzir drasticamente o tempo que gasto em uma das principais atividades do quadrante Angustiante: o e-mail, e especialmente os e-mails coletivos – as longas e perturbadoras idas e vindas que uma mensagem inocente inevitavelmente provoca. "Mas tenho que responder às pessoas", eu reclamava. "Seria rude se não fizesse isso." A solução de Nir foi brilhante. "Mike", disse ele, "se você não quiser receber tantos e-mails, *pare de enviá-los.*" Eu estava tão focado no que as outras pessoas estavam fazendo *comigo* que nunca me ocorreu o que eu estava fazendo com *elas* e, além disso, eu tinha mais controle do que qualquer pessoa sobre o volume de e-mails aos quais estava acorrentado. Então, comecei a me perguntar antes de escrever um e-mail: essa comunicação é realmente necessária? Na maioria das vezes, a resposta é *não*, e sigo em frente. Eu também criei minha própria estratégia. Quase nunca respondo a um encaminhamento de e-mail que contém apenas estas palavras no corpo do texto, "Alguma ideia?". Se falta ao conteúdo encaminhado substância suficiente, a ponto de não inspirar o encaminhador a fornecer qualquer contexto, isso é quase sempre uma indicação clara de que também não vale meu tempo. Essas duas táticas para reduzir uma atividade Angustiante aumentaram minha semana em pelo menos três horas, que agora redireciono para atividade mais divertidas.

Às vezes, o que não se pode eliminar por inteiro, pode-se terceirizar. Anteriormente mencionei a experiência Angustiante de tentar dar banho em meus dois filhos todas as noites. Deixe-me começar dizendo que minha esposa, Anna, não considera o banho diário algo para se "manter as aparências". É um fato da vida. Ficar sem banho mais de duas noites por semana não é uma opção em nossa casa. (Só posso imaginar quão desleixados e desnutridos meus filhos ficariam sem a minha cara-metade.) Adoramos passar tempo com nossos filhos, mas algo na hora do banho trazia à tona o que há de pior em todos nós. Eles nunca queriam entrar na banheira, então tínhamos que lutar contra eles a cada passo do caminho. Eles percebiam nosso estresse e nos irritavam intencionalmente. Quando tentávamos reduzir o tempo pela metade colocando-os na mesma banheira, eles brigavam um com o outro, piorando a situação. As coisas ficaram tão disfuncionais que nem Anna nem eu queríamos ser os responsáveis, então cada um tentava esperar o outro, até que finalmente um mártir carrancudo assumia a responsabilidade. Era *Angustiante*.

Quando pensamos sobre o problema pela primeira vez, ficamos presos à ideia de que precisávamos contratar uma babá, algo que não podíamos pagar e de que realmente não precisávamos nem queríamos. À medida que as coisas pioravam, um de nós finalmente disse: "Que tal contratar uma babá três vezes por semana, só para a hora do jantar e do banho?". No início, achamos meio estranho trazer alguém só para dar o banho – então decidimos que não nos importávamos. Podia realmente funcionar. E adivinhe: encontramos uma babá, Caitlin, que nossos filhos adoram. Ela trouxe todo tipo de energia divertida para a atividade (como literalmente fingir que meu filho mais novo era um burrito enquanto o enxugava e o enrolava em uma toalha), e meus filhos pararam de brigar (às vezes) e agora se divertem com as várias brincadeiras. O resultado foi que Anna e eu começamos a sair para jantar três vezes por semana e vimos nossos ressentimentos evaporarem, ao mesmo tempo que tínhamos a oportunidade de nos reconectarmos como casal. Então algo inesperado aconteceu: depois de começarem a gostar do banho com a babá, meus filhos pararam de brigar tanto conosco quando era a nossa vez. Claro, pegamos emprestadas algumas técnicas de Caitlin ("a divertida"). No geral, a hora do banho tornou-se menos Angustiante. Subtraímos três horas do banho da nossa semana, ganhamos três vales-noite e acabamos tendo *mais* tempo de qualidade com nossos filhos no geral. Isso é que é vitória.

Aqui estão algumas atividades típicas do quadrante Angustiante sobre as quais ouço falar repetidamente e ideias para eliminar ou reduzir o impacto delas em sua vida:

- ***Notícias "24 horas"***: notícias ruins em demasia, especialmente quando os eventos estão fora de nosso controle, podem ser Angustiantes e nos afetam negativamente, mesmo além do tempo que passamos vendo e lendo-as. Dito isso, todos queremos estar informados. Considere receber notícias uma vez por semana, em um horário bem pensado e concentrado, de várias fontes confiáveis, e não através de um *feed* de rede social. Desative todas as notificações no celular. Já vi pessoas chegarem ao ponto de agendar um horário específico e explícito para "se preocupar", a fim de evitar ficarem ansiosas com os assuntos mundiais durante o resto da semana (um velho truque da psicologia). Dê a si mesmo um tempo finito e depois siga em frente.
- ***Dar o perdido em reuniões***: existe algo mais Angustiante do que uma reunião tortuosa e sem impacto que interrompe o trabalho produtivo? Quando era executivo em uma empresa de tecnologia, meu amigo Brad Wills incentivou seus subordinados diretos a abandonar qualquer reunião em que sua presença fosse uma perda de tempo. É isto mesmo: ele lhes dizia para saírem em silêncio e, mais tarde, quando as pessoas reclamavam, ele os protegia. Nem todo mundo tem a sorte de ter um chefe tão esclarecido, mas recusar educadamente participar de algumas reuniões da sua agenda pode ser mais fácil do que você pensa.
- ***Reconsidere a academia***: sou alguém que ajuda a projetar academias de ginástica e as adora, e mesmo eu vou te dizer: se você odeia academia, *não vá!* Não é algo para todos. Em vez dela, escolha uma atividade física sem deslocamento diário, como exercícios com peso corporal em sua própria casa ou uma caminhada pela natureza em um parque próximo. (**Academias**: a lição aqui é criar ofertas mais divertidas e inclusivas para que *você* seja a escolha divertida.)
- ***Terceirizar tarefas rotineiras, como lavar roupa***: isso é bastante óbvio, mas conheço muitas, muitas pessoas que pensavam que não poderiam arcar com uma despesa como essa – até que enfim conseguiram e desejaram ter feito isso anos antes. Considere o tempo que você economizaria se gastasse esse dinheiro extra e, em seguida,

observe o que você poderia cortar em seu orçamento para acomodar as novas despesas. E a lavagem da roupa é só o começo. Desde a contabilidade até ter alguém esperando por você na fila, há muitas maneiras criativas de trocar dinheiro por tempo em sua agenda.

- ***Elimine etapas Angustiantes do trabalho***: analise seus processos de trabalho para ter certeza de que etapas administrativas ou processuais irritantes justificam seu esforço. Parece simples, mas a maioria de nós carrega muitas suposições aprendidas, ainda que não testadas, sobre como realizar nosso trabalho. Minha amiga Rosemary é designer de UX/UI. Ela aprendeu que *wireframes* – esboços muito básicos que mostram os elementos e o layout de uma nova oferta digital – eram uma etapa absolutamente essencial do processo de design – algo do tipo "fazer ou morrer". Mas, depois de muitos anos em seu nicho, produzi-los começou a parecer ao mesmo tempo Angustiante e desnecessário. Ela começou a experimentar ignorá-los completamente e descobriu que isso não fazia diferença no resultado final para seus clientes. Adeus, *wireframing*. Que tarefas penosas você pode eliminar?
- ***Trabalho doméstico***: compartilhe o fardo com seus filhos! Minha amiga Christine fazia todo o trabalho doméstico sozinha, pensando que seus filhos eram muito pequenos para contribuir de maneira significativa nas tarefas. Ela enfim decidiu dar uma chance a eles – e descobriu que seus filhos eram completamente capazes de lavar a louça e as roupas, duas das tarefas que ela mais odiava fazer. Considerando a frequência com que um infográfico chamativo intitulado "Tarefas adequadas à idade das crianças"[11] nos meus *feeds* foi compartilhado ao longo dos últimos anos, presumivelmente muitos pais subestimam as potenciais contribuições que os seus filhos podem dar nas tarefas domésticas. O infográfico, criado pela especialista em economia doméstica Toni Anderson com base em sua própria experiência como "dona de casa feliz", recomenda iniciar seus filhos nas tarefas básicas entre 2 e 3 anos de idade, por mais absurdo que isso possa parecer.

Pare de ceder ao *Nada*

Se você descobriu durante a auditoria que está gastando muito tempo em atividades Indulgentes, não se culpe – isso é uma ótima notícia. As indulgências ocupam um tempo que você já controla, e pequenas mudanças em seu comportamento podem produzir vitórias imediatas e dramáticas. Um dos meus exemplos favoritos vem de Tania Katan, autora de *Creative Trespassing* [Invasão criativa].[12] Há alguns anos, ela trabalhava para um CEO superextrovertido que incentivava os funcionários a fazerem tudo juntos – sua abordagem era: "Vamos almoçar juntos. Vamos fazer tudo. Vamos fazer xixi juntos", ela brincou quando me contou a história. O estilo não combinava bem com Tania. Ela precisava de algum tempo longe dos colegas e do escritório todos os dias para fazer bem o seu trabalho. Então, em vez de ser Indulgente com a cultura social estabelecida, ela começou a ir andar sozinha na hora do almoço. Ela passeava sem rumo ou ia até uma cafeteria para encontrar um amigo. O plano era solidão e espaço livre para pensar, mas então outros funcionários começaram a abordá-la para perguntar se poderiam fugir com ela. "Inadvertidamente, comecei uma revolução ambulante", disse ela. (Mais tarde, quando conheceu a esposa, uma artista visual e professora que dirige o Museu da Caminhada, o amor compartilhado por passear a pé tornou-se um ponto de conexão.)

Como Tania experimentou, por vezes somos indulgentes em nossa vida social devido a pressões culturais. Falaremos mais sobre como aplicar a intenção à nossa vida social no Capítulo 7.

Por ora, vamos voltar nossa atenção para a atividade Indulgente mais difundida, comum e dispendiosa: o consumo irracional de redes sociais, notícias e conteúdo de entretenimento.

Faça-me um favor: pegue seu telefone e encontre o recurso que informa seu tempo médio diário de tela. *O que é esse som altíssimo de sucção que estou escutando?* É o som das preciosas horas do seu dia sendo aspiradas para o *Nada*.

Com base em descobertas recentes da Nielsen,[13] passamos agora quase metade do nosso dia envolvidos com mídia e conteúdo. Não me entenda mal. Assistir a um programa de TV ou ao seu filme favorito pode caber perfeitamente no quadrante Agradável (especialmente quando você está compartilhando a experiência com amigos ou entes queridos). No entanto, após anos de pesquisas sobre o consumo de meios de comunicação, sabemos que ver televisão irrefletidamente está correlacionado com a infelicidade,[14] e que aqueles que não passam todo o tempo sentados em frente a uma tela geralmente tendem a ser mais felizes.[15]

As redes sociais, facilmente disponibilizadas através de um dispositivo útil que nos acompanha para todo o lado, alçaram o problema do consumo a novos níveis. A essa altura, estamos todos familiarizados com os estudos que revelam os efeitos nocivos do excesso de *scrolling* – por exemplo, estudantes universitários que reduziram seu tempo de utilização das redes sociais para trinta minutos por dia e se beneficiaram de uma melhora rápida e significativa na sua depressão e solidão.[16] Sabemos que as empresas de redes sociais, assim como as de *junk food*, nos transformaram em viciados com base numa ciência quase perfeita. Sabemos dessas coisas, mas ainda assim pegamos nossos telefones assim que temos um tempo de inatividade – sejam dois minutos, sejam duas horas. Além disso, podemos identificar ou defender a nossa utilização das redes sociais como "divertida" ou "relaxante", apesar de a ciência nos mostrar esmagadoramente que, a partir de um certo ponto, ela é tudo menos isso.

Então, por que a percebemos dessa forma? A resposta curta é que, quando nos encontramos em valência neutra ou negativa – em outras palavras, sem nos divertirmos –, as redes sociais costumam ser a maneira mais fácil de escapar do nosso desconforto. Além disso, ansiamos por novidades e interação social, e a recompensa antecipada da dopamina nos leva ao erro cognitivo de pensar que as redes sociais fornecem ambos.

E, assim, caímos no *Nada*. Como qualquer prática habitual Indulgente, seu impacto em nossa memória de experiência é literalmente isso – nada. Perdemos esse tempo para sempre. Isso ocorre porque nosso cérebro é eficiente. Muitas vezes, codificamos atividades rotineiras sem incidentes como uma única memória. Se você tivesse duzentas cópias da mesma coisa, seria eficiente guardar as outras 199? Eventos comuns estão codificados em nossa memória como uma experiência única. Pense em um antigo padrão de deslocamento diário. Você se lembra das cinquenta vezes que foi a algum lugar? Ou se lembra do "único" caminho que fazia para chegar a algum lugar e reconhece que costumava fazer tudo da mesma maneira, o tempo todo?

Então, como podemos nos salvar da Indulgência, seja em relação às redes sociais, seja quanto a qualquer outro falso amigo? Ao contrário dos alcoólatras, não podemos derramar a bebida pelo ralo. Poucos de nós desistiremos de nossos telefones celulares. Conheço uma mulher que comprou um cofre e fez o marido trancar o telefone por determinado número de horas do dia. (Ajudou, até que ela começou a se recusar a devolvê-lo.) Eu mesmo uso aplicativos como o BlockSite, que bloqueiam meu acesso a sites que identifiquei como sugadores de almas.

A resposta nos leva à próxima fase do seu trabalho com o Modelo PLAY.

Expandindo seu Arquivo da Diversão

Como descobrimos, reduzir atividades Indulgentes que se tornaram habituais não é fácil, e às vezes requer ajuda. Uma forma de ajuda vem da ciência comportamental, que nos diz que, quando tentamos abandonar um hábito pouco saudável, temos muito mais probabilidades de obter sucesso se substituirmos o hábito existente por outro. Por exemplo, fumantes que são instruídos a mascar chicletes têm taxas de sucesso mais altas do que aqueles que não são incentivados a substituí-los por alguma outra atividade.[17]

É aqui que entra o Arquivo da Diversão. Ele oferece um amplo menu de atividades sobre as quais você já refletiu e avaliou como estando nos dois primeiros quadrantes do Modelo PLAY. Em vez de precisar pensar deliberadamente nos momentos em que precisa de uma alternativa, você pode examinar sua lista e escolher algo divertido. É como pegar um chiclete. Com uma lista em mãos, estamos em melhor posição para agir e não recair em velhos hábitos.

Criar seu Arquivo da Diversão envolve três etapas principais

Etapa um: o *brainstorm*

Comece determinando a maneira mais confiável de documentar e armazenar sua lista (por exemplo, caneta e papel, arquivo de Word, Google Docs, Evernote etc.). Depois, comece a pensar em todas as coisas do seu passado e presente que lhe trazem (ou trouxeram) prazer e alegria. Tudo, desde pequenos prazeres (brincar com seu cachorro) até aqueles mais elaborados (levar seu cachorro em uma viagem).

Repita o exercício com os olhos voltados para o futuro. Que coisas podem trazer prazer e alegria ao seu eu futuro? O que você nunca fez, mas gostaria de tentar? Um exemplo do meu eu futuro é viajar para o espaço. Já tenho o dinheiro da entrada para fazer parte de um voo da Virgin Galactic.

Algumas pessoas acham que se beneficiam ao estabelecer um limite de tempo para esse exercício, enquanto outras gostam de fazer um *brainstorming* durante vários dias ou semanas. Faça o que funcionar melhor para você.

Etapa dois: adicionar estrutura

Alguns vão argumentar que ser tão metódico em relação à diversão a ponto de elaborar uma lista premeditada cria uma contradição, fazendo com que pensar em diversão seja mais um fardo do que uma recompensa. Discordo, e aqui está o porquê: desenvolver uma lista organizada de opções tanto nos dá liberdade de escolha quanto fornece um mecanismo para orientar a nossa escolha. Pesquisas sugerem que aumentamos a probabilidade de um resultado divertido quando somos capazes de reduzir a carga de trabalho mental de ter que pensar sempre em novas opções. E, no mundo do desejo humano, a necessidade de autonomia e a necessidade de estrutura formam uma dupla dinâmica.[18] A maioria de nós deseja ambas.

Adicionar estrutura à nossa lista tem o benefício adicional de gerar ideias ainda mais interessantes para diversão. Uma pesquisa de Eric Rietzschel e colegas sugere que alguns de nós nos tornamos mais criativos quando dispomos de estrutura, já que a ordem alivia parte da carga cognitiva de precisar extrair ideias do nada. Uma vez que enxerguemos padrões de onde nos divertimos, ideias semelhantes provavelmente serão mais fáceis (por exemplo, "Eu claramente gosto de shows, quais são bandas em que não estou pensando e às quais seriam muito divertidas de assistir?"). Além disso, podemos usar essa poupança de capacidade cerebral para tomar decisões e agir. Quando somos sistemáticos e intencionais, nos concentramos melhor no que é importante: *a diversão de fato!*

A pergunta que precisamos fazer é: qual é a quantidade certa de estrutura para nosso Arquivo da Diversão? A boa notícia é: não muita! Há apenas dois elementos que acredito serem essenciais...

1. Uma ordem de classificação de categorias que seja significativa para você (por exemplo, tipo de atividade, dificuldade de realização, época do ano etc.).
2. Sua "lista curta". (Para ver minha pequena lista atual, visite https://share.michaelrucker.com/fun-list.)

Etapa três: a lista curta

A etapa final para completar seu Arquivo da Diversão é possivelmente a mais difícil: na longa lista que você gerou, escolha entre oito e quinze opções favoritas que possam ser alcançadas nos próximos meses. Todos os itens que fazem parte da lista devem ser alcançáveis (por exemplo, seria divertido para mim competir em outro Ironman, mas isso não é mais possível, pois agora tenho uma prótese de quadril).

Fazer o *brainstorm* e ser expansivo em relação às suas opções foi um ponto de partida importante, mas ter centenas de ideias de atividades à disposição não é uma receita para se divertir. É ter demais de uma coisa boa, ou o que a ciência chama de *excesso de escolha*.

Para ilustrar o problema do excesso de escolha, imagine que é sexta-feira à noite e você planeja assistir a um filme em casa. Você preferiria começar sua noite escolhendo em uma lista de mil filmes ou em uma lista de dez? Se respondeu dez, você predisse instintivamente o que determinou um estudo que avaliou essa mesma questão: usuários de computador tentando escolher um filme para assistir se saíram melhor e gostaram mais da própria escolha ao ter à sua frente uma lista de filmes pequena.[19] Com uma lista de mil filmes, você poderia facilmente adormecer horas depois, sem ter assistido a filme nenhum, vendo trailers e deliberando.

O excesso de escolha torna difícil priorizar e, em alguns casos, isso nos leva a não escolher nada. *Por que é assim?* Você se lembra de como somos realmente bons em comparar? Quando temos ideias divertidas, nosso cérebro avalia cada opção em relação à próxima, tentando prever qual será a mais agradável. Não queremos que isso aconteça com o nosso Arquivo da Diversão.

Se você está se perguntando como cheguei a uma lista de oito a quinze itens, eu também me baseei na ciência para isso. Num estudo com pessoas que escolheram entre conjuntos de 6, 12 ou 24 itens, a atividade cerebral medida por exames de ressonância magnética mostrou que 12 itens levaram ao mais alto nível de contentamento. Os cientistas concluíram que o cérebro provavelmente funciona melhor quando lhe são dadas entre oito e quinze escolhas.[20]

Se a diversão exige que você seja um rebelde e se contente com uma lista de dezessete itens, vá em frente. Mais importante do que o número exato é que sua lista inclua pelo menos algumas opções que tenham o potencial de levá-lo ao quadrante Estimulante. Se você está achando difícil identificar como seria uma futura experiência máxima para você, a próxima seção está aí para ajudá-lo.

Cinco portais para a experiência máxima

O Dicionário de Psicologia da Associação Americana de Psicologia define experiências máximas como "um momento de admiração, êxtase ou percepção repentina da vida como uma unidade poderosa que transcende o espaço, o tempo e o eu" – um excelente modo de descrever o peso do quadrante Estimulante.[21] Quando procurei o que poderíamos chamar de "portais" para essas experiências, encontrei inesperadamente algumas de minhas respostas em um lugar familiar da infância: os videogames. Os jogos, por natureza, garantem uma mistura única de prazer e desafio, risco e recompensa, que define o quadrante Estimulante – embora, ao contrário da diversão na vida real, as emoções só durem enquanto o botão liga/desliga estiver ligado. Mas e se você aplicasse as suposições de design subjacentes para tornar a vida real mais divertida?

Segundo seu currículo, Alexandre Mandryka desenvolve videogames – ele fez 24 jogos, para ser exato, que venderam mais de cinquenta milhões de cópias. Mas gosto de pensar nele como um dos maiores especialistas do mundo na criação de condições para a experiência máxima. Notavelmente, os *insights* de Mandryka sobre como criar um jogo emocionante funcionam como um modelo de como criar uma experiência máxima notável. Use alguns ou todos esses *insights* para ampliar seu horizonte à medida que, ao longo do tempo, desenvolve seu Arquivo da Diversão. Você logo verá que não precisa escalar o Everest para ter uma vida mais emocionante.

1. Subindo de nível

Mandryka diz que, nos jogos, o máximo de diversão é alcançado alternando entre períodos em que você aumenta seu desafio e períodos em que você aproveita sua maestria. Dito de outra forma, você fica mais envolvido ao se mover entre uma zona de ansiedade e uma zona de conforto do que estando constantemente em qualquer um dos estados. Para ter um exemplo do mundo real, lembre-se de como foi andar de bicicleta pela primeira vez. Andar com rodinhas é uma emoção incrível – e de repente não é mais. Então as rodinhas vão embora e ficamos aterrorizados por um breve período, até que... *Aí, sim!* – ganhamos equilíbrio e desfrutamos de uma nova euforia. Quando isso já não é mais novidade, começamos a experimentar com velocidade, aceleração, distância e talvez até acrobacias. Variamos o desafio para desenvolver o domínio ou encontramos cenários desconhecidos para ter variações.

Curiosamente, equilibrar desafio com habilidade é parte integrante da aclamada teoria do fluxo de Mihaly Csikszentmihalyi, que descreve o estado imersivo e quase hipnótico em que artistas, músicos e outros indivíduos altamente qualificados se encontram quando alcançam a maestria após milhares de horas de prática do seu ofício. O estado de fluxo é de fato um tipo de experiência máxima – mas pode exigir um investimento considerável. Experiências divertidas do quadrante Estimulante, por sua vez, estão disponíveis para quase todos, simplesmente equilibrando desafio e domínio. A alegria de "subir de nível" pode acontecer em qualquer nível.

Mandryka também acredita que desafiar os jogadores a subir de nível os protege de "uma rotina prazerosa, mas entorpecente, que deixa você com uma sensação de vazio". Em outras palavras, o prazer ligado a uma experiência de aprendizagem nos isola do *Nada*. "Chamo de viciante aquele tipo de jogo que proporciona prazer e pode ser jogado sem esforço e, portanto, sem limite. É o tipo de entretenimento que engana nosso corpo e cérebro para que se concentrem em coisas superficiais e sem sentido e procurem a próxima liberação de dopamina", escreveu Mandryka em seu blog.[22]

2. Aprendizagem + Autodeterminação

Aprender é divertido – quando é um caminho que escolhemos. Talvez você tenha lido sobre o chefe na França cuja equipe, pensando que seria divertido, o surpreendeu com uma experiência estilo *Top Gun* em um caça francês. Festas surpresa de aniversário causam terror em algumas pessoas – quão bem você acha que as acrobacias aéreas surpresa foram recebidas? Antes do voo, um relógio mostrou que a frequência cardíaca do chefe estava como a de alguém em plena taquicardia. Assim que foi ao ar, a 1,4 mil quilômetros por hora e 760 metros de altura, ele entrou em pânico e apertou o botão de ejeção. Seja qual for o seu nível de interesse geral em perseguições aéreas, acho que todos podemos concordar que esse é o tipo de atividade que você deseja *escolher*, e não que seja imposta a você. Existem experiências máximas e existem experiências traumáticas. (De paraquedas, o homem voltou em segurança à Terra, mas o avião foi destruído.)[23]

O que sentimos intuitivamente como verdadeiro parece ser apoiado pela ciência: tanto a aprendizagem quanto a diversão se beneficiam quando estão alinhadas com a autodeterminação. É menos provável que você avance se estiver vivenciando a ideia que *outra* pessoa tem do que é uma boa sensação. Um projeto de pesquisa de pequena escala sobre as características de um laboratório de design extraescolar – onde as crianças e seus professores construíam, projetavam e brincavam com diferentes ferramentas – descobriu que as crianças se divertiam mais quando lhes era permitido assumir responsabilidades e tomar decisões em seus projetos. Ao analisar as interações ocorridas no laboratório criativo, os autores criaram uma fórmula simples para a diversão: autodeterminação + aprendizagem.[24]

3. Incerteza

Mandryka associou apropriadamente a autodeterminação a mais um portal de diversão: "Diversão é a exploração desejada da incerteza", escreveu ele. Os seres humanos são atraídos pela incerteza; gostamos da antecipação arrepiante de não saber o que vem a seguir. Quando lemos um livro, não gostamos mais se ele incluir reviravoltas e *plot twists* inesperados?

Alan Dix, diretor da Computational Foundry da Swansea University, descobriu que adicionar um elemento surpresa pode até mesmo deixar divertida uma atividade chata. Por exemplo, esperar que uma chaleira ferva pode ser bastante mundano. No entanto, se um pássaro aparecer e cantar quando a chaleira ferve, isso de repente acrescenta um pouco de brilho à atividade. Em seu artigo, Dix observa que esse experimento pode parecer bobo, mas ele estava atrás de diversão, não de ser descolado.[25] Ninguém jamais confundiu um truque com uma chaleira com uma experiência máxima, mas, quando você aplica a incerteza a atividades mais significativas, ela pode impulsioná-las para o quadrante Estimulante. (Vamos falar mais sobre isso quando discutirmos a hedônica variável no Capítulo 3.)

4. Intensidade da emoção

Designers de jogos habilidosos estão cientes de que jogos envolventes não exigem gráficos elaborados para proporcionar diversão aos jogadores. Normalmente, eles se baseiam em emoções e instintos humanos básicos e nos fornecem algum mistério e magia – fomos programados a responder a isso ao longo de milhares de anos interpretando o mundo através de narrativas.

Não creio que seja necessário fornecer estudos para conectar a emoção às experiências máximas. Apaixonar-se, casar, dar à luz e outros marcos ligados aos relacionamentos pessoais normalmente estão no topo da lista das pessoas. Passar tempo nutrindo e desenvolvendo relacionamentos íntimos – fontes prováveis de emoções positivas intensas – é uma porta de entrada importante e acessível para a maioria de nós.

Dito isso, a intensidade emocional não é encontrada apenas nos relacionamentos. Tente pensar sobre sua vida em termos criativos. Se seus dias estão parecendo monótonos, pergunte-se: como posso adicionar mais ação e suspense à minha história? Em que clímax posso começar a trabalhar neste mês (ou ano)? Se falta à sua vida um arco dramático, está em suas mãos inventar um.

5. Assumir riscos e *edgework*

As emoções físicas não são para todos, mas são definitivamente uma atividade de entrada para alguns. Stephen Lyng é um pioneiro na sociologia de pessoas que assumem riscos voluntariamente, o que ele chama de *edgework*. Lyng sugere que muitos estão dispostos a se envolver em atividades que trazem risco de danos físicos e exigem habilidades especiais porque isso proporciona uma experiência única e, portanto, gratificante.[26] As experiências máximas muitas vezes nos levam para fora do conjunto limitado e mercantilizado de atividades que realizamos na vida cotidiana. Isso as coloca além do *status* profissional, da eficiência e da renda, como observado por George Ritzer em seu livro *Enchanting a Disenchanted World* [Encantando um mundo desencantado].[27] Maslow também considerou a falta de motivação pelas "necessidades e impulsos do tipo comum" como uma faceta das experiências máximas.[28] Por exemplo, um estudo com ciclistas de BMX (pessoas que usam suas bicicletas para realizar acrobacias perigosas) realizado por Shane Scott e Mark Austin, da Universidade de Louisville, descobriu que a diversão estava ligada a mais do que apenas a emoção física.[29] Os participantes descreveram assumir o risco como uma forma de escapar às restrições da sociedade. A diversão que eles têm enquanto andam de bicicleta é, de certa forma, uma rejeição à racionalização e à mercantilização de um mundo comum.

É claro que assumir riscos tem o seu lado negativo. Fiquei impressionado com o vídeo que Sky Brown, uma skatista famosa por sua tenra idade e por suas acrobacias em competições, compartilhou após uma queda devastadora em 2020.[30] Ela não conseguiu aterrissar no *half-pipe* depois de passar voando por um dos lados e cair, ficando inconsciente. Um helicóptero levou-a às pressas para o hospital. No vídeo, falando fracamente em sua cama de hospital com um olho roxo, ela diz que normalmente não compartilha seus acidentes, porque prefere que as pessoas vejam o lado divertido. Mas, depois de sua pior queda, ela queria que os fãs soubessem: "É normal cair às vezes... Quero que todos saibam que tudo o que fazemos é com amor e felicidade". Para qualquer pessoa que esteja explorando o *edgework*, a chave é avaliar o risco e a recompensa. Entenda o que está em jogo e considere atividades em que o risco real é menor do que o risco percebido – por exemplo, explorar escalada em rocha, mas talvez não a escalada livre, se você não for um escalador com experiência o suficiente.

Ainda querendo mais? Em *Introdução à psicologia do ser*,[31] Maslow identificou *dezesseis* aspectos das experiências máximas. Com base nesse trabalho, aqui estão mais algumas sugestões para onde você pode direcionar a energia do quadrante Estimulante. Procure atividades que:

- Ajudem-no a deixar para trás as inibições;
- Deixem você se sentindo em harmonia com o meio ambiente;
- Deem a você uma sensação de conclusão;
- Permitam a expressão artística e a livre criatividade;
- Façam com que você se sinta poderoso e/ou único.

Evite os inimigos da diversão

Agora que falamos sobre os portais para o quadrante Estimulante, que tal alguma proteção: Quais são as possíveis armadilhas e limites da diversão?

Vício, dependência e obsessão

No meu trabalho diário, estou cercado por fanáticos por fitness. Sabendo que participei duas vezes do Ironman, você pode suspeitar que eu também, em algum momento, me coloquei nessa categoria. No ramo das academias de ginástica, temos um ditado sobre os praticantes crônicos de exercícios: "Ou eles estão correndo em direção a alguma coisa ou se afastando de alguma coisa". Imagine uma pessoa que passa quinze horas por semana em uma academia e não está indo lá para ganhar o dinheiro do aluguel. Alguns podem dizer que essa pessoa é realmente comprometida, mas, na verdade, esse é o limite que o comportamentalista esportivo Mark Anshel diz definir o *vício em exercícios*.[32] Muitos especialistas concordam que a *dependência* de exercícios – em si mesmos uma forma saudável de se divertir – pode representar um problema comportamental considerável para algumas pessoas (por exemplo, "O resto da minha vida precisa se adaptar à corrida").

A diversão em excesso, em que se perdem o autocontrole e a autonomia, dá à diversão uma má reputação. David J. Linden, professor de neurociência e autor do livro *The Compass of Pleasure*, discutido no Capítulo 1,[33] afirma que o cérebro não sabe a diferença entre vício e virtude. Ativamos os mesmos circuitos no cérebro quando consumimos heroína ou fazemos sexo casual e quando nos envolvemos em atos virtuosos, como meditar ou dar um presente. Isso também poderia ajudar a explicar por que a diversão, que é fundamentalmente boa, pode tornar-se má em circunstâncias de excesso. Experiências repetidas causam mudanças de longo prazo em nossas estruturas neurais, um processo conhecido como plasticidade neural. As memórias ficam armazenadas no cérebro e, como tal, Linden argumenta que os vícios podem, na verdade, ser uma forma de aprendizagem. Certas atividades produzem substâncias neuroquímicas naturais do bem-estar, como as endorfinas (por exemplo, os corredores experimentam o "barato de corredor"). A sensação de euforia que uma atividade prazerosa produz é convincente, por isso gravitamos em torno dela repetidas vezes, possivelmente ignorando todo o bom senso sobre o que é bom para nós.

Para determinar se uma de suas paixões está se encaminhando para uma obsessão doentia, tente aplicar o "modelo dualista de paixão" do psicólogo canadense Robert J. Vallerand.[34] Vallerand distingue entre paixões harmoniosas (saudáveis) e paixões obsessivas (prejudiciais). Experiências baseadas no modelo de Vallerand mostram que a paixão harmoniosa, definida como uma forte inclinação para se envolver em uma atividade voluntariamente e com um sentido de volição, cria emoções positivas e melhora a satisfação com a vida.

As paixões obsessivas, entretanto, não são enriquecedoras. Quando paramos, nos sentimos vazios. Por exemplo, você jogou golfe durante todo o fim de semana, embora tivesse algumas responsabilidades que, de antemão, dividira com seu parceiro (e não as cumpriu). Mais tarde, em vez de satisfeito, você se sente envergonhado ou culpado. Você também pode sentir:

- **Abstinência, semelhante a um vício:** "Se não consigo fazer exercício, sinto-me irritado".

- **Uma atitude inflexível:** "Eu preciso fazer isso, mesmo que machuque a mim ou aos outros".
- **Cegueira para os riscos:** "Entrei de corpo inteiro". No estudo de Vallerand, ciclistas obsessivamente apaixonados continuaram com sua atividade mesmo quando havia neve e as temperaturas caíam abaixo de zero. As experiências de Vallerand mostram que a paixão obsessiva também está envolvida em comportamentos de dependência, como o jogo patológico, que pode levar as pessoas a perder tudo.[35]

Quando o autocontrole e a autorregulação desaparecem e a atividade assume o controle, revela-se o lado sombrio da diversão, pois a busca pelo prazer se torna, na verdade, dolorosa.

Depressão clínica

Se você está lutando contra a depressão ou outra forma de doença mental, por favor, não assuma o fardo adicional de tentar "se divertir" para sair dessa situação. É uma realidade muito lamentável que poucos de nós recebamos a assistência de que necessitamos devido ao estigma associado ao pedido de ajuda. Seja devido à neuroquímica ou a algum trauma, alguns problemas de saúde mental são mais bem tratados com a ajuda de um profissional, com medicamentos ou ambos.

Por exemplo, você não consegue sair sozinho de uma depressão que resiste ao tratamento. Tentar fazer isso pode ser fatal. No início dos meus 20 anos, fui hospitalizado com um vírus que resultou em complicações neurológicas e psicológicas que eu não teria sido capaz de enfrentar sozinho. Aceitar ajuda me tirou de um buraco escuro e me permitiu prosperar nos últimos três anos da graduação. Também usei SAM-e (S-adenosilmetionina) para melhorar meu humor durante vários períodos de alto estresse. Se precisar, não há vergonha em procurar ajuda. Depois de obter a ajuda necessária, a diversão estará lá esperando por você.

Excesso de trabalho e falta de sono

É muito simples: a vida não é divertida quando você não dorme o suficiente. A privação do sono é um perigo cada vez mais prevalente para a saúde pública. De acordo com uma pesquisa sobre a fisiologia do sono e o desempenho cognitivo realizada pela National Sleep Foundation, adultos deveriam dormir entre sete e nove horas por noite.[36] Em contrapartida, se dormirmos menos do que isso durante vários dias, começamos a desenvolver déficit de sono, o que dificulta o funcionamento do nosso cérebro.[37]

Além disso, estamos trabalhando demais. O Dr. Charles A. Czeisler, professor de Medicina do Sono na Harvard Medical School, indica que deveríamos ter onze horas consecutivas de atividades não relacionadas ao trabalho em qualquer ciclo de tempo de vinte e quatro horas. Ainda, devemos ter pelo menos um dia de folga total por semana de qualquer atividade de trabalho – de preferência, dois dias consecutivos –, o que nos ajudará a evitar alguns dos maus hábitos de higiene do sono que muitas vezes levam ao déficit de sono. O Dr. Czeisler também acredita que não devemos trabalhar mais de sessenta horas por semana.[38]

Se você é um dos mais de um terço dos adultos norte-americanos que relatam dormir menos de seis horas por noite,[39] acumular novas atividades, por mais divertidas que sejam, não vai ajudá-lo. Nessas circunstâncias, nenhuma atividade é restauradora. A diversão se tornará apenas mais uma coisa que você precisa fazer. A escassez de tempo e o excesso de trabalho, que discutimos anteriormente, estão intimamente relacionados.

Confundir diversão com alta animação

Deixe que suas próprias necessidades e desejos, e não a definição de diversão de outra pessoa, moldem seus hábitos. A Dra. Iris Mauss, diretora do Laboratório de Regulação Emocional em Berkeley, fez contribuições importantes para a ciência da felicidade. Quando conversamos, ela ressaltou que, na cultura norte-americana e ocidental, tendemos a associar "diversão" a experiências positivas de alta animação (por exemplo, energizadas, excitadas). "Acho que nós, enquanto cultura, subestimamos o que [a professora associada de psicologia de Stanford] Jeanne Tsai chama de *emoções positivas de baixa ativação* ou *baixa excitação*, como calma, paz, serenidade." Ler um livro silenciosamente, meditar e fazer jardinagem são atividades de baixa excitação que algumas pessoas podem não classificar como *divertidas*, mas que podem ser exatamente isso. Elas também proporcionam equilíbrio e renovação, algo que falta a muitos de nós.

Otimização excessiva

Quando conheço pessoas entusiasmadas com meu trabalho, especialmente pessoas jovens e voltadas para a tecnologia, muitas delas me dizem como são boas em encontrar momentos livres para se divertir em meio ao ritmo alucinante de sua vida profissional. "Trabalho como um animal, por isso tenho contado cada minuto", disse-me um jovem empreendedor. "Quando vou ao banheiro, entro no Tinder e marco encontros." As pessoas que dizem isso tendem a fazer parte de uma subcultura que está incansavelmente focada na auto-otimização e no *hacking** da vida. Muitas delas também me dizem que estou errado em desencorajar suas jornadas de oitenta horas por semana, porque, na verdade, elas estão se divertindo no trabalho. Pode ser que isso seja verdade – e, ainda assim, em algum momento, vivendo dentro dessa bolha, elas estão priorizando uma janela muito pequena de experiências em detrimento da grande amplitude que a vida tem a oferecer. A capacidade delas de planejar encontros no banheiro e encaixar a diversão em unidades de tempo cada vez menores pode lhes dar uma sensação de realização, mas, em algum momento, quase todos nós precisamos encontrar coisas para subtrair de nossa programação. A intencionalidade é o objetivo final, não a hiperotimização do uso do tempo.

---

* Em linhas gerais, *life hacking* ("hacking da vida") é qualquer truque, atalho, habilidade ou método inovador que aumenta a produtividade e a eficiência, em todas as esferas da vida. (N.E.)

Tornar-se mais intencional

Minha esperança é de que você saia deste capítulo com uma compreensão mais aprofundada da natureza finita do tempo e das muitas oportunidades que isso representa. Ao contrário do clichê, cada momento *não* conta; uma vida divertida e feliz pode sustentar certa quantidade de tédio ou mesmo de adversidade. E, no entanto, se não nos reconciliarmos seriamente com o fato de que o tempo é, em última análise, um recurso finito e escasso – embora raramente saibamos exatamente quão escasso, o que é ao mesmo tempo uma bênção e uma maldição –, desperdiçaremos tempo e deixaremos de investir em atividades que produzam diversão crescente.

As pessoas que conheço que passam a maior parte do tempo no quadrante Estimulante são incansavelmente intencionais quanto a isso. São pessoas ocupadas, então agendam sua diversão. Muitas vezes pensamos erroneamente que "momentos mágicos" não deveriam exigir planejamento. Embora seja verdade que momentos mágicos são quase impossíveis de invocar, você precisa se comprometer a abrir espaço para eles em sua vida. Fazer isso de forma eficaz requer um pouco de planejamento e alguma disciplina.

Passei a me tornar intimamente consciente de quão importante tal compromisso pode ser quando perdi meu irmão muito mais cedo do que esperava. Ele tinha apenas 41 anos. A morte de um ente querido nunca é fácil, e eu estava emocionalmente despreparado para isso. Uma coisa que me ajudou ao superar meu luto nos anos seguintes foi desfrutar do fato de que criamos muitas lembranças felizes em nossa idade adulta, apesar de não vivermos no mesmo estado a maior parte do tempo.

Meu irmão e eu tínhamos uma longa tradição de compartilhar experiências um com o outro. Fomos à Oktoberfest em Munique e ao Second City em Chicago. Quando ele morava em Indiana, fomos ao Dark Lord Day – um festival para amantes de cerveja artesanal repleto de artistas de heavy metal –, um evento que Brian descobriu enquanto procurava uma aventura para nós. (Ele adorava cerveja artesanal, e eu adoro heavy metal – foi uma ótima combinação.)

Apenas um mês antes de ele falecer, compartilhamos nossa última viagem juntos. Na época, eu estava trabalhando em dois empregos e imerso em uma reinicialização muito estressante da empresa. Quando os negócios me trouxeram para Nova York, soube imediatamente que arranjaria algum tempo para encontrar meu irmão, que morava em Princeton, Nova Jersey, mesmo que isso significasse dizer não a algumas exigências profissionais. Planejamos viajar para o Six Flags Great Adventure em Jackson, Nova Jersey. Se você gosta de montanhas-russas, talvez saiba que esse parque em particular é o lar da Kingda Ka, a montanha-russa mais alta do mundo e a segunda mais rápida. Foi uma escolha óbvia por ser relativamente conveniente. Ainda assim, para mim seria uma viagem de ida e volta de oito horas, e eu estaria mentindo se dissesse que não houve momentos em que resmunguei comigo mesmo sobre o inconveniente.

Quando chegamos ao parque naquele dia, deixei para trás todas aquelas preocupações. Estávamos ambos felizes por nos reunirmos e cheios de entusiasmo – com um pouco de apreensão também. Dez anos antes, havíamos tentado andar em montanhas-russas em um Six Flags na Califórnia e saímos decepcionados. Meu irmão, um cara alto, era um fio de cabelo grande demais para caber na maioria dos cintos de segurança dos passeios. Agora, em Nova Jersey, enquanto caminhávamos para a montanha-russa, nós dois ficávamos cada vez mais nervosos. *Seríamos barrados na Kingda Ka?*

Quando chegou a nossa vez na fila, corremos para os nossos lugares. Ambos sabíamos o que precisávamos ouvir: o clique da fivela do cinto. Sem clique, sem montanha-russa. Olhei muito nervoso enquanto meu irmão se espremia, mas meu coração me disse que ficaria tudo bem. Com todo o esforço que conseguiu reunir e exalando profundamente, meu irmão encolheu o peito e, com uma ajudinha da equipe do parque, ouvimos o clique!

Momentos depois daquele som, partimos. Foi magnífico. Era tudo o que esperávamos. *Foi muito divertido!* Não conseguimos parar de falar sobre aquilo o resto do dia. Acabamos sendo barrados em outros brinquedos naquele dia, mas isso não importava. Tínhamos domado a fera. Meu irmão me levou ao aeroporto no dia seguinte e, antes de me deixar, desfrutamos de uma festa da vitória. Durante aquela refeição juntos, tagarelamos como crianças, repassando cada minuto da experiência. É uma das muitas lembranças boas e divertidas que tenho de estar com meu irmão.

Kingda Ka, Jackson, Nova Jersey, 14/05/2016

Se você estiver receoso em agendar diversão, prometo o seguinte: há muito espaço para espontaneidade e surpresa dentro dessa caixa aparentemente rígida da sua agenda. Às vezes, você precisa ser um "zelador da diversão", por mais contraintuitivo que isso pareça, para que se abra espaço para o não planejado, para o exultante, para o extraordinário. (E, às vezes, você agenda algo promissor que acaba sendo tão divertido quanto uma pedra no rim. Acontece – e aí você tenta de novo.)

Não há como presumir um controle total do futuro. Sempre podemos contar com a vida para nos surpreender – e isso não é algo ruim, embora às vezes seja doloroso. Tudo o que podemos fazer é o melhor que podemos com o tempo que temos.

Hall da Diversão **Mark Sutherland**

Criador de *Abby's List: A Dogumentary* [A lista de Abby: Um Docãomentário]

Você já ouviu falar de um cachorro com uma lista de desejos? Para Mark Sutherland e sua whippet, Abby, uma lista dessas mudou a vida de ambos. Quando Abby completou 13 anos, Mark percebeu que sua doce menina estava desacelerando. Ela estava fraca e com artrite, às vezes mancava, e os veterinários o alertaram sobre câncer. Mark começou a sentir que o tempo deles estava no fim; ele antes perdera dois whippets com a mesma idade.

Ao mesmo tempo, Mark ficou desempregado pela primeira vez em muitos anos. "Pensei que deveríamos fazer uma viagem", diz ele.

Mark começou a pensar em uma lista engraçada de desejos em nome de Abby: fazer xixi nas Redwoods (as árvores mais altas do mundo), desfrutar do serviço de quarto em Las Vegas; passear no It's a Small World, da Disneylândia. Com o tempo, a lista foi preenchida com "primeiras vezes" mais significativas: conhecer novos amigos (golfinhos), correr na neve, acampar.

Mark guardou suas coisas em um depósito e eles pegaram a estrada. O plano era começar numa praia do sul da Califórnia, viajar pelo país por algumas semanas e terminar colocando as patas de Abby no Atlântico. Quando Mark e Abby estavam acampando em Little Haystack Island, no Canadá, algo completamente inesperado aconteceu: a saúde de Abby melhorou. Ela deixou de mancar e começou a subir nas rochas de novo. "Ela estava começando a correr e a sorrir. Eu realmente a observei envelhecendo ao contrário", diz Mark.

Naquele ponto, ele descartou seu plano original: continuaria viajando enquanto pudesse. Três semanas se tornaram quase três anos. A qualidade de vida de Abby manteve-se até ela ter câncer. Mas, nas semanas antes de morrer, ela melhorou mais uma vez. Por fim, conseguiram chegar ao Atlântico – o final original da viagem que Mark imaginara, mas deixara de lado após a viagem ganhar vida própria.

Ao longo desses três anos, ele filmou mais de cem horas de material, que hoje é um documentário. Mark diz: "Um dos verdadeiros temas do filme acaba sendo *saia do sofá e viva a vida*. Isso não significa que não podemos fazer coisas significativas. Mas também podemos tomar decisões conscientes para aproveitar o que estamos fazendo ao longo do caminho".

Capítulo 3

Saboreie cada momento

Sabe, muitos pensam que só porque você faz exercícios, puxa peso, come direito e faz o que os outros mandam você vai ter uma vida longa, o que talvez aconteça. Mas por que as pessoas medem a vida pelos anos, em vez de medirem por quão bons foram os anos?

— GABRIEL IGLESIAS

Com a ajuda do Modelo PLAY, você removeu alguns dos resíduos e adicionou novas atividades prazerosas à sua vida diária. Neste capítulo, adotaremos uma abordagem mais alquímica, usando um conjunto de ferramentas que reuni e que podem *transformar* sua vida cotidiana para ter mais alegria e satisfação.

O sistema SAVOR (sabor, em inglês), baseado em pesquisas e em evidências empíricas, consiste em cinco elementos:

- Edição de histórias (*Story editing*)
- Agrupamento de atividades (*Activity bundling*)

- Hedônica variável (*Variable hedonics*)
- Opções (***O**ptions*)
- Recordar (***R**eminiscing*)

Não há melhor maneira de apresentar o SAVOR a você do que mostrar o poder transformador de colocar em prática até mesmo só algumas dessas ferramentas. Alguns anos antes de a diversão salvar minha vida, meu estágio de doutorado consistiu em prestar assistência a uma importante rede hospitalar da Califórnia depois de um de seus médicos se suicidar. A morte dele foi um sinal de alerta para o fato de muitos médicos da rede estarem sob pressão insuportável no trabalho. Embora o esgotamento possa afetar qualquer um de nós, isso é comumente estudado entre os profissionais de saúde porque essas funções oferecem aos pesquisadores oportunidades convenientes para examinar os estressores interpessoais. Nesses estudos, um trabalho está consistentemente classificado entre os mais afetados: médico. Embora o suicídio tenha sido um choque terrível para a organização, os dados de inquéritos recolhidos junto a médicos de toda a rede sugeriram que uma crise maior estava se formando.[1]

Quando comecei, o diretor de medicina (CMO) da rede hospitalar estava aberto a novas ideias e altamente motivado para agir. Em particular, ele tinha sido inspirado pela crescente produção de literatura acadêmica sobre a construção de resiliência por meio de técnicas de psicologia positiva. Será que essas estratégias poderiam ser utilizadas para melhorar o bem-estar dos médicos? Se conseguíssemos de alguma forma ensinar os médicos a serem mais resilientes, esperava o CMO, poderíamos protegê-los do burnout.

Após algumas reuniões iniciais com o CMO, decidimos que eu trabalharia com a Comissão de Bem-Estar do grupo hospitalar – uma comissão que, além do CMO e de mim, incluía mais de uma dúzia de médicos, todos representando diferentes grupos dentro do sistema hospitalar. Ajudar qualquer grupo de pessoas a desenvolver resiliência não é simples, e aquele ambiente seria ainda mais difícil do que a maioria. Analisando as sugestões do grupo hospitalar, pude ver que muitas seriam difíceis de implementar diante das normas sociais arraigadas. Todas incluíam algum componente que afastaria os médicos do seu trabalho e envolviam algum elemento de aprendizagem externa. Sendo o tempo um recurso tão escasso como era, o risco de esse tipo de experimentação não levar a lugar nenhum – ou pior, criar mais burnout – superava qualquer benefício potencial.

Se a comissão não podia nos indicar a direção certa, talvez os médicos em risco pudessem. Comecei a me reunir individualmente com os médicos, e desde o início surgiu um tema: dar prioridade ao trabalho.

Concluir a faculdade de medicina exige um esforço enorme. Os estudantes de medicina são obrigados a abandonar efetivamente o interesse próprio, adotando uma mentalidade implacavelmente altruísta, centrada em levar o compromisso até o fim, acima de todos os outros fatores – incluindo o bem-estar pessoal. Para muitos médicos em formação, isso significa renunciar a tudo o que não esteja alinhado com esse compromisso – mesmo coisas tão simples como tirar uma noite de folga para ver um filme. Para sobreviverem à faculdade, os futuros médicos eliminam radicalmente elementos das suas vidas que não contribuem direta e visivelmente para o seu sucesso, incluindo experiências de vida e o autocuidado.

Você pode não ter cursado medicina, mas provavelmente isso ainda lhe soa familiar. Os estudantes de medicina representam apenas uma das manifestações mais extremas do que é hoje uma mentalidade quase universal entre quem se prepara para uma profissão. Convencidos de que o sucesso e o sentido da vida derivam principalmente do trabalho, priorizamos o nosso percurso profissional e obrigamos o resto da nossa vida a caber no espaço que sobra.

Ao conversar com os médicos em situação de risco, a maioria dos quais já tinha passado muito tempo na faculdade de medicina, pude perceber que essa reprogramação de prioridades – afastar-se das próprias necessidades em favor das necessidades do trabalho – não se resolve por si só. Conforme um médico amadurece para a função, sua paixão obstinada por ser médico desaparece com o tempo, ao passo que outras necessidades da vida ressurgem. À medida que esses médicos se estabeleceram na carreira, o apelo de serem "apenas" médicos diminuiu. A convicção preexistente de que a perseverança e a paixão seriam suficientes para sustentar seu espírito revelou-se gradualmente uma mentira. Inevitavelmente, há um doloroso acerto de contas com o que foi sacrificado em nome do trabalho, e essa realidade corrói a psique. A medicina está entre as profissões mais admiráveis, úteis e importantes, mas mesmo os mais dedicados à vocação precisam de uma vida fora do dever. Sem isso, as oportunidades de aprender e adquirir experiências corriqueiras, o tipo de experiência que nos enriquece com discernimento e sabedoria, se mostram fugidias.

À medida que meu trabalho avançava, desenvolvi relacionamentos pessoais com alguns médicos da comissão. Uma médica em particular demonstrou uma vontade inspiradora de explorar ideias inovadoras. Vou chamá-la de Antonia.* Antonia ingressou na Comissão de Bem-Estar porque ela mesma tinha enfrentado um episódio de burnout. Abalada pelo recente suicídio na rede hospitalar, ela queria fazer tudo o que pudesse para ajudar outros médicos a melhorarem seu próprio bem-estar. Ela também achou desconcertante que, pouco a pouco, sua vida pessoal tivesse praticamente desaparecido ao longo de seus anos de hospital.

Decidimos trabalhar juntos para ver quais pequenas mudanças ela poderia fazer para começar a se sentir mais realizada e presente. Embora Antonia estivesse animada para fazer mudanças, ela não

* Tenho um enorme respeito pelos médicos com quem trabalhei durante meu trabalho de campo na Comissão de Bem-Estar. Um componente imutável do contrato de estágio com o grupo hospitalar era a confidencialidade. Antonia representa uma pessoa real, mas mudei seu nome e misturei nossas experiências com outros elementos para criar um amálgama que preserve seu anonimato.

sabia por onde começar. Sugeri que ela se lembrasse de sua vida antes da faculdade de medicina ou de quando era criança. "Como você passava o tempo? O que a fazia sorrir?", perguntei. Quase imediatamente, ela disse: "Desenhar" – e então rapidamente descartou isso como um hobby bobo. Ela nunca foi uma "artista de verdade". Juntos, praticamos a **edição de histórias** – refinar as lentes através das quais atribuímos valores e prioridades – para reconhecer o desenho como algo verdadeiramente importante para o seu bem-estar. A verdade é que desenhar tinha sido uma importante fonte de prazer para Antonia. E o desenho acabara perdendo prioridade ao longo do tempo, a ponto de desaparecer no turbilhão da faculdade de medicina. Longe de ser um hobby supérfluo como ela antes o enxergava, a falta de autoexpressão e de diversão na vida de Antonia contribuiu significativamente para o seu esgotamento.

No início, foi difícil para ela se reconectar com sua paixão havia muito perdida, mas não desistimos de tentar. Examinamos sua agenda, procurando períodos do dia que permitissem alguns minutos de liberação criativa. Ela descobriu que era capaz de **agrupar** a atividade ao tempo que passava atendendo aos pacientes à noite. Começou a esboçar cartuns que satirizavam as situações difíceis com as quais se deparava. Fazer isso, como ela descobriu, ajudava-a a aliviar o estresse e também a colocava em contato com seu lado artístico e emocional. A partir dessa vitória inicial, exploramos **opções** adicionais, como participar de atividades de que seus filhos gostavam. Assim que ganhamos impulso, seu "Arquivo da Diversão" começou a ficar bastante grande. Em vez de deixar que ele se tornasse um depósito de atividades esmagador e impraticável, reduzimos suas opções a algumas favoritas e voltamos nossa atenção para torná-las realidade. Por exemplo, embora Antonia já mantivesse um diário de gratidão, aperfeiçoamos essa prática para colocar a ênfase no registro e na **recordação** das suas memórias mais agradáveis.

Não se engane, tive uma média de sucessos bem humilde ao trabalhar com aqueles médicos. Muitos zombavam da diversão como uma distração trivial de seu trabalho importante. Antonia e os poucos outros que estavam abertos a isso, no entanto, começaram a enxergá-la como um tônico restaurador e, por fim, como uma "substância" segura e legal para melhorar o desempenho. A verdade é que os médicos que aproveitam a vida são médicos melhores.

Depois que saí da Comissão de Bem-Estar, de vez em quando tomava café com Antonia para verificar seu progresso. Tive prazer em ver os novos sorrisos que acompanharam a intencionalidade renovada que ela encontrou. Ela expandiu seu hobby para fora do horário de trabalho e estava construindo um site que explorava a ligação entre arte e bem-estar. Na diversão, ela e eu descobrimos um novo tipo de remédio para o burnout. Eu me senti como um cientista cujo medicamento experimental acabara de ser aprovado em um ensaio clínico bem-sucedido.

Ao ler a próxima seção, pergunte-se: quais histórias invisíveis sobre mim e minha vida têm um efeito negativo sobre minha capacidade de me divertir? Essas narrativas ainda me são úteis, ou, como na antiga mentalidade de Antonia, são relíquias que precisam ser desafiadas? Como evitar que essas histórias inibam meu progresso?

Edição de histórias

Aprendi sobre edição de histórias pela primeira vez no livro *Redirect* [Redirecione], do Dr. Timothy Wilson. O livro de Wilson explora o poder que as crenças têm na formação de nossa realidade subjetiva. Como explica Wilson, as pessoas têm a capacidade de "editar as suas histórias pessoais de forma a conduzir a mudanças sustentadas no seu comportamento e bem-estar".[2] A edição de histórias nos ajuda a corrigir a mentalidade defeituosa de que a diversão é uma tolice e um mau uso do tempo.

Com o nosso estilo de vida "sempre ligado", normas sociais poderosas inibem a valorização da diversão, sem falar em ter qualquer diversão. A edição de histórias é o primeiro passo para romper essas inibições. Na verdade, simplesmente tomar consciência de que essas inibições existem e comprometer-se a viver com mais prazer é metade da batalha. Com a prática, a edição de histórias também pode ajudar a transformar as circunstâncias mais mundanas numa oportunidade de alegria, simplesmente nos dando o condão de desfrutar da diversão como um ato de autocuidado radical.

Para iniciar o processo, comece examinando qualquer preconceito persistente que você possa ter sobre a diversão. Em particular, lembre-se de que se divertir e ser um adulto funcional não são coisas mutuamente exclusivas. (Se ainda estiver em dúvida, continue lendo: vou abordar isso mais detalhadamente ao longo do livro.) Diversão não é um "extra", é um componente vital do seu bem-estar pessoal. Esse redirecionamento de sua narrativa pessoal é o primeiro passo para recuperar seu poder e abandonar seu antigo roteiro. A diversão precisa estar integrada à sua identidade.

Produzir pensamentos prazerosos sob comando exige prática intencional, então seja paciente consigo mesmo. Na verdade, para muitos de nós, o simples ato de tentar não nos concentrar nas nossas preocupações pode ser desgastante. Em um experimento conduzido por Wilson e seus colegas da Universidade da Virgínia, quando puderam escolher entre passar quinze minutos sentados e pensando ou suportar um choque elétrico, dois terços dos homens e um quarto das mulheres receberam o choque.[3] Além disso, uma pesquisa da Universidade da Virgínia realizada por Sarah Alahmadi e seus colegas revelou que quando não estamos atentos, não priorizamos pensamentos prazerosos, provavelmente porque tendemos a subestimar quão agradáveis e benéficos esses pensamentos podem ser. O grupo de pesquisadores concluiu que, sem essa consciência, talvez nunca daremos prioridade ao prazer.[4] A maioria de nós trabalha arduamente durante toda a vida para alcançar algum objetivo final – conquistas, glórias, dinheiro – sem perceber que, quando atingirmos esses marcos, não teremos qualquer capacidade significativa para desfrutá-los.

Dito isso, quando temos os tipos certos de gatilhos – lembretes de que não há problema em relaxar o pensamento e aproveitar o momento – nós compreendemos. Em um estudo, investigadores deram a dois grupos de pessoas uma "ajuda de pensamento" para promover a reflexão sobre tópicos de que gostam. Depois de os participantes terem gerado uma lista de tópicos agradáveis, os investigadores pediram a eles que pensassem sobre esses tópicos durante alguns minutos. Nos dias que se seguiram a essa indução, o grupo experimental recebeu lembretes de seus tópicos, enquanto o grupo de controle não. Os participantes que receberam os lembretes acharam mais fácil concentrar-se em tópicos agradáveis, suas mentes divagavam menos e gostaram mais da atividade do que o grupo de controle.[5] Aprenderemos a aproveitar o poder disso no próximo capítulo.

Como parecemos predispostos a evitar pensar em diversão, incorporar lembretes simples em nossa vida pode ajudar a trazer de volta à nossa consciência aquilo em que gostamos de pensar. Um pouco de orientação ("redirecionamento") pode até ajudá-lo a reformular os momentos mais corriqueiros da vida – estar parado em uma longa fila, esperar a água ferver – como oportunidades para pensar sobre o que é mais agradável. Durante as pequenas calmarias da vida, é bom evitar o FOMO (medo de "ficar de fora") que nossos feeds de rede social nos causam e, em vez disso, encontrar maneiras de aproveitar nossas próprias lembranças gostosas. Você pode fazer isso agora mesmo, de várias maneiras, desde revisar o Arquivo da Diversão que criou no último capítulo até programar na agenda lembretes intermitentes de boas lembranças do passado (pense no recurso "Neste Dia", do Facebook, com a diferença de que com esse método você tem controle total sobre o que gostaria de relembrar).

Uma edição bem-sucedida de histórias também pode ajudá-lo a desenvolver uma mentalidade construtiva, conceito introduzido pela pesquisadora Dra. Carol Dweck em seu livro *Mindset: A nova psicologia do sucesso*.[6] Dweck descobriu que pessoas com uma mentalidade construtiva têm um senso aprimorado de agência. Elas se veem no comando de suas vidas. Acreditam que podem ter um impacto positivo quando se trata de melhorar a si mesmas e sua situação. Sem uma mentalidade construtiva, as pessoas enxergam as próprias capacidades como atributos fixos e suas vidas como essencialmente fora do seu controle.

Para adotar uma mentalidade construtiva, reinterprete as ocorrências negativas de uma maneira que promova melhorias. Por exemplo, quando você enfrentar uma rejeição ou cometer um erro, opte por pensar: "Adoro um bom desafio. Da próxima vez, praticarei mais e me divertirei ainda mais ao longo do caminho".

Em contraste, sob a mentalidade fixa, você pode interpretar qualquer revés como a palavra final: "Isso não foi divertido. Eu não devo ser bom nisso. Pelo menos nunca mais terei que fazer isso".

Se esse tipo de reformulação for difícil, comece aos poucos: diga a si mesmo que seu próximo fim de semana será uma folga. Simples assim, basta definir a intenção. Essa pequena mudança de mentalidade demonstrou ter um efeito positivo,[7] proporcionando alguns dos benefícios psicológicos de uma folga real. Depois de experimentar o benefício palpável de uma pequena mudança de mentalidade, você se sentirá capacitado para tentar mudanças maiores.

Ao praticar a edição de histórias, você começará a enxergar oportunidades de diversão onde nunca antes enxergou. Por exemplo, você pode tratar a hora do almoço como uma verdadeira "pausa" e aproveitar a oportunidade para fazer algo divertido, como reencontrar um velho amigo durante uma refeição. Se tiver sorte, poderá encontrar sua alma gêmea como Tania Katan fez (conforme discutido no capítulo anterior). No mínimo, você começará a redescobrir seu outrora forte apetite por essa atividade assim que perceber o impacto que a diversão tem em como você se sente.[8]

Hall da Diversão **Bill Murray**

Claro, Bill Murray é a estrela de muitos filmes de grande sucesso de Hollywood – *Clube dos pilantras* e *Os caça-fantasmas*, para citar apenas dois –, bem como de muitos filmes independentes no segundo ato de sua carreira. Mas nas últimas décadas ele se tornou mais do que uma celebridade. Você pode chamá-lo de um herói popular dos tempos modernos. Existem dezenas de histórias em que estranhos do dia a dia convidam Murray para se divertir com eles – e ficam chocados quando ele diz *sim*. Houve uma vez em Nova York em que ele aceitou um convite para se juntar a um grupo de desconhecidos em um karaokê e depois ficou a noite toda, comprando bebidas e cantando. Ou aquela vez em que ele invadiu uma sessão de fotos de casamento, para deleite mútuo dos noivos. Ou aquela vez em que foi a uma festa de estudantes de antropologia na Escócia e ficou para lavar a louça. Essas histórias hoje lendárias – muitas das quais foram verificadas por Tommy Avallone num documentário chamado *The Bill Murray Stories: Life Lessons Learned from a Mythical Man* [Histórias de Bill Murray: Lições de vida aprendidas com um homem mítico] – exemplificam uma admirável recusa em elevar-se acima do resto do mundo, aceitando, em vez disso, participar de qualquer aventura que surgir em seu caminho.[9]

Murray, que começou no teatro Second City de Chicago antes de se formar no *Saturday Night Live*, sempre escreveu o próprio roteiro quando o assunto é a sua carreira. É notório que ele não tem agente ou administrador e filtra as ofertas por meio de uma caixa de correio de voz pessoal que ele verifica quando lhe apetece. O grande sucesso de *Os caça-fantasmas* elevou-o a um novo nível de estrelato, mas ele vivenciou isso como um ponto baixo em sua carreira devido ao fracasso simultâneo de um projeto apaixonante – então, ele tirou quatro anos de folga para estudar história e filosofia na Universidade Sorbonne, em Paris. Quando Charlie Rose lhe perguntou em 2014 o que ele queria e não tinha, Murray não respondeu que era um Oscar.

Ele falou de seu desejo de estar mais plenamente presente. "Eu gostaria mesmo de ver quanto tempo poderia durar estando realmente aqui, realmente presente, realmente vivendo no momento", disse ele. Quando Jimmy Kimmel ligou para ele em seu septuagésimo aniversário, em 2020, ele disse: "Eu ainda acho que seria julgado como menor de idade se me metesse em algum problema de verdade". Ele atendeu essa ligação em um telefone do Snoopy.

Agrupamento de atividades

Tendo auditado no último capítulo o uso que faz do tempo, você agora está perfeitamente consciente de que, em qualquer dada semana, não dá para ter tudo. Não consigo adicionar magicamente horas ao seu dia, mas posso ajudá-lo a alcançar algo semelhante com o agrupamento de atividades.

De certa forma, agrupar atividades é uma espécie de magia – adiciona mais horas de diversão à sua semana sem a necessidade de horas extras. Trata-se de um processo de examinar a maneira como você gasta seu tempo e incorporar criteriosamente outros elementos, positivos, em momentos que, de outra forma, poderiam ser subutilizados. É claro que existem atividades fundamentais – sono, meditação, tempo dedicado ao pensamento não estruturado – que podem ser prejudicadas por essa prática. Mas, feito com cuidado, o agrupamento de atividades pode transformar em experiências mais agradáveis muitos dos momentos mais corriqueiros ou difíceis da vida. Pense em Antonia incorporando a prática do desenho à sua jornada noturna atendendo pacientes, por exemplo.

A simples prática de agrupar atividades aumenta o número de oportunidades para mais diversão em qualquer semana. O agrupamento de atividades pode ser feito de modo eficaz em qualquer quadrante do Modelo PLAY. Por exemplo, você pode duplicar sua diversão combinando duas atividades do quadrante Agradável (como assistir a um show de comédia e conversar com um amigo) ou combinar uma atividade Angustiante (como limpar a casa) com uma atividade Agradável (como colocar em dia seu podcast ou audiolivro favorito).

Outra abordagem é agrupar atividades em sucessão para se recompensar por uma atividade que você deseja realizar, mas não acha prazerosa. Cientistas comportamentais há muito compreenderam que as atividades prazerosas são um forte motivador para a realização de atividades desagradáveis. Na década de 1920, Curt Paul Richter, do Hospital Johns Hopkins, descobriu que ratos aumentam sua atividade física quando estão com fome e têm expectativa de comer.[10] David Premack estudou esse fenômeno mais a fundo e estabeleceu a Teoria da Relatividade do Reforço, mais comumente conhecida como Princípio de Premack: "Qualquer resposta A reforçará qualquer outra resposta B, se e somente se a taxa independente de A for maior que a de B".[11] Dito de forma mais simples, quando tornamos algo divertido *dependente* de algo não tão divertido, é mais provável que façamos esse algo não divertido.

Se você é pai ou mãe, já sabe que esse tipo de agrupamento funciona porque provavelmente coagiu seu filho a fazer algo importante com o fascínio de uma atividade gratificante posterior. "Arrume seu quarto e então nós vamos tomar sorvete." A ciência sustenta que você pode aplicar essa estratégia com a mesma facilidade para realizar suas próprias tarefas essenciais, embora Angustiantes. A diversão é uma ótima ferramenta motivacional. *Por que não a usar?*

Uma advertência: esse método pode sair pela culatra, e de verdade, com uma experiência degradando em vez de complementando a outra. Seja ponderado e realista sobre quais atividades combinam bem. Por exemplo, ouvir um audiolivro de seu autor favorito enquanto passeia com seu cachorro pode parecer bom – até que um dia você fica tão absorto no que está ouvindo que percebe tarde demais que seu cachorro está comendo lixo. (Isso realmente aconteceu com uma amiga minha. Mesmo quando o cachorro dela não estava explorando o bufê do bairro, ele era uma grande distração. Ela também percebeu que não gostava de escutar romances tanto quanto gostava de lê-los.) Outro exemplo arriscado é combinar um trabalho intelectualmente rigoroso (por exemplo, declarar impostos) com a tentativa de assistir ao seu programa preferido com a sua pessoa favorita. Nesse cenário, o trabalho provavelmente se tornará Angustiante e a alegria do tempo passado com seu amigo ou parceiro irá embora. É importante saber que essa tática tem limites, e usá-la com frivolidade pode ser prejudicial.

Com a prática, o agrupamento de atividades teve um tremendo impacto em minha vida. Como você pode imaginar, passar de atleta Ironman para nunca mais poder correr significativamente aos 45 anos não foi uma transição fácil. Correr sempre foi uma forma de terapia para mim, então, quando meu médico me disse que a cabeça do meu fêmur estava apoiada na pélvis e correr não era mais uma opção, fiquei arrasado. Incapaz de manter o meu nível de atividade anterior, ganhei um peso significativo e fiquei hiperglicêmico – algo nada bom para alguém cujo sustento vem, em parte, da imagem de um defensor da saúde.

Corrida Moonlight, Davis, Califórnia, 12/07/2014

Sendo avisado de que minha única opção para permanecer ativo seria fazer uma artroplastia de quadril, fui em frente com o procedimento. Nas primeiras semanas após a cirurgia foi muito difícil dar conta dos meus dois filhos levados. A recuperação teve um impacto especial no relacionamento com minha filha. Nosso vínculo até aquele ponto sempre envolvera sermos ativos juntos. A fisioterapia inicial foi inevitável e Angustiante, e eu queria voltar a me divertir com minha filha rapidamente. A solução, para mim, foi agrupar atividades.

Minha filha estava começando a se interessar pela dança, então, em vez de passar horas monótonas sentindo-me solitário em sessões de fisioterapia, encontrei um instrutor de dança capaz de cocriar movimentos clinicamente apropriados para mim que seriam divertidos o suficiente para manter minha filha e eu envolvidos. A atividade evoluiu para um ritual semanal de dança – quadrante Estimulante – que me permitiu reconectar-me com minha filha, ganhar saúde, nos colocar no caminho de dominar uma atividade e, o melhor de tudo, nos divertirmos muito juntos.

Hedônica variável

> No fim foi muito bom. Sabe por quê? Porque você esperou cinco meses por isso. Se você estiver morrendo de fome e alguém te jogar um biscoito, você vai ficar assim: "Caramba, esse é o melhor biscoito que já comi na vida! Não é um biscoito normal, não é? O que era isso, um Saltine? Caramba, que delícia. Não, não era um Saltine. Era... era um Ritz. Não era um Ritz? Por Deus, esse é o melhor biscoito que comi na vida".
>
> — **EDDIE MURPHY, *SEM CENSURA***

Pesquisas mostram que, quando somos privados de algo prazeroso, desfrutamos mais intensamente quando esse algo é reintroduzido.

Pode ser tão simples quanto fazer uma pausa em uma atividade agradável ou mudar nossa rotina. Isso acontece porque a variabilidade perturba a adaptação hedônica, a tendência do cérebro para "definir" o nosso nível de prazer. Conforme discutido no Capítulo 1, cada um de nós tem um ponto de ajuste da felicidade. A adaptação hedônica é o que nos traz de volta a esse ponto definido, independentemente das circunstâncias externas. Lembre-se de que seu cérebro não quer que você se sinta bem o tempo todo, porque o objetivo da felicidade é incentivar comportamentos positivos. Você consegue o que deseja, se sente bem e então esse sentimento bom desaparece. Isso faz parte da esteira hedônica.

Leif D. Nelson, da Universidade da Califórnia, em San Diego, e Tom Meyvis, da Universidade de Nova York, descobriram que inserir uma pausa inesperada numa experiência positiva – por exemplo, uma massagem – torna essa experiência mais prazerosa. O inverso também é verdadeiro. Quando você faz pausas em coisas que não são divertidas, você as torna ainda *menos* divertidas. Ao reiniciar o processo de adaptação após um intervalo, você se torna novamente consciente dos estímulos aos quais estava acostumado. Por exemplo, se você estiver tentando realizar algum trabalho apesar do barulho em um canteiro de obras, uma hora você vai se desligar desse ruído e se concentrar em sua tarefa – até fazer uma pausa, momento em que terá um lembrete muito vívido daquela distração, tornando a experiência ainda mais desagradável.[12]

Nelson e Meyvis descobriram que a valência associada à experiência não fazia diferença – tanto as experiências positivas quanto as negativas ganhavam intensidade após um intervalo. Como tal, você deve adquirir o hábito de eliminar o tempo de inatividade durante atividades Angustiantes e introduzir pausas e outras variações nas atividades prazerosas.

Por exemplo, em um estudo sobre o consumo de chocolate, pessoas que se abstiveram de comer chocolate durante uma semana gostaram mais dele quando voltaram a comê-lo, em comparação a um grupo instruído a comer o máximo possível e a outro que comeu a quantidade habitual.[13] Abandonar temporariamente algo que você acha divertido às vezes pode ser um caminho eficaz para ter mais prazer no futuro.

É claro que privar-se de coisas boas para melhor aproveitá-las no futuro pode não funcionar para todos, o que é indicado por uma taxa considerável de abandono no grupo com restrição ao consumo de chocolate.

Introduzir incerteza é outra maneira de fazer uma atividade ficar mais divertida. Em outro experimento, Timothy Wilson e seus colegas deram presentes aos participantes do estudo. A um grupo foi dito quem lhes deu o presente e o porquê, enquanto o outro grupo ficou só na imaginação. As pessoas que ficaram na incerteza permaneceram com um humor positivo por mais tempo.[14] A hedônica variável está entrelaçada com admiração, curiosidade e mistério. Artistas, mágicos e animadores confiam nessas ferramentas porque elas são muito eficazes para elevar uma experiência. Na verdade, uma pequena variação pode fazer a experiência da diversão durar mais. Quando a vida vira rotina, a nossa percepção é de que o tempo passa mais rápido. Uma variação – a ruptura com a rotina – traz a percepção de que a passagem do tempo se retarda. Na verdade, você pode ampliar sua percepção do tempo simplesmente prestando atenção ao que está fazendo, estando atento a algo que costuma fazer de modo automático.

A razão pela qual fazer qualquer coisa nova força o nosso cérebro a desacelerar é que ele não desenvolveu atalhos mentais (por vezes referidos como *heurísticas*) para processar as novas informações que chegam. Pense sobre dirigir: quando você era recém-habilitado, dirigir era uma experiência sensorial avassaladora. Você se esforçava para observar os carros à sua frente e em todos os três retrovisores, lembrar as regras de trânsito e operar, efetivamente, o veículo com as mãos e os pés. Seu cérebro estava dando duro e você ficava exausto após cada saída. Com a prática, porém, seu cérebro descobriu em quais informações precisavam se concentrar – a luz de freio do carro logo à frente, por exemplo – e quais informações poderiam ser ignoradas. Com o tempo, a maior parte da ação de dirigir tornou-se automática e inconsciente para você. Agora seu deslocamento diário mal é registrado, e a maior parte de sua atenção consciente está no dia pela frente. Se você adicionasse variedade à sua viagem – usar um par de luvas grossas e óculos escuros, por exemplo –, pode apostar que experimentaria seu próximo trajeto com uma sensação de atenção plena e consciência que você não experimentava desde que estava tirando a habilitação. (Não tente isso, é claro.)

As experiências rotineiras normalmente escapam à nossa memória – por exemplo, você consegue se lembrar em detalhes do que exatamente aconteceu no seu trajeto para o trabalho há duas semanas? Assim, você as percebe como se estivessem acontecendo muito mais rapidamente. A Dra. Dinah Avni-Babad e a Dra. Ilana Ritov, da Universidade Hebraica de Jerusalém, conduziram seis experimentos sobre a influência da rotina na estimativa de tempo das pessoas. Em todos os seis estudos, as pessoas estimaram a duração de uma atividade rotineira como mais curta do que uma atividade não rotineira com a mesma duração.[15]

Quando você preenche sua vida com experiências divertidas e novas e alimenta seu cérebro com muitas informações novas – aprendendo, viajando, conhecendo novas pessoas, experimentando novas atividades –, você olha para trás, para a vida em geral, com maior satisfação. O neurocientista David Eagleman descreve o tempo como uma coisa elástica, que pode se esticar quando nossos cérebros estão totalmente atentos. Um experimento que Eagleman fez com Chess Stetson e Matthew P. Fiesta mostrou que a desaceleração do tempo ocorre quando codificamos uma memória como uma experiência intensa e rica (o que geralmente acontece quando você faz algo novo ou animador). No estudo, os participantes experimentaram uma queda livre de 31 metros antes de pousarem com segurança em uma rede. Quando questionados sobre quanto tempo pareceu durar a queda, as estimativas dos participantes foram 36% mais longas do que as que fizeram para o mesmo salto realizado por outras pessoas. Os autores concluíram que "uma codificação mais rica da memória pode fazer com que um evento saliente pareça, retrospectivamente, como se tivesse durado mais".[16]

A hedônica variável também tem uma desvantagem. Não se trata apenas de prolongar o tempo, mas também de aumentar ou diminuir sua satisfação quando você se compara aos outros. Você se lembra daquele sentimento de euforia da última vez em que foi promovido? Como provoquei no Capítulo 1, é provável que sua euforia tenha diminuído quando você assumiu a nova função. Inicialmente, você desfrutou do prazer de ser recompensado por seu trabalho duro, do salário mais alto e da mudança no *status* social. Então a situação perdeu o brilho. Retornou o desejo familiar por algo mais. Você se adaptou às preocupações profissionais e financeiras de seu novo *status* social. Apesar de sua situação ter melhorado, as preocupações que você tinha antes da promoção voltaram à sua consciência. *O que aconteceu?* Tal como a evolução pretendia, as suas expectativas são redefinidas para corresponder ao seu novo grupo de pares – suas realizações, seus artefatos, seu *status*. A satisfação inicial desapareceu e você voltou à esteira hedônica.

Em *O fim da história e o último homem*, o cientista político Francis Fukuyama argumentou que os humanos desejam algumas coisas "não para si mesmos, mas porque são desejadas por outros seres humanos".[17] De uma forma ou de outra, a maior parte de nós tenta equivaler aos vizinhos, mas os vizinhos de verdade com os quais nos comparamos tendem a mudar à medida que nosso *status* evolui. A menos que você tome medidas deliberadas para escapar desse ciclo, sua corrida desenfreada nunca terminará.

Estudo após estudo confirma que a nossa felicidade subjetiva é influenciada não só por quanto temos (nível de renda e posição absolutos), mas também por como nos classificamos em relação aos outros (níveis de renda e posição relativos). Esse fenômeno é conhecido como "posicionalidade". Em defesa da humanidade, a maioria de nós fica mais feliz com a sensação de que temos um pouco mais do que os outros (aqueles com quem nos comparamos). Ter muito mais não parece ter o mesmo efeito.[18]

Infelizmente, nesse caso, a variabilidade faz parte da armadilha. A recompensa de *só um pouco mais* está sempre ao nosso alcance se trabalharmos um pouco mais. E, assim, nossa proverbial esteira nunca termina – *a menos* que intencionalmente mantenhamos nosso ponto de ajuste constante com base em nossos próprios desejos pessoais e intrínsecos. Quando temos a nossa própria definição de sucesso, a pressão das influências externas é mitigada e os vizinhos têm menos poder sobre nós. Podemos então reorientar nossa energia para coisas que de fato nos trazem um prazer significativo.

Algumas pessoas encontram outra solução para a posicionalidade: posicionam-se no topo de tudo. Fazem isso indo morar em um país onde a sua moeda nativa vale mais, a política local lhes dá mais liberdade e os boêmios como elas lhes dão um sentimento de pertença.[19]

Por exemplo, não é incomum que os ocidentais tirem partido da economia posicional em lugares como Goa, Bali e Tailândia. Alguns consideram isso eticamente ambíguo, enquanto outros argumentam que essa manobra permite que as economias em desenvolvimento floresçam. De qualquer forma, não há como negar que quando as suas expectativas são definidas de forma nivelada, tirar partido da economia posicional melhora a utilidade dos seus recursos e aumenta as suas oportunidades de diversão.

Beneficiar-se da economia posicional não exige que você se mude para outro país. Com um pouco de pesquisa, geralmente você consegue encontrar essas vantagens bem perto de casa. Mudar-se para uma área com um custo de vida mais baixo tem um impacto positivo quase imediato, já que libera recursos para coisas que são muito mais divertidas do que o pagamento de rendas ou hipotecas – aumentando a sua qualidade de vida e melhorando suas opções. Isso é conhecido como "migração de estilo de vida" e é exatamente o que a minha mulher e eu fizemos quando fugimos da cara Bay Area em busca do menor custo de vida das Carolinas.*

A Dra. Michaela Benson e sua colega, a Dra. Karen O'Reilly, definem a migração de estilo de vida como a "mobilidade espacial de indivíduos relativamente ricos de todas as idades, mudando-se em tempo parcial ou integral para lugares que são significativos porque, por várias razões, oferecem potencial para uma melhor qualidade de vida".[20] Quando discutido na literatura acadêmica, o fenômeno não é definido apenas como migração de estilo de vida. A estratégia tem vários nomes: migração internacional de aposentadoria (IRM, sigla para *international retirement migration*), migração em busca de comodidades, turismo residencial e contraurbanização (internacional). Independentemente do nome que a ciência lhe der, o que há de comum entre as pessoas que utilizam esse tipo de estratégia é que elas variam sua posição para melhorar o seu acesso a prazeres. E, embora certamente a riqueza amplie as opções delas, existem algumas versões disso disponíveis para pessoas com recursos mais modestos – por exemplo, que se mudam para longe de um centro urbano ou para uma área onde a mão de obra é escassa, motivo pelo qual os salários são mais elevados.

Uma palavra de cautela: por si só, mudar-se não garante que você se divertirá mais. Se você decidir aproveitar as vantagens da economia posicional, planeje com antecedência. As coisas ficam descontroladas quando deixamos nosso proverbial "sarrafo" – o nosso ponto de referência – sucumbir à adaptabilidade. O segredo para mais diversão é manipular as variáveis da experiência enquanto mantemos nossas expectativas estáticas. Também é importante não deixar a imaginação correr solta, romantizar o que um destino específico pode nos oferecer.[21] Por exemplo, você pode se mudar para uma área rural na França

---

* Bay Area é uma região de alto padrão na cidade de São Francisco, Califórnia. Por "Carolinas", o autor se refere aos estados norte-americanos da Carolina do Norte e da Carolina do Sul. (N.T.)

por causa da imagem que tem do lugar: paisagem tranquila, vinhedos, vilas coloridas. Depois de chegar lá, ele pode não corresponder às suas expectativas, levando inevitavelmente a um arrependimento considerável. Pesquise bem e seja realista nas suas expectativas – uma maior diversão será quase garantida.

Opções

Quando você tem acesso a melhores opções, faz escolhas melhores. Como seu objetivo é mais diversão, vamos explorar como você pode aumentar suas opções para isso. Existem muitas oportunidades de diversão séria disponíveis para qualquer pessoa disposta a se mexer um pouco. Como vimos no meu trabalho com Antonia, aumentar a consciência sobre opções viáveis de diversão é um passo importante no processo. As oportunidades estão limitadas apenas pela sua imaginação. Às vezes, você só precisa fazer um *brainstorm* e ser criativo. E você pode fazer isso com base no trabalho que já realizou em seu Arquivo da Diversão.

Uma ótima maneira de pensar em opções mais divertidas é usar uma prática de *coaching* chamada *técnica das cinco opções*. Como o nome sugere, você simplesmente se esforça para criar cinco novas opções de diversão – atividades nas quais você não está envolvido no momento – que sejam realisticamente viáveis para as próximas semanas e meses. Essas ideias podem incluir ir ao cinema com um velho amigo, fazer um curso sobre algo interessante, dedicar-se a um hobby negligenciado e assim por diante. Se você não conseguir encontrar cinco, pergunte-se o seguinte:

- Que atividades me conectam à diversão e alegria de meu passado?
- Que coisas divertidas meus amigos estão fazendo que eu gostaria de tentar?
- Que coisas divertidas posso agregar às coisas que já estou fazendo agora?

Quando você tiver pelo menos cinco opções, identifique uma que possa tentar imediatamente. Se você tiver dificuldade em escolher apenas uma, visualize como cada opção faria você se sentir depois de ser concluída com sucesso. Use seus sentimentos em relação a cada atividade como um indicador de qual opção faz sentido seguir primeiro. Depois de escolher sua opção, retroceda para identificar e executar as etapas necessárias e transformar sua nova oportunidade de diversão em realidade.

A engenhosidade é outra ótima maneira de desbloquear opções de diversão. Eventos privados e experiências VIP são divertidos por vários motivos. Um dos mais óbvios é o fato de serem exclusivos. No entanto, muitas vezes é mais fácil do que você pensa burlar os seguranças. Tudo que você precisa fazer é encontrar a chave da porta dos fundos. Uma das minhas formas favoritas de obter acesso a uma atividade que de outra forma seria inacessível é encontrar uma maneira de contribuir. Geralmente faço isso dando um jeito de ser voluntário. Usei essa estratégia de forma eficaz não apenas para participar de conferências que não posso pagar, mas também para confraternizar com celebridades em eventos de top de linha.

Como estudante de pós-graduação no final dos anos 1990, tive a sorte de, em um verão, fazer um mochilão pela Europa. Durante a minha viagem, tomei conhecimento de um evento chamado "Cinema Contra a AIDS", que estava acontecendo durante o Festival de Cinema de Cannes, na França. Era uma festa apenas para convidados da elite cinematográfica internacional. Não tinha como eu entrar pela porta da frente. Então... entrei pela porta dos fundos. Como? *Eu pedi.* Eu perguntei: "Como posso ajudar?". O custo da entrada para um zé-ninguém como eu acabou sendo preparar sacolas de presentes para celebridades por um dia, junto com um monte de gente divertida e incrível. Então os organizadores me deixaram entrar.

6º evento anual "Cinema contra a AIDS", Cannes, França, 20/05/1999

Houve um leilão beneficente durante o evento. Elizabeth Taylor queria chamar a atenção para um item específico do leilão e solicitou que um jovem a ajudasse a subir no palco. Como eu me enquadrava no perfil, os organizadores do evento me perguntaram – eu, o voluntário que os tinha procurado antes – se eu não me importaria de fazer o trabalho. Aceitei, claro, sem saber que isso me levaria aos meus quinze minutos de fama. No dia seguinte, aproveitando o brilho de uma noite incrível, saí das acomodações que dividia com vários outros estudantes famintos e, para minha surpresa, vi a mim mesmo e Liz na capa do *Nice-Matin* – um dos jornais mais populares da França. Tudo isso se tornou uma opção para mim porque inventei uma forma de conseguir ter acesso a uma noite divertida.

Você também pode adquirir o hábito de expandir suas opções com *o hack* de viagens e diversão. O *hack* de viagens é a arte estratégica de usar pontos de cartão de crédito para acelerar a taxa de acumulação de recompensas de viagens, como voos grátis. Quando minha esposa e eu começamos a hackear viagens, nós dois ficamos um pouco intimidados. Depois de alguns meses, porém, a timidez foi rapidamente substituída pelo remorso por não termos começado antes. Fazendo a coisa direito, as recompensas acumularam-se mais rápido do que jamais poderíamos ter imaginado. E se antes boas informações sobre *hacks* de viagem fossem obscuras, as estratégias mais recentes estão agora a apenas uma pesquisa no Google de distância.

O que não é tão conhecido é que muitos programas de recompensa de cartão de crédito também podem ser aplicados para aumentar as opções de experiências divertidas – oportunidades como eventos de entretenimento exclusivos para membros, passeios privados e convites exclusivos para jantares com chefs famosos. Hoje em dia, as oportunidades de recompensa são tão amplas que me refiro à prática de acumular pontos de recompensa como *hacks* de diversão (já que não se trata mais apenas de viagens). Com um pouco de esforço, suas opções tornam-se quase ilimitadas. O *hack* de diversão não é uma ideia tão comum quanto o *hack* de viagens porque muitos programas de recompensa estão associados a empresas de viagens. Além disso, as informações relativas aos benefícios experienciais do cartão são frequentemente ocultadas entre todos os outros recursos do cartão. Para descobrir suas possibilidades, basta ligar para a administradora do cartão de crédito e perguntar onde você pode encontrar as opções disponíveis de experiência de vida. Pessoalmente, meu truque divertido favorito são experiências de shows VIP. Viajei usando pontos para ver a banda My Morning Jacket durante a turnê One Big Holiday. Se você não gosta de shows, pode sem dúvida encontrar um leque de novas opções que se adaptam às suas preferências e aos seus gostos. Agora que você sabe onde procurar, está no caminho certo para se divertir ainda mais. (Verifique se o seu cartão de crédito também oferece recompensas de experiência.)

Recordar

Recordar é uma ótima maneira de escapar da esteira hedônica. Como bem disse o psicólogo Nico Frijda: "A adaptação à satisfação pode ser neutralizada pela consciência constante de quão afortunada é a nossa condição".[22]

Já são bem estudados os benefícios positivos da gratidão. Recordar com gratidão boas lembranças, então, é gratidão anabolizada, empregando uma forma de apreciação conhecida como gratidão disposicional. A gratidão disposicional é caracterizada por (1) uma valorização dos outros, (2) uma valorização pelos prazeres simples e (3) uma sensação de abundância.

Quando você estabelece uma rotina de recordações através do reconhecimento da gratidão por experiências passadas, você se mantém consciente de que a diversão é abundante. Colocado em prática, recordar dessa maneira atenua sentimentos de arrependimento e privação, dando-lhe um estímulo concreto para apreciar plenamente as experiências prazerosas da vida. O hábito de reconhecer o prazer da sua vida aumenta naturalmente o seu sentimento geral de gratidão, amplificando os efeitos positivos da diversão.

Pesquisas têm criticado algumas formas de reconhecimento da gratidão. Por exemplo, Sonja Lyubomirsky e colegas do Departamento de Psicologia da Universidade da Califórnia, em Riverside, descobriram que aqueles que registraram a gratidão em diário uma vez por semana tiveram benefício; quando chegaram a três vezes por semana, porém, esses benefícios praticamente desapareceram.[23] Um dos perigos do diário de gratidão é que algumas pessoas podem ter dificuldade para encontrar coisas pelas quais serem gratas – e para elas o exercício pode na verdade acabar causando danos, servindo como um lembrete de que sua vida não está completa naquele momento. Isso pode levar a ruminações sobre a distância entre elas e a felicidade. Mesmo assim, a maioria dos especialistas concorda que o ato de ser grato em geral – experimentar e expressar gratidão – tem um impacto positivo importante no nosso bem-estar.[24] O que torna a recordação através da gratidão diferente da gratidão comum – a prática padrão de procurar coisas pelas quais ser grato – é ela ser orientada para a ação, no sentido de que participamos ativamente nas coisas pelas quais somos gratos. Comemoramos nossos ganhos e nos comprazemos da nossa capacidade de criar coisas pelas quais sermos gratos.

Colocado em prática, o sistema SAVOR pode transformar uma vida comum numa vida notável. Desafie suas suposições (e as minhas!). Se algo não estiver funcionando, exclua-o. Conforme encontrar coisas novas que funcionem, acrescente mais elementos. Faça disso parte de você. Se já colocou algumas dessas ideias em prática, desfrute do alívio advindo da diminuição da pressão para se conformar às normas sociais. Agora você está se beneficiando de novas maneiras de trazer alegria, admiração e diversão à sua vida e à vida das pessoas mais próximas a você.

Mas ainda estamos longe de terminar! É hora de subir ainda mais de nível, criando um ciclo de feedback – que apoie uma espiral ascendente perpétua e positiva de crescimento contínuo.

Capítulo 4
Prazer *depois* do momento

> Sempre que penso no passado,
> me voltam tantas lembranças.
> — STEVEN WRIGHT

Nos últimos tempos, a principal resposta da sociedade à pressão de uma vida agitada e sobrecarregada tem sido enfatizar o prazer do momento. *Esteja presente, no agora*. De fato, a atenção plena pode nos ajudar a aproveitar melhor o presente. Reconhecer o poder do precioso agora, à la Eckhart Tolle, Spencer Johnson e todos aqueles que vieram antes deles, é um corretivo importante e um ótimo complemento para se divertir mais. Estar presente também ajuda na formação da memória; sendo direto, garante que não percamos os detalhes interessantes. Mas é importante não esquecer que temos outro recurso menos discutido para saborear ainda mais a nossa diversão: o prazer *depois* do momento. Os fãs do *esteja presente no agora* podem não aprovar, mas, se você não está pensando em como saborear lembranças divertidas através das recordações, você está deixando na mesa algumas das alegrias da vida: a diversão que você teve ontem, no ano passado ou na década passada.

O objetivo deste capítulo é ajudá-lo a aproveitar ao máximo o "R" do SAVOR – recordações –, estendendo o poder da diversão para além do momento em que ela ocorre. Existem muitos livros e artigos na internet que detalham a arte da atenção plena, com o objetivo de aproveitar ao máximo cada momento, durante o momento. Recordar, como eu o defino, é (quase) o oposto: uma ferramenta para *depois do momento*. Quero que você aproveite ao máximo suas lembranças, tanto positivas quanto negativas, para que contribuam ao máximo para o seu bem-estar mesmo anos depois da diversão.

Apresento quatro estratégias, cada uma com suas táticas, para ajudá-lo:

1. **Viagem no tempo**. Os momentos máximos da vida acontecem rapidamente e são poucos e distantes entre si. Relembrar nos permite expandir esses momentos para além de seu curto espaço de tempo.
2. **Curadoria.** Significa enfatizar as boas lembranças e explorar as ruins em seu benefício. Sim, mesmo as lembranças ruins podem contribuir para o bem-estar.
3. **Programação.** Assim como você aprendeu a programar diversão, você pode programar tempo para relembrar, com uma ajuda da tecnologia.
4. **Feedback.** À medida que desenvolve seu Hábito da Diversão e vivencia coisas novas, você aprende muito sobre o que realmente o acende e o que você pode dispensar da próxima vez – se prestar atenção suficiente. Reservar um tempo para avaliar suas experiências *depois de elas acontecerem* encerra o ciclo SAVOR, de modo que, com o tempo, você melhora quanto à escolha de atividades que tenham uma probabilidade muito maior de trazer alegria.

Estratégia 1: Viagem no tempo – leve o passado com você

Os maiores e mais divertidos momentos da sua vida costumam ocupar apenas uma questão de horas. Reconhecer essa realidade pode garantir que você faça um esforço para manter memórias importantes de maneira eficaz. Embora não seja o foco deste capítulo, a consciência temporal do momento pode ajudar – lembrar-se de quão rápido as coisas passam, de modo a garantir que você as aproveite enquanto elas durarem. Por exemplo, muitas pessoas mal conseguem se lembrar do dia do casamento. O melhor conselho que recebi sobre esse assunto, no dia em si, foi constantemente conversar comigo mesmo, reconhecer meus próprios sentimentos e a euforia em meio ao alegre pandemônio. Tirar um tempo para fazer fotos mentais. Por ter recebido esse sábio conselho, mesmo com alguns coquetéis a mais, consigo me recordar daquela noite incrível porque reservei um tempo para saborear o evento logo após seu término, guardando na memória alguns dos meus momentos favoritos. Mas tenha cuidado com isso, porque lembrar-se da rapidez com que os momentos passam pode facilmente se transformar em ruminações negativas que prejudicam a diversão.

De novo, o foco está em aproveitar nossas experiências máximas no momento em que acontecem e saborear a memória *depois*. Embora qualquer uma das táticas apresentadas neste capítulo possa ajudar a reviver esses momentos, a minha favorita quando o assunto são eventos como casamentos, férias e outras experiências únicas na vida é o que chamo de "baú do tesouro". Eu tenho um e serei honesto: ele é pesado. Seu baú do tesouro pode guardar coisas tangíveis ou – para aqueles que não têm espaço – ativos digitais (ou uma combinação de ambos). De qualquer forma, deve estar repleto de recordações que o levem de volta no tempo. Estas podem incluir antigas passagens de trem, panfletos de lugares que você visitou, ímãs de geladeira, fotografias, pequenos objetos, citações. Mas, assim como a diversão em si, cabe a você decidir a melhor maneira de recordar suas lembranças divertidas. Em vez de eu prescrever algo para você, aqui está uma sacola que reuni com ideias legais para armazenar memórias. Divirta-se escolhendo aquelas que funcionam melhor para você.

- Criar um pote das férias. Quando for a algum lugar divertido, colete alguns itens durante o trajeto (por exemplo, pedras, conchas, pedaços de tecido, cartões-postais, desenhos). Arrume-os todos em um pote de vidro e use-os como decoração em uma prateleira.
- Em vez de manter um diário formal, escreva contos ou vinhetas descrevendo seus momentos favoritos e guarde-os em uma pasta, acrescentando mais alguns à medida que avança. Assim como Antonia, minha filha gosta de desenhar, então ela adaptou essa tática para a produção de cartuns.
- Qualquer tipo de álbum de fotos temático. Álbuns de casamento são ótimos, mas qualquer evento significativo pode valer um álbum. Existem tantas opções acessíveis para impressão que você não precisa se preocupar se o livro sofrer algum desgaste devido ao uso frequente. Sempre é possível reimprimir. Você também pode fazer uma impressão mais cara de um evento realmente importante e deixá-la na estante, com uma versão mais barata, apropriada para crianças com dedos sujos.
- Há toda uma arte em produzir *scrapbooks*. Não é algo que eu já tenha tentado pessoalmente, mas muitas pessoas sábias acham esse tipo de recordação divertido. Uma rápida pesquisa no Google deve lhe dar boas ideias para você começar.
- Se houver algo que realmente o anime, cerque-se dos artefatos da atividade criando um museu pessoal. Para meu pai, são ótimos álbuns de jazz e vários instrumentos de sopro que o lembram do hobby que ele adora praticar. Para o empresário e colecionador serial Jeremy Fissell, que você conhecerá mais tarde, é um armazém cheio de caixas de som que ele adora restaurar.

Hall da Diversão **David Spade e Chris Farley**

Mudanças e perdas fazem parte da vida, mas as relíquias podem desempenhar um papel importante para nos ajudar a nos sentirmos conectados a pessoas e eventos importantes do nosso passado. Em 2015, vigésimo aniversário de *Mong & Loide*, David Spade mostrou no Facebook que um pôster promocional do filme está pendurado em seu escritório, assinado por seu colega de elenco e melhor amigo, Chris Farley, que morreu em 1997, aos 33 anos. De brincadeira, os dois comediantes autografaram cartazes um para o outro, mas, décadas depois, o cartaz serve como um inesperado e comovente lembrete daquela incrível amizade. Spade disse que, se pensasse muito sobre isso, ele gritaria: "Tipo agora. Como diria Chris. Que manteiga derretida".[1]

Estratégia 2: Curar o passado para melhorar o futuro

Em casa, adoramos o filme *Divertida Mente*. Se você não o conhece, é um filme de animação que se passa principalmente na mente de uma jovem chamada Riley. O filme é para crianças, mas, por ser da Pixar, os roteiristas consultaram dois psicólogos de ponta para criar uma história que não fosse apenas divertida para todas as idades, mas também uma exploração inteligente da psicologia da formação da memória e das nossas emoções. À medida que o enredo avança, encontramos a personificação de cinco emoções de Riley: Alegria, Tristeza, Nojinho, Medo e Raiva. É a Alegria (dublada pela atriz Amy Poehler na versão original) quem narra a história. Ela faz o possível para garantir que as memórias de Riley sejam repletas de diversão. E tem um bom motivo para isso: as experiências nas quais nos concentramos estão na essência de quem somos, do que nos tornamos e de como avaliamos o mundo ao nosso redor.

Apreciar as memórias que criamos com nosso novo Hábito da Diversão traz uma série de benefícios psicológicos. A Dra. Barbara Fredrickson (e outros depois dela)[2] apresentou argumentos convincentes de que expandir e documentar nossas emoções positivas traz benefícios adaptativos de longo prazo.[3] Pesquisadores do MIT descobriram que ativar memórias positivas pode ajudar a suprimir a depressão.[4] Memórias divertidas, ao que parece, são mais do que anedotas agradáveis em coquetéis. Elas nos ajudam a construir recursos intelectuais, sociais e psicológicos duradouros. Quando a vida não está tão divertida, elas oferecem resiliência emocional. Assim, quando cultivamos a diversão e ampliamos os benefícios do hábito através da prática de reminiscências deliberadas, aumentamos a nossa probabilidade de um futuro melhor.

O registro em diários é uma forma extremamente eficiente e eficaz de armazenar memórias e processar nossas experiências, sintetizando eventos e atividades em uma narrativa coerente. É algo que nos dá o poder de dominar nossa história pessoal. Nas páginas de um diário, podemos fazer curadoria, podar, celebrar e lamentar como acharmos adequado.

Se você acha que o registro no diário é uma boa ferramenta para o seu sistema SAVOR, a seguir estão algumas sugestões de entradas com o objetivo de ajudar na sua prática.

O básico

- Quer você escreva suas entradas em listas com *bullets*, quer em forma de narrativas, tente incluir detalhes memoráveis sobre a experiência que você está descrevendo. *Por que* foi divertido? *Como* você se sentiu? *Com quem* você estava? *Como* era o cenário e *quando* as coisas aconteceram? Se você não gosta de escrever, ter uma prescrição do total de palavras ou um período definido para escrever pode desencorajá-lo da prática. No entanto, é importante pelo menos reunir rapidamente detalhes suficientes para que, quando você retomar a entrada, seja capaz de se lembrar. Descobri que, se eu for muito breve, ao reler uma entrada ela não me traz nenhuma lembrança do que aconteceu. Não deixe isso acontecer com você. Se você gosta de escrever, *mande ver* – é outra ótima maneira de se divertir.

- Em seu diário, se puder, inclua um artefato de ancoragem. Algo que o recorde do evento (uma foto, uma letra de música ou um videoclipe, se você estiver usando um diário online ou eletrônico). Ao incluir um artefato desses, a memória existe tanto na sua mente subjetiva quanto numa forma tangível na realidade objetiva. Ter esse tipo de âncora melhora a nossa recordação e ajuda a garantir que nos lembraremos do evento no futuro.

Esses princípios básicos já são bons, mas, para subir de nível, você pode brincar adicionando elementos da ciência de saborear. Fui influenciado em particular por *Savoring: A New Model of Positive Experience* [Saboreando: um novo modelo de experiência positiva], livro de Fred Bryant e Joseph Veroff[5] que explora como processamos experiências positivas. Embora de cunho acadêmico, o livro é repleto de dicas úteis para melhor saborear suas experiências, o que inclui recordar. Adaptei algumas das minhas favoritas que se aplicam a diários e as listei a seguir, mas, para quem deseja fazer um mergulho intelectual profundo, recomendo fortemente a leitura do livro.

Deixe o diário mais completo

- Inclua elementos da experiência que sejam específicos de como ela o fez se sentir. É uma das poucas vezes no livro em que vou encorajá-lo a ser um pouco movido pelo ego. A memória era do quadrante Estimulante? Se sim, *por quê*? O que na memória o deixa mais aceso? O que nela lhe causa um sentimento de pertença? Um sentimento de orgulho? Como ela fez você crescer?
- A gratidão é uma ferramenta poderosa quando usada de forma eficaz. Se lhe parecer adequado, documente os componentes da memória que fazem você se sentir grato. Você se sente grato por algo que desperta essa memória? Existem componentes da própria

memória pelos quais você é grato? Há gratidão pelas amizades evocadas? Você está grato porque a memória o conecta a algo maior? Por exemplo, o sentimento de admiração ou maravilhamento que foi provocado pelo que aconteceu?

- Retenha a memória usando a *afiação sensório-perceptual*, ferramenta retirada da atenção plena. Ao descrever sua memória, tente incluir elementos que sejam notados pelos seus sentidos. Como era o sabor da comida? Não era incrível a acústica do teatro durante o concerto? Como era o cheiro do ar de outono durante certa caminhada? Como era a pipa que vocês dois estavam empinando enquanto segurava a mão dele no parque? Qual foi a sensação de tocá-la depois de não a ver por um semestre?
- Se for adequado, envolva-se em alguma expressão comportamental visceral enquanto escreve sua entrada. Expressões físicas de alegria dão ao seu cérebro evidências adicionais da positividade da memória. Isso pode proporcionar um impulso significativo à prática da recordação. Tente literalmente rir alto enquanto documenta sua memória divertida e veja se funciona para você.
- Antes de encerrar sua escrita, antecipe um evento semelhante que acontecerá no futuro. Podemos ampliar nossa capacidade de saborear uma lembrança ao antecipar novamente um evento semelhante (melhor ainda se você realmente planejar que isso aconteça novamente durante o processo). A antecipação de que algo bom acontecerá no futuro é uma técnica eficaz de saborear.
- Depois de terminar de documentar sua memória, tente de alguma forma compartilhá-la com outras pessoas. Pode ser compartilhando literalmente a entrada com as pessoas envolvidas ou com outras pessoas que você acha que iriam gostar dela, ou recontando a memória de alguma outra forma, tanto verbalmente como postando uma versão dela nas redes sociais e marcando os envolvidos.
- Reconheça quaisquer elementos que não foram divertidos. Faça isso incluindo quaisquer momentos desafiadores que você vivenciou (pensamentos, emoções) e como você lidou com eles –

possivelmente transformando algo não divertido em algo positivo, caso essa transformação aconteça de forma orgânica e autêntica através do processo de recontá-la. Ao incluir coisas que não foram divertidas, talvez até como entradas separadas no diário, você fornece o pano de fundo para apreciar ainda mais os bons momentos, bem como um feedback valioso sobre talvez o que não fazer no futuro.

Nem tudo é divertido

Embora eu recomende que você se conecte às suas experiências divertidas e ao lugar que elas ocupam em sua memória, *não* se trata de ignorar ou reprimir memórias que não foram tão divertidas, nem de tentar ser positivo o tempo todo. Nesse sentido, mais uma vez *Divertida Mente* se mostra maravilhosamente instrutivo: quando Alegria tenta impedir que Tristeza registre quaisquer lembranças, a psique de Riley (e o filme) entra em crise e tudo desmorona. Somente quando Riley finalmente se dá conta de sua tristeza é que ela pode seguir em frente para construir memórias mais divertidas. Isso está de acordo com as descobertas dos psicólogos Brett Ford, Phoebe Lam, Oliver John e Iris Mauss, que demonstraram que a aceitação das nossas emoções e pensamentos (tanto negativos quanto positivos) é um importante preditor de boa saúde mental.[6]

Mencionei minha admiração pelo trabalho de Barbara Fredrickson sobre o valor de enfatizar o que for positivo. Inicialmente, o trabalho de Fredrickson focava apenas as emoções positivas; entretanto, logo ficou claro durante sua pesquisa que as emoções negativas são igualmente importantes, desde que não prevaleçam. Alguns chegam ao ponto de dizer que, se prestarmos atenção apenas ao que é positivo, podemos ficar indiferentes ou sem foco. Kevin Rathunde sugere que, num esforço criativo, deve haver um diálogo entre o positivo e o negativo, que procure integrar os dois para chegar ao melhor resultado.[7] Alguns psicólogos (por exemplo, o Dr. Dan Siegel) aconselham a técnica "Nomear para domar": estudos mostram que se nomearmos os nossos sentimentos negativos (por exemplo, *estou com raiva*, *estou com medo*), a potência deles diminui, pois somos capazes de integrar os lados esquerdo e direito do cérebro e diminuir a resposta da amígdala e de outras áreas límbicas.[8] Essa técnica pode ser particularmente útil para ajudar crianças a se acalmarem quando se sentem agitadas ou inseguras.

Seja qual for o método escolhido para recordar, recomendo que você preste atenção a algumas emoções e pensamentos negativos para ajudá-lo a apreciar o que é bom. Deixe-me dar alguns exemplos pessoais:

- Tenho uma ferramenta de agendamento que utilizo para tornar mais eficiente o envio de cartões de Natal. Não removi da lista principal entes queridos que faleceram. Em vez disso, todos os anos desmarco manualmente a caixa desses amigos e familiares, um por um. Isso me dá a oportunidade de lembrar os bons momentos que tive com cada uma dessas pessoas e também os mantém em mente durante o fim de ano.
- Eu costumava olhar para a cicatriz cirúrgica de 15 centímetros na minha coxa como um lembrete constante de que nunca mais poderei participar de uma prova de corrida de longa distância. Isso se deu até que usei a estratégia de edição de histórias para mudar o propósito da cicatriz. Agora, quando deixo que ela chame minha atenção, uso seu simbolismo para me lembrar de tudo que fui capaz de realizar como atleta. Além disso, tenho muita gratidão porque a cirurgia me devolveu a mobilidade para ter novas boas lembranças com meus filhos. Às vezes, serve até como um ótimo lembrete para colocar algo divertido e ativo no calendário com eles (já que eu talvez precise de uma revisão em algum momento, o que pode reduzir ainda mais minha mobilidade).
- Mantenho um diário, principalmente sobre coisas divertidas. No entanto, quando algo é extraordinariamente não divertido, eu também faço uma anotação. Em geral, não volto a essas anotações, mas, no processo de escrevê-las, acho catártico tirar os

momentos difíceis e colocá-los no papel. Além disso, se meus filhos descobrirem meus diários, quero ter certeza de que eles saberão que minha vida não foi só diversão; que todos nós passamos por períodos que exigem resiliência e coragem – mas que, mesmo durante momentos de dor, devemos ter certeza de que nos divertiremos novamente.

Uma última coisa a considerar: especialistas alertam que a prática de manter um diário pode perder seus benefícios potenciais se ocorrer pelos motivos errados; por exemplo, se não explorarmos as nossas experiências para obter *insights*, ou se nos tornarmos muito egocêntricos.[9] Apesar das muitas pessoas e produtos que defendem escrever diariamente, não consegui encontrar qualquer prova crível de que tal frequência seja necessária para que o diário seja eficaz – e há muitas evidências anedóticas de que uma frequência diária pode sobrecarregá-lo com um senso de dever, o que não é muito divertido. Com esse dever, vem mais pensar e menos fazer. Tasha Eurich, psicóloga organizacional e autora do best-seller *Insight*, disse-me o seguinte: "Ao escrever num diário todos os dias, você cria uma espécie de olhar para o umbigo ou um ciclo de autopiedade. Em vez disso, uma abordagem melhor pode ser acioná-lo em um momento crucial – por exemplo, você está tomando uma decisão ou tem algo grande que deseja descobrir – e usar o registro no diário mais como uma metodologia baseada em eventos, em vez de algo habitual". Assim, encontre um cronograma que funcione para você e experimente diferentes métodos de registro. Se parecer difícil construir o hábito, comece com a Estratégia Três.

Estratégia 3: Programação – existe um aplicativo para isso

Muitas pessoas usam softwares de produtividade para criar de maneira fácil lembretes para se manterem em dia com as obrigações de trabalho. Na verdade, às vezes esses sistemas fazem parecer que você é o servo de um mestre cruel. Quer sejam dias em que parece que cada hora está reservada duas vezes, quer sejam dias em que você bloqueia todo o horário das nove às cinco na esperança de finalmente terminar algum trabalho, apenas para ver seu chefe fazer uma ligação às oito da manhã e inevitavelmente sequestrar o dia inteiro – às vezes parece que esses sistemas estão sugando sua vida.

A razão pela qual esses sistemas são tão poderosos refere-se em parte ao fato de que quando um lembrete ou evento aparece em nossa agenda, há certa imutabilidade em cumpri-lo. Como num passe de mágica (mas, na verdade, apoiado pelas pesquisas), se algo estiver em nossa agenda, há uma boa chance *de que aconteça*. A boa notícia é que essa magia pode facilmente ser usada para tornar nossas vidas mais divertidas. Uma tática fácil para começar imediatamente é agendar um horário para se divertir. Como fomos condicionados a considerar nossas agendas importantes, você descobrirá que é igualmente fácil priorizar coisas fora do trabalho, caso elas acabem em sua agenda. Como num passe de mágica, aquele encontro com um velho amigo também se torna imutável.

Como sabemos que recordar e apreciar o passado pode aumentar nosso bem-estar, agendar avisos durante o dia para uma breve explosão de recordações pode ser uma estratégia eficaz. Da próxima vez que você montar sua agenda semanal, tente destinar um pouco de tempo para atos de recordação; por exemplo, reserve um tempo para olhar algumas fotos antigas, entrar em contato com amigos para que eles saibam que você está pensando em alguma ocasião em que se divertiram juntos, ou simplesmente agende uma pequena pausa para apreciar algo divertido que você fez no fim de semana.

Pesquisadores estudaram algumas ferramentas digitais para recordação. Por exemplo, para dar suporte à reminiscência cotidiana, um grupo de cientistas da Universidade Cornell projetou e testou um sistema chamado Pensieve, que envia por e-mail gatilhos de memória para assinantes, sejam fotos de eventos passados que eles compartilharam nas redes sociais, sejam mensagens de texto convidando-os a escrever sobre suas experiências anteriores (por exemplo: Você se lembra do melhor show a que já assistiu? De quem era e com quem você foi?). Eles descobriram que as pessoas apreciam lembretes espontâneos para recordar, bem como a oportunidade de escrever sobre isso.[10]

Em um nível mais comercial, os recursos "Year in Review" e "Look Back" do Facebook também nos incentivam a lembrar eventos passados. Existe também um aplicativo chamado Timehop (https://share.michaelrucker.com/timehop) que coleta fotos e postagens antigas de redes sociais e as redistribui para você para que possa se conectar com o passado. O "problema" de algumas dessas aplicações é que outra pessoa escolhe quais *memórias* incluir em sua biografia pessoal. Assim, Lisa Thomas e Pam Briggs, do Departamento de Psicologia da Universidade de Northumbria, no Reino Unido, sugerem usar algo como o My Social Book (https://share.michaelrucker.com/mysocialbook) como alternativa. Esse site permite transformar o conteúdo das redes sociais em um livro físico, que você pode guardar para quando quiser recordar. Thomas e Briggs descobriram que *scrapbooks* também eram uma boa maneira de compartilhar seus momentos com outras pessoas (parceiros, familiares, amigos); por exemplo, depois de os participantes no estudo terem produzido os deles, planejaram mostrá-los a outras pessoas para discussão. Em contrapartida, consumir conteúdo de redes sociais geralmente não é um comportamento pró-social. Thomas e Briggs também destacaram os benefícios da recordação para todas as idades (já que, antes, isso era frequentemente associado à idade avançada).[11] Por exemplo, minha esposa e eu nos divertimos muito com nossos filhos revivendo nosso dia de casamento pelo compartilhamento de fotografias, além de assistir a vídeos antigos do evento. Nós os incentivamos a investigar e a fazer perguntas sobre o que se passou e a perguntar sobre amigos e familiares que eles não reconhecem. Muitas vezes, quando começamos a relembrar dessa forma, isso me leva a contatar um velho amigo (um empurrãozinho bem-vindo ao rever as fotos).

Estratégia 4: Alimente o *loop* SAVOR

Na formação para ser psicólogo, você sai da universidade com diversas ferramentas de mudança que o ofício chama de intervenções. O propósito de uma intervenção é entrar num domínio, seja ele a vida de alguém, seja o ambiente de uma organização, e intervir. Não é exatamente isso que estamos tentando fazer com o SAVOR. Ele não deve ser usado como um instrumento contundente, em que você começa com um problema (por exemplo, estou infeliz) e chega a uma solução (por exemplo, agora estou feliz!). Como aprendemos, esse tipo de intervenção pode sair pela culatra.

Em vez disso, procure adaptar o SAVOR à sua vida como um sistema de *loop* fechado – em que as memórias de ter se divertido mais usando o sistema SAVOR podem ser usadas como feedback. Durante o tempo que você reserva para recordar, use suas memórias como informações que alimentam e refinam a maneira como você gasta seu tempo daqui para a frente.

Tratar suas memórias como uma oportunidade de feedback deve ser feito com um pouco de cuidado. Para ser claro, certamente não é algo em que você deva pensar quando está se divertindo. Numa entrevista que fiz com a Dra. Jordan Etkin, da Universidade Duke, ela disse: "Parte de estar imerso significa que você perde a noção do tempo e não está pensando em seus aspectos performativos ou quantitativos de um comportamento. Por exemplo, fico muito cética sempre que as pessoas tentam monitorar sua felicidade. Chamar a atenção e provocar introspecção sobre se você está feliz provavelmente faz você se sentir menos feliz porque, primeiro, agora você está questionando se está feliz. Segundo, porque reservar um momento para fazer essa pergunta a si mesmo provavelmente o tirará de uma experiência muito feliz pela qual você poderia ter passado".[12] Em vez disso, quando houver oportunidades para contemplar, reserve um pouco de tempo extra no final para determinar o que você gostou de fazer e o que (se houver) você espera fazer menos. Use esse tipo de feedback ao longo do tempo para direcionar suas ações mais para a diversão, bem como uma forma de se orientar para novas oportunidades orgânicas com as quais você terá mais chances de se divertir.

Em geral, existem duas formas principais de feedback: negativo e positivo.[13] Ao olharmos para os artefatos e escritos que obtivemos ou criamos em nosso Hábito da Diversão, cada item nos diz algo sobre as ações que realizamos e se elas nos trouxeram valência positiva ou negativa. A ideia aqui é usar suas memórias como uma forma de desenvolver um instinto melhor para aquilo com o qual você se sente conectado ou inspirado, e usar isso como seu guia no futuro. Não estou sugerindo que seja proibido sair de si mesmo em busca de inspiração para novas maneiras de se divertir. Pelo contrário, certamente a novidade, a curiosidade e a descoberta são ingredientes da diversão. O que estou dizendo é que muitas vezes somos subconscientemente mal orientados por um dilúvio de ideias inautênticas que não são nossas – publicidade, redes sociais, vizinhos –, e então muitas vezes perdemos de vista aquilo de que realmente gostamos e precisamos encontrar o caminho de volta.

Quando você se envolve no tipo de reflexão que discutimos neste capítulo, livre da autoabsorção – procurando sincera e abertamente por pistas sobre o que de fato o acende, lhe traz alegria e o conecta a algo fora de você –, é que a roda da diversão começa de fato a girar. No próximo capítulo, falaremos sobre o valor oculto em colocar seu Hábito da Diversão em evolução na estrada, em busca de novas experiências dignas de um álbum de recortes.

Capítulo 5
A grande fuga

> Por que você vai embora? Para que possa voltar. Para que possa enxergar o lugar de onde veio com novos olhos e mais cores. E para que as pessoas de lá também o enxerguem de modo diferente. Voltar para onde você começou não é a mesma coisa que nunca ter saído.
>
> — **TERRY PRATCHETT**

Normalmente, as pessoas falam sobre *escapismo* em termos negativos: "Ela tem uma obsessão doentia por aquela esteira, deve estar fugindo de alguma coisa". Ou: "Ele anda de festa em festa porque não consegue lidar com o mundo real". O escapismo é visto como uma distração imatura. Em vez de mudar corajosamente os fundamentos da sua vida, diz a narrativa, você se afunda em prazer e ignora a realidade.

Mas certos tipos de escapismo – e fugas – realmente não são distrações. São portais para um estado de ser com uma potência poderosa para melhorar todos os aspectos de nossas vidas. Esses momentos podem proporcionar uma mudança radical de perspectiva, que permite a você escapar *em direção* a uma "realidade" melhor do que aquela que você deixou. Sob essa luz, o escapismo representa um dos ápices da diversão benéfica.

Vou explicar. Pense naquela que pode ser a forma mais extrema de fuga conhecida pelos humanos: as viagens espaciais. Os astronautas literalmente escapam de nossa atmosfera, aquela fina camada que torna possível a vida e todos os seus prazeres e dores. Pensamos nas viagens espaciais como voltadas para o exterior – uma viagem de descoberta científica e, nos inicialmente, uma corrida competitiva. Mas, repetidamente, os astronautas regressaram à Terra refletindo sobre uma experiência muito diferente. Alguns descobrem que seus momentos mais profundos não foram aqueles que passaram olhando para o infinito, e sim olhando *de volta* para seu planeta natal suspenso no espaço. Muitos passam horas fitando a Terra – "*earthgazing*", como eles dizem –, uma experiência transcendental e cheia de admiração. O fascínio das viagens espaciais é tão intrigante que algumas das pessoas mais ricas do mundo estão investindo seus recursos para tornar esse sonho possível. (Se esses recursos seriam ou não mais bem utilizados para resolver problemas aqui neste planeta é uma discussão para outro livro.)

Na década de 1980, Frank White, autor e entusiasta do espaço, apelidou isso de Efeito Visão Geral, e hoje existe um instituto inteiro dedicado ao seu potencial. (Talvez eu tenha dito um dia que essa era uma experiência que o dinheiro não podia comprar – exceto pelo fato de que, em 2021, bilionários se deram de presente uma viagem espacial, e Jeff Bezos e Richard Branson deixaram a atmosfera da Terra, ainda que apenas brevemente, em preparação para uma nova era de voos espaciais comerciais.)

O astronauta canadense Chris Hadfield, de quem falaremos mais adiante neste capítulo, descreveu a experiência do seguinte modo: "Você está flutuando, sem peso, em uma janela, de onde enxerga um continente inteiro no tempo que leva para beber uma xícara de café. Você vai de Los Angeles a Nova York em nove minutos e vê toda aquela história, cultura, clima, geografia e geologia e está tudo bem ali embaixo de você. E vê um nascer ou um pôr do sol a cada 45 minutos. Você vê o mundo como ele realmente é. Tem o mesmo tipo de efeito pessoal sobre você, de um sentimento de privilégio e uma espécie de reverência, um maravilhamento, que é generalizado... Você sente que tem muita sorte de estar lá, de ver aquilo acontecendo. E essa sensação de admiração, privilégio e clareza do mundo muda lentamente sua visão... Não precisa ter a ver com voos espaciais. É mais quando você sente que há algo muito maior do que você, muito mais profundo do que você é – algo ancestral –, que tem uma espécie de importância natural que supera em muito a sua".[1] Hadfield diz que isso muda sua experiência como ser humano, ajudando você a enxergar através de preconceitos e barreiras artificiais.

O que Hadfield descreve parece incorporar a tríade experiencial daquilo que o Dr. Frode Stenseng, que estudou tanto os benefícios quanto os potenciais danos do escapismo, descreveria como *autoexpansão*, o tipo "bom" de escapismo.[2] Quando se está em um estado escapista, conforme descrito por Stenseng, você (1) fica completamente absorvido em tudo o que está fazendo, ou seja, o *presente*. Você (2) pode se distanciar temporariamente da realidade, o que, se experimentado de modo positivo, pode dar a sensação de que você está sendo libertado da sua identidade, alcançando o que poderia chamar de *unidade*. E, finalmente, durante alguns belos momentos, você (3) para de se julgar – na descrição de Hadfield, esse julgamento é suplantado por uma reverência por "algo muito maior que você". Qualquer pessoa cuja mente está com frequência envolvida em uma litania de autocrítica pode imaginar o doce alívio de tal experiência.

A maioria de nós nunca irá para o espaço (embora, graças à corrida da Virgin Galactic e da SpaceX pela comercialização de viagens espaciais, isso esteja no topo da minha lista pessoal de diversão). No entanto, como sugere Hadfield, todos nós podemos – e deveríamos – experimentar esses momentos de fuga. Esses momentos têm um efeito positivo poderoso em nossa psique naquele instante. Eles nos permitem estar totalmente presentes, livres da "mente errante" (ou o que os praticantes da atenção plena chamam de "mente de macaco"), que Matthew Killingsworth e Daniel Gilbert, de Harvard, associaram à infelicidade.[3] Nós flutuamos acima do contexto e dos julgamentos, totalmente incapazes de encaixar a experiência em questão em uma caixinha já conhecida.

Os benefícios de transcender o comum não são experimentados apenas durante o momento. As pessoas frequentemente descrevem o escapismo (e, de forma mais ampla, a diversão) como colocar um curativo em problemas não resolvidos. Mas com o escapismo que opera no ápice da diversão – o estado de maravilhamento que Hadfield descreveu – dá-se o oposto. É com ele que resolvemos esses problemas e nos protegemos do conformismo em nossas vidas.

Quando estamos nos divertindo, conseguimos encontrar distância psicológica, ou um escape, da nossa existência cotidiana. E nessa distância criamos espaço, espaço para reflexão e síntese futuras, preparando-nos para grandes mudanças. Com a distância, percebemos que a "realidade" é muito mais flexível do que havíamos imaginado. Não estou dizendo que começamos a acreditar que podemos caminhar sobre brasas; se esse for o resultado, é realmente o tipo errado de fuga. Mas os escapes nos ajudam, por exemplo, a inventar uma alternativa à nossa jornada de trabalho de setenta horas por semana, ou a perscrutar valores que assumimos inconscientemente. Muita criatividade surge quando criamos tempo e espaço para expandir a amplitude das nossas experiências. As fugas também são um bálsamo para o esgotamento que sentimos por causa da monotonia. Regressamos renovados, com um novo sentido de agência, com a força e a inspiração para vivermos cada vez mais intencionalmente.

Até agora, neste livro, concentrei-me em maneiras de desenvolver o Hábito da Diversão dentro dos parâmetros da sua vida cotidiana. Agora que você já experimentou como a diversão pode levar a um enriquecimento mais profundo da vida, neste capítulo exploraremos como o escapismo pode ajudar a acessar níveis ainda mais elevados de diversão – ajudando você a enxergar a vida cotidiana com um foco mais nítido, que somente a distância pode proporcionar. Considere o Capítulo 5 seu primeiro curso avançado sobre diversão.

Ganhe espaço sem sair da Terra

Seguindo a dica dos astronautas, um *hack* fácil para criar distância psicológica é criar distância literalmente. Fuja do mundo que você conhece para olhar para trás. Com uma nova perspectiva, aumentamos o nosso sentido de intencionalidade e conseguimos uma melhor compreensão do que é imutável (muito pouco) e do que é negociável (todo o resto). Também nos tornamos mais cientes daquilo que para nós é *i*negociável, como o peixe que não sabe que precisa da água até estar se debatendo no convés de um barco.

O conselho sobre como fazer isso deveria ser surpreendentemente simples: tirar férias prolongadas, de preferência várias. Mas isso não é nada simples. Em primeiro lugar, pelo menos nos Estados Unidos, as pessoas estão ocupadas demais com o trabalho para tirar férias, e ocupadas demais gastando o dinheiro que ganham em coisas como aluguel e planos de saúde. Os trabalhadores americanos tiveram um número recorde de dias de férias não utilizados em 2018 – 768 milhões de dias –, um aumento de 9% em relação ao ano anterior, de acordo com uma pesquisa.[4] Pesquisas anuais da Expedia colocaram repetidamente os Estados Unidos em último lugar na média de dias de férias utilizados.[5] Os Estados Unidos também dividiram com a Tailândia a distinção de ser o último país em número médio de dias de férias remuneradas – meros treze dias em 2020. Em outras partes do mundo desenvolvido, o governo determina quatro ou seis semanas como o mínimo.

Mas vamos presumir que você vai tirar férias. Será uma fuga de verdade? Nada garante isso. Vamos pegar o exemplo da Walt Disney World, para onde muitas famílias americanas acabam fazendo sua peregrinação. Eu amo a Disney e tive ótimos momentos lá, principalmente vendo meus filhos vivenciarem a magia, o que é totalmente legítimo. *Mouseketeers*, *Imagineers*,* os passeios, aproveite tudo...

---

* *Mouseketeers* é o termo usado para os integrantes do Mickey Mouse Club, originalmente um programa de TV e, depois, uma atração de redes sociais. *Imagineers*, junção de *imagination* (imaginação) e *engineering* (engenharia), é o termo empregado na Disney World para a prática de criar novas atrações para o parque. (N.T.)

No que tem de melhor, a Disney é um monumento ao escapismo – e, ao mesmo tempo, a Disney é o contraponto perfeito para uma grande fuga de verdade. Se você usar a Disney exatamente do jeito que eles gostariam, gastaria muitas horas e milhares de dólares planejando a programação mais cansativa do mundo, ficaria em filas e comeria em restaurantes caros com crianças que prefeririam estar na piscina. Planos de refeições, pulseiras, transporte, reservas – tudo tem uma configuração mais elaborada do que o plano de um exército para uma guerra em solo, e, se você não tomar cuidado, sofrerá baixas. Você volta para casa esgotado e sem dinheiro, e seus filhos choram quando o brinquedo caro que você comprou para eles quebra na terceira vez que brincam com ele.

A Disney é só um exemplo. Você certamente já passou por férias que foram atropeladas pelo peso do excesso de agenda, das despesas e das expectativas. A coisa mais importante que posso dizer sobre férias é: certifique-se de que haja tempo para renovação e autonomia – ou o que você precisar naquele momento. Tenha certeza de que há espaço para respirar ou para passar três horas fazendo algo que você planejou para uma hora só porque está adorando aquilo.

Deixe-me oferecer um conselho ainda mais importante que esse: não é uma escapada se você estiver trabalhando! O fator mais importante em uma verdadeira fuga nem é o destino, é o compromisso de tirar uma folga de verdade. Isso significa que você – não – trabalha. *Parada total!* Sem e-mail. Trabalhar em um cenário mais bonito não é uma fuga. O objetivo geral é a distância psicológica, e no instante em que você pensa em um problema de trabalho, daria na mesma se estivesse na sua escrivaninha.

O destino importa? Em instantes explorarei o valor do que chamo de fugas de aventura, mas, em um sentido mais amplo, a resposta é não. O destino realmente não importa. Muitas pessoas estão tão exaustas com seu trabalho e estilo de vida que vão aos mesmos lugares todos os anos; é disso que elas precisam para relaxar. Elas contam com férias em resorts no litoral, onde podem deixar as crianças em um clube infantil e sentar em uma cadeira perto da água. A renovação pura é importante e vale a pena, e se é disso que você precisa, vá em frente.

Você não ficará surpreso quando eu lhe disser a maneira mais rápida, tirando o trabalho, de matar a distância psicológica proporcionada pelas férias: isso mesmo, o *Nada*. As redes sociais mais uma vez ameaçam engolir tudo o que é bom. Reconheça que, toda vez que abre o Instagram, o Facebook ou qualquer plataforma, você está eliminando a distância psicológica, voltando à força gravitacional do *Nada*. Compartilhar bons momentos com amigos e familiares por meio de fotos e mensagens é prazeroso e uma ótima maneira de apreciar uma viagem – mas, pelo que eu sei, as fotos podem ser armazenadas para compartilhamento posterior no dispositivo que as tirou. Lembre-se da dica de Nir sobre os e-mails do Capítulo 2: interromper o ciclo de comunicação antes que ele comece. A mesma coisa acontece quando você posta uma foto das férias. Alguém comenta, você se sente obrigado a responder. Pode ficar uma coisa interminável. Tudo isso o afasta do motivo pelo qual você tirou férias. Espere pelo menos até o final do dia, ou, melhor ainda, o final da viagem.

Até a fotografia ou a filmagem podem deslocá-lo. A escritora Susan Sontag certa vez chamou as câmeras de "máquinas de fantasia cujo uso é viciante"[6] e disse que elas são usadas para aliviar "a ansiedade que as pessoas motivadas pelo trabalho sentem por não trabalharem quando estão de férias e deveriam estar se divertindo". Acho que há algo importante aqui. Embora a fotografia de viagem possa ser um elemento maravilhoso de diversão (especialmente se a diversão for explicitamente fotográfica), ela pode trabalhar contra a experiência do encantamento em tempo real.

Muitas vezes penso sobre quando levei meus pais ao famoso restaurante French Laundry para comemorar o quinquagésimo aniversário de casamento deles. Tudo nessa experiência incentiva a felicidade através da fuga via gastronomia requintada: a incrível qualidade dos ingredientes e a apresentação artística da comida, servida em pequenos pratos que ajudam a criar um momento a partir de cada bocada. O cenário encantador, com toalhas de mesa brancas e buquês frescos e convidativos. O fato de você estar lá com entes queridos ou amigos próximos. Até mesmo o fato de ser tão caro que você sabe que provavelmente nunca mais passará por aquilo. Ali, você é imediatamente transportado.

Uma amiga da família, que estava conosco naquela noite, é professora aposentada de culinária e nutrição. Como recordação, ela cuidadosamente tirou uma foto de seu prato antes de voltar sua atenção para saborear a comida. Enquanto isso, à minha esquerda e à minha direita havia grupos que ficavam constantemente ao telefone durante a refeição, tirando fotos dos pratos de todos os ângulos. Eles já tinham transmitido uma galeria de artefatos de sua visita quando partiram, mas ao fazê-lo podem não ter conseguido vivenciar a refeição plenamente. Eles trocaram, provavelmente sem perceber, uma experiência sensorial completa pelo vazio dos pixels em uma tela. No momento em que você atribui à diversão um objetivo fora do relacionamento com a experiência – seja a fotografia perfeita ou um milhão de curtidas –, você diluiu sua conexão com a diversão.

Aqui estão mais algumas ideias a serem consideradas ao planejar suas fugas:

- **Não vá à falência:** Passar anos economizando para as "férias dos sonhos" significa uma longa espera; não poder pagar as férias é um dos principais motivos pelos quais os americanos dizem que as postergam. Um preço elevado também exerce uma pressão incrível sobre uma experiência que deveria ser leve. Planeje uma viagem adequada ao seu estilo de vida e orçamento. Cada região tem suas próprias oportunidades de aventura, então você não precisa de uma mudança de fuso horário para ficar "distante". Você também não precisa de luxo – embora, se puder pagar, não haja nada de errado em ser nocauteado por um pouco de opulência exagerada. Cada um é responsável por sua própria diversão.

- **Adote a resposta automática:** Se você tem uma personalidade do Tipo A* e está fortemente envolvido com seu trabalho, a chave para deixá-lo para trás com sucesso (sem se transformar em uma pilha de nervos) é planejamento e preparação adequados. Antes das férias, reserve até um dia para fechar o ciclo de qualquer assunto aberto ou, melhor ainda, delegue tarefas para que não fiquem acumuladas quando você retornar. Faça um planejamento de contingência para garantir que tudo o que surgir acabe nas mãos de alguém responsável e capaz.

  Por fim, use as respostas automáticas – e, se você aceitar a ideia, por que não a tornar engraçada, dando um pouco de prazer a todos que a recebem? Você pode pegar emprestada esta resposta de Jordan Hirsch, consultor de estratégia digital que aplica sua paixão, a comédia de improviso, ao trabalho: "Obrigado pela sua mensagem. Estou viajando e não vou olhar meus e-mails hoje. Se for uma emergência, respire fundo. Repita até se sentir melhor ou esquecer por que me enviou um e-mail, ou os dois".

  Você também pode tomar a medida extrema de evitar e-mails indesejados acrescentando a seguinte observação: "Não lerei nenhum e-mail enviado durante minhas férias, portanto reenvie seu e-mail quando eu retornar em [DATA]". Após recuperar-se de um burnout, Arianna Huffington, fundadora da Thrive Global e formadora de opinião, criou um aplicativo chamado Thrive Away que não apenas enviava aquela resposta automática, mas também excluía as mensagens recebidas. Ele não está mais disponível. E eu me pergunto se o motivo para isso foi que poucas pessoas tiveram coragem suficiente para usá-lo.

---

* Referência à teoria dos tipos de personalidade proposta por Meyer Friedman e Ray Rosenman. Personalidades do Tipo A seriam mais controladoras e ambiciosas, entre outras características. (N.T.)

- **Equilibre planejamento e espontaneidade:** Você deveria programar suas férias de cabo a rabo, ou ruminar sobre seus mínimos detalhes? Até certo ponto, isso depende de sua própria necessidade de estrutura *versus* diversão livre. Conheça suas próprias necessidades. Mas você estará bem servido se desafiar sua zona de conforto, em qualquer direção, para que suas férias se tornem uma mistura de intenção e espontaneidade.

  Meu amigo Bryan Wish contou recentemente uma história sobre um acampamento que fez com sua companheira. Eles planejaram passar um fim de semana na natureza, longe dos eletrônicos, para compartilhar uma experiência significativa. Uma noite, decidiram deixar o acampamento para encontrar um bom local para assistir ao pôr do sol desfrutando de uma refeição tardia. Eles se dirigiram rumo às montanhas, chegaram a uma bifurcação na estrada e viraram à direita. O que encontraram não foi uma paisagem selvagem, mas um pedaço de terra lindamente cuidado. Acabou que era uma pista de pouso. Eles saíram do carro para explorar e encontraram um homem trabalhando em sua marcenaria. Perguntaram se poderiam jantar em suas terras e começaram a conversar – e passaram-se horas. (Imagine, por um momento, que eles tivessem cruzado o caminho do mesmo homem no metrô, ou mesmo no restaurante local. Há uma boa chance de que não teriam conversado com ele e provavelmente nem o teriam notado, já que estariam em seus celulares ou dedicados às suas próprias conversas.)

  O nome do homem era Ruel e ele acabara de se aposentar de uma carreira de trinta anos como piloto comercial. Logo Ruel os levou para conhecer seu hangar de aviões, onde guardava dois aviões Piper Cub da década de 1940. Ele os surpreendeu com um convite para voar com ele na manhã seguinte. Bryan disse que aquele voo foi uma das melhores experiências de sua vida. Depois de esperarem pelo pôr do sol, ele e sua namorada tiveram o privilégio de uma vista aérea de toda a região, deslizando suavemente pelo ar sobre seu próprio acampamento. Era bem diferente de voar em um jato comercial. Na verdade, foi diferente de tudo que eles já tinham experimentado.

- **Considere ir sozinho.** Não cometa o erro de pensar que viajar para novos lugares exige ter uma equipe completa. Principalmente se você for introvertido, viajar sem tempo para ficar sozinho e descomprimir pode parecer um inferno. Além disso, a logística de viajar em grupo costuma ser mais complexa e pode desviar a atenção de suas aventuras. Melissa, uma ex-assistente social de Nova York que valoriza seus momentos de silêncio, fez duas viagens às ilhas tropicais de Guadalupe. A primeira viagem foi boa, mas não ótima; a segunda foi uma de suas melhores férias de todos os tempos. A principal diferença: a primeira viagem foi com um grupo de conhecidos, a segunda foi com apenas um amigo próximo. O grupo acabou criando muita pressão social, e houve muitas discussões sobre aonde ir e o que fazer, com o resultado de que ninguém ficava 100% feliz.

  Para todo mundo, esta é uma grande vantagem das viagens individuais: você só tem uma pessoa a quem agradar. Mas mesmo em viagens em família ou em grupo, você pode reservar um tempo sozinho, se isso for realmente importante para você. Considere discutir o assunto antes de sair de casa, para que não haja mágoas no momento.

Subindo de nível: aventura

Depois de desenvolver com sucesso seu Hábito da Diversão, você provavelmente descobrirá que tem a energia necessária para fazer mais do que recarregar as energias durante as férias na mesma praia do ano passado. Embora seja verdade que é possível se divertir em qualquer lugar, não há dúvida de que viajar para um lugar completamente novo para você traz benefícios únicos.

Quando penso nas experiências que tiveram o impacto mais duradouro em mim, a Antártida vem à mente. Fui para lá em 2005 correr uma maratona. Na época eu estava terminando a pós-graduação e perto de me casar. Eu tinha cerca de 6 mil dólares economizados e gastei tudo na viagem. (Fiquei satisfeito ao descobrir que havia algumas outras pessoas na viagem que também tinham mais desejo de viajar do que riqueza, que esvaziaram suas contas bancárias naquilo; rapidamente viramos amigos.) Quando pisamos na Antártida pela primeira vez, eu me peguei olhando fixamente, embasbacado. Tudo o que conseguia enxergar era gelo azul e macio. E milhares de pinguins. Não havia estradas, nem semáforos, nem nada. Apenas uma vasta extensão de espaço. Meu cérebro continuou tentando comparar aquilo com experiências anteriores, alguma memória anterior, mas não consegui me agarrar a nada. Com o tempo, meus pensamentos desaceleraram e aceitei que eu não tinha contexto anterior. Era um espaço completamente autêntico para novas experiências. Deixei a admiração e o encanto me engolirem – e senti meu ego indo embora.

Você ganha algo especial em uma fuga de aventura. Há uma razão pela qual, em grande parte do mundo, muitos estudantes universitários tiram um "ano sabático" ou pelo menos aproveitam o verão entre o ensino médio e a faculdade para viajar por tantos países quanto puderem. Eles regressam com uma compreensão mais rica de como o seu ambiente os moldou e vão para a universidade com um senso maior de possibilidades, bem como com uma visão de mundo mais abrangente. Nas viagens, conhecemos pessoas e somos apresentados a novas influências – e experimentamos todas as maravilhas de uma viagem ao desconhecido.

Tive muitas experiências de viagem excelentes, mas nenhuma que tenha permanecido de maneira tão visceral comigo quanto aquela viagem à Antártida. E hoje, quinze anos depois, ainda sou amigo de muitas das pessoas que conheci lá. Nesse tipo de viagem, criei laços tão profundos quanto relacionamentos que levaram anos para se desenvolver. O maravilhamento que experimentamos juntos ao percorrer 42 quilômetros por aquela paisagem foi tão profundo que mudou a natureza do tempo. Há a correria da vida diária (por exemplo, "Sinto que a vida está passando por mim") com a qual todos estamos familiarizados, e há o Tempo de Aventura, que se expande magicamente da mesma maneira como as pessoas descrevem os segundos antes do impacto em um acidente de carro ou de avião, algo que dura "para sempre" e é lembrado com um nível de detalhes que torna um único momento uma experiência complexa e texturizada – e jamais esquecida.

Em um livro que adoro chamado *Here Is Real Magic* [Aqui está a mágica de verdade], o mágico Nate Staniforth conta a história de uma viagem à Índia que fez para escapar da monotonia de sua carreira depois de ter encontrado um livro sobre magia lá.[7] Lendo sobre tradições como o encantamento de cobras, levitação e cuspidores de fogo, a descrição sugeria "intensidade, urgência, ferocidade" – nada parecido com o desempenho rotineiro que ele infelizmente experimentava como um mágico de sucesso em turnê. E então, ele começou a sonhar com "uma ruptura louca e irresponsável com a repetição mecanizada das turnês nos Estados Unidos". Seu objetivo era experimentar o maravilhamento como um dos membros de seu público e, assim, renovar sua própria prática de magia.

Nate defende a importância de deixar para trás o mundo seguro e familiar que criamos para nós mesmos: "Tornamos o nosso mundo menor para que possamos controlá-lo. Tornamos nosso mundo mais simples para que possamos entendê-lo. E nos reduzimos a essa escala diminuída para não nos afastarmos acidentalmente desse mundo ficcional e enxergarmos o perigo – mas também a majestade – à espreita um pouco além das fronteiras da nossa certeza. O perigo é que, com o tempo, passamos a enxergar essa versão pálida e anêmica da vida como algo real. Sentimos o peso do mundo, mas não a maravilha, e com o tempo nos resignamos a um e esquecemos o outro". A viagem foi tão enriquecedora para Nate que não apenas elevou seu ofício (sim, ele ainda é um mágico hoje em dia) como também fortaleceu seu relacionamento com sua esposa.

Ir atrás de cuspidores de fogo em uma favela indiana ou correr longas distâncias em temperaturas abaixo de zero em um continente árido *não é bem o seu número?* Não deixe que eu o assuste; viagens de aventura não precisam ser cansativas ou extremas. Algumas pesquisas sugerem que espaços indomados têm maior probabilidade de promover diversão, bem como de desafiar as nossas capacidades, quando comparados a ambientes familiares e "polidos". Mas acho que é muito mais importante *você* sair do seu caminho comum do que abraçar férias no estilo Mundo Selvagem em um destino exótico. Nunca querer ficar longe de um banheiro limpo não significa que você não esteja preparado para viagens que cheguem ao quadrante Estimulante. Você precisa apenas de coragem para tentar algo novo e desafiar sua própria zona de conforto, em vez de voltar ao seu antigo modo de ser.

Tirando um período sabático

Seriam os períodos sabáticos só férias mais longas? Tradicionalmente, os períodos sabáticos têm sido mais comuns na educação e são muitas vezes considerados um período prolongado de afastamento – de seis meses ou um ano – para aprender uma nova habilidade ou para viajar. Em outras palavras, um período sabático pode ser uma oportunidade de enriquecimento. Hoje existem muitas empresas com políticas sabáticas mais curtas, de um a três meses, às vezes remuneradas, e geralmente entrando em vigor após cinco ou mais anos na função.

Dito isso, a maioria das pessoas que conheço me diz que adoraria tirar um período sabático, ou um tempo prolongado, mas que isso é "impossível" em virtude de seu trabalho ou de uma situação específica. Concordo que pode não ser fácil, mas, com base no número de pessoas que conheci e que o fizeram, sei que não é impossível. Quando as pessoas me dizem que não têm dinheiro para isso, conto-lhes sobre os meus antigos vizinhos, Sharleen e Dan Goldfield, que abandonaram seus empregos e viajaram com as duas filhas (de 9 e 14 anos) pela Austrália, o Sudeste Asiático, a China, a Índia, o Oriente Médio e a África. Sharleen e Dan queriam que suas filhas experimentassem a vida fora de sua bolha e que aprendessem com diversas culturas, vendo "um mundo pelo qual valesse a pena lutar". Durante os 263 dias de viagem, eles caminharam pela Grande Muralha, acamparam no Botsuana e nadaram com tubarões-baleia nas Maldivas, apenas para escolher aleatoriamente algumas de suas aventuras. Documentaram 1.510 avistamentos de vida selvagem e 780 espécies únicas, incluindo 70 animais ameaçados ou em perigo de extinção. Quando a viagem foi interrompida em março de 2020 por causa da pandemia, Dan escreveu em seu blog: "Ainda não consigo acreditar que tudo acabou, quanto vivenciamos e crescemos, ou quanto ainda havia para aprender. Acredito que bebemos plenamente do cálice da vida e espero que nos tornemos melhores com isso".

Dan era professor de matemática e estava confiante de que encontraria trabalho após seu retorno. Sharleen, que deixou um emprego estável de 22 anos, estava mais receosa com as perspectivas de trabalho no retorno, mas acreditava que os pontos positivos da viagem eram valiosos o suficiente para assumir o risco. De fato, apesar de retornar ao mercado de trabalho durante uma pandemia, Dan conseguiu um cargo de professor em uma escola secundária e Sharleen conseguiu um emprego temporário enquanto procurava algo permanente. Jaye Smith, sócia-fundadora da Reboot Partners, uma consultoria que ajuda as pessoas a reiniciarem suas carreiras e recomenda licenças sabáticas, disse certa vez à BBC[8] que, das quinhentas pessoas que entrevistou que fizeram pausas na carreira de um mês a dois anos, nenhuma delas se arrependeu de sua decisão. Também disseram a ela que suas carreiras melhoraram, já que eles voltaram dessa experiência com atitudes melhores.

Muitas pessoas aproveitam o intervalo entre empregos para tirar um período sabático. Esse foi o caso de meu amigo Brad Wills, de quem falei no Capítulo 2.[9] Um dia, Brad teve um *insight* quando seu filho de 6 anos lhe contou que estava juntando conchas na praia para fazer colares. Brad perguntou por que, e seu filho respondeu: "Quero vendê-los para que você possa trabalhar menos e passar mais tempo comigo". *Soco no estômago*. Se você é um pai que sempre se preocupou com o equilíbrio entre vida pessoal e profissional – em outras palavras, todos os pais –, seu coração acabou de se partir. Foi o caso de Brad. Ele comparou aquilo a "um momento em que você avança para o futuro, se vê dando seu último suspiro e as memórias de sua vida passam diante de você".

Brad decidiu renunciar ao seu estressante trabalho como diretor de estratégia de uma empresa de tecnologia em rápido crescimento e passar uma temporada de seis semanas com sua família. Durante esse período, eles fizeram diversas pequenas viagens em família, compartilharam muitos jantares especiais com familiares e amigos e, em geral, apenas apreciaram o fato de estarem juntos. Ele criou mais lembranças queridas naquelas semanas do que em toda a década anterior. Brad partiu para aquela jornada se sentindo esgotado e desconectado e voltou se sentindo fortemente ligado à sua família, com um senso mais profundo de propósito e possibilidades. "Sinto um fogo interior começando a acender. Algo significativo está por vir", escreveu ele em uma postagem no LinkedIn.

Um último conselho para quem planeja uma fuga, especialmente uma fuga prolongada: certifique-se de planejar sua viagem centrado no que o acende. Se você já criou e pôs em ação os itens do seu Arquivo de Diversão, você está entrando em contato com seus próprios desejos e provavelmente tem uma noção do tipo de experiência que provavelmente o levará às nuvens. Ainda assim, pode ser um desafio tomar decisões independentes da influência de outras pessoas. O desejo de impressionar as pessoas – seja sua família, amigos ou seus milhares de seguidores no Instagram – às vezes pode atrapalhar o que *você* sente de verdade. Derek Sivers, um ex-empreendedor que se tornou palestrante e autor, elaborou uma boa prova de fogo para descobrir se a viagem planejada é realmente intrínseca a você (e àqueles que o acompanharão).[10] Pergunte a si mesmo: "Eu faria isso mesmo se não pudesse levar minha câmera e/ou compartilhar sobre minha viagem nas redes sociais?".

Para a maioria de nós, seis meses ou um ano longe de nossas vidas "normais" será uma experiência única, por isso não defendo necessariamente o extremismo de Sivers – *por favor, tire algumas fotos!* No entanto, vale a pena ser profundamente sincero consigo mesmo e com seus companheiros de viagem para ter certeza de que a aventura que você procura é realmente como você deseja passar seu tempo.

Escape *para*, e não *de*

Você deve ter notado que o estado escapista descrito pelo Dr. Stenseng geralmente pode ser encontrado quando estamos nos divertindo. Ficamos quase sempre absorvidos quando estamos engajados em uma atividade extremamente prazerosa, entrando em uma nova realidade e parando de nos avaliar de modo tão severo. Você pode chamar de *defesa* a forma mais superficial de escapismo. Mesmo nesse nível, as fugas podem ser significativamente benéficas, uma forma de equilibrar os desconfortos normais que fazem parte da vida. Pode ser dar a si mesmo um tratamento indulgente por enfrentar a colonoscopia anual ou tirar um dia de folga do trabalho para vegetar no sofá porque anda trabalhando muito. Lembre-se, o Modelo PLAY tem a ver com diversão, e não com uma vida excessivamente prescrita. Fugas fortalecedoras e rejuvenescedoras muitas vezes nos dão força para enfrentar qualquer que seja o nosso próximo grande desafio. Muitos de nós somos propensos à autoavaliação constante, o que causa tensão e, na pior das hipóteses, pode levar a esgotamento, distúrbios alimentares, alcoolismo e depressão. O escapismo saudável pode oferecer algum alívio para o modo de avaliação exercido por nossa mente de alto desempenho.

A diversão nos oferece uma carona temporária; é por isso que buscamos atividades prazerosas que nos proporcionam esse sentimento. Fugas saudáveis e temporárias de nós mesmos são algo de que todos precisamos de vez em quando. As palavras-chave aqui são "saudável" e "temporário". Ficamos nos sentindo melhor quando rimos de uma piada, quando construímos castelos de areia com nossos filhos ou quando fazemos uma caminhada. Também podemos nos sentir melhor quando tomamos algumas bebidas ou nos empanturramos de chocolate.

Existem diferenças importantes entre atividades prazerosas. Embora passar tempo com a família, amigos ou na natureza geralmente o enriqueça e o satisfaça, beber e comer demais muitas vezes resultará em uma sensação de vazio (e possivelmente em doenças, para não mencionar outros efeitos colaterais). Ambos os tipos de atividades, entretanto, poderiam ser classificados como formas de fuga.

O que é importante é a motivação, a intencionalidade com que decidimos transcender temporariamente o "mundo real". Para onde nossa atitude mental está nos levando? Estamos tentando fugir dos desafios presentes e futuros? Ou estamos interessados em experimentar algo positivo, desejando fomentar emoções positivas? Stenseng fala de pessoas orientadas à promoção *versus* pessoas orientadas à prevenção. Ambas entram no agradável estado de fuga, mas com uma mentalidade diferente. Enquanto a primeira pessoa tenta, através de experiências positivas, promover o seu bem-estar de forma saudável, a segunda está mais preocupada em fugir dos problemas e evitar que quaisquer sentimentos de desconforto venham à tona.[11] Como um homem sábio (chamado Ice Cube) disse certa vez: "Segure a onda antes que você se dê mal (*Check yourself, before you wreck yourself*)".

A pessoa orientada à promoção busca autodesenvolvimento. Para ela, a experiência do escapismo é complementar a outras atividades importantes em sua vida. Isso a leva a se tornar melhor e mais complexa. Novamente, isso é escapismo como autoexpansão e enriquecimento. Por sua vez, uma pessoa orientada à prevenção não tem grandes probabilidades de alcançar o autodesenvolvimento quando pratica o escapismo. Seu objetivo é desviar a sua atenção de coisas negativas, como memórias, preocupações, barreiras, fatores de estresse diários. Ao bloquear elementos dolorosos de sua consciência, ela bloqueia simultaneamente as informações positivas. Esse grupo é autossupressor. Até certo ponto, de acordo com Stenseng, podemos estar ligados a uma ou outra abordagem. Ele admite, no entanto, que o contexto pode ter influência. Durante turbulências pessoais, as pessoas ficam mais propensas a procurar entretenimento que as afaste da angústia e da tristeza (autossupressão); o desejo de autodesenvolvimento é menos pronunciado quando estamos lutando e precisamos nos proteger. Além disso, alguns indivíduos apresentam uma tendência mais forte à autossupressão, que pode se tornar ainda mais forte quando estão para naufragar. Em contrapartida, outros podem ser mais propensos a uma mentalidade expansiva e procuram diversão para ter experiências positivas, sem qualquer motivo alternativo.

Para analisar se suas fugas planejadas ou habituais são expansivas ou supressivas, faça-se estas três perguntas:

1. Quais são as minhas motivações para me envolver nesta atividade?
2. Minha fuga está contribuindo para meu bem-estar no longo prazo?
3. Estou fugindo de alguma coisa ou em direção a alguma coisa?

Aqui está uma ótima notícia: se você seguiu os conselhos deste livro até agora, está treinando para se divertir de uma forma expansiva, não supressiva. Você leu o manual, afivelou o cinto de segurança e está pronto para o lançamento – para um espaço onde vivem oportunidades de sabedoria e autotranscendência.

Hall da Diversão **Chris Hadfield**

Neil Armstrong pode ter sido a primeira pessoa a caminhar na Lua, mas o astronauta Chris Hadfield ficará para a história como a primeira pessoa a gravar um videoclipe no espaço. Ele também poderia afirmar com credibilidade que foi a pessoa que mais se divertiu a 400 quilômetros da Terra.

Hadfield, originário do Canadá, passou quase seis meses (entre 2012 e 2013) a bordo da Estação Espacial Internacional, ocupando a função de comandante durante os últimos dois meses da missão. O vídeo que ele gravou foi o clássico de David Bowie, "Space Oddity". Essa canção de sucesso sobre um astronauta flutuando no espaço foi gravada em 1969, mesmo ano da famosa caminhada na Lua de Armstrong. Hadfield disse ao programa australiano *Lateline* que, depois, ele conseguiu conversar com Bowie, que o surpreendeu ao dizer que aquela tinha sido a versão mais comovente da música até então.

É um sinal dos tempos que a famosa frase de Armstrong – "Este é um pequeno passo para o homem, mas um grande salto para a humanidade" – tenha sido escrita para ele na Terra e que Hadfield, por sua vez, tenha falado interminavelmente e com franqueza sobre tudo, desde como jogar Scrabble no espaço até como a Terra é linda, passando por como é chorar em gravidade zero. Aos seus olhos, a imagem de algumas fazendas na Ásia Central tornou-se "uma alucinação monocromática 3D na neve". O Outback australiano era um Jackson Pollock. Hadfield era uma presença constante através de contas de rede social gerenciadas por seu filho Evan, que também foi seu parceiro na edição do videoclipe. Assim como outros habitantes da estação espacial, Hadfield conduziu experimentos – mas seu verdadeiro presente para o mundo foi nos levar com ele na jornada de sua vida.

Capítulo 6

O Mistério

Para um alívio de ação rápida, tente desacelerar.

— LILY TOMLIN

Durante a pandemia de covid-19, eu precisava de uma fuga. Preso a dois empregos de tempo integral – o primeiro, escrever um livro sobre diversão sem me divertir muito; o segundo, fazer parte da alta administração de uma empresa que exige a abertura de centros de bem-estar para obter algum lucro –, eu estava com pouco *tempo* e com pouco *dinheiro*. Mas, como aprendemos, não precisamos de muito dinheiro ou tempo para dar uma escapada. Então, fazendo uso de minhas próprias estratégias, encontrei um pouco de descanso, passando um único dia em uma joia escondida nas profundezas da área rural do centro da Carolina do Norte: um lugar chamado Poço da Misericórdia. É possível descrever o Poço dizendo não o que ele é, mas o que ele não é: uma instalação clínica, um centro de conferências ou um local de reuniões. Na verdade, é um pequeno refúgio fora dos circuitos habituais, dedicado a servir o indivíduo por meio de uma hospitalidade respeitosa e de um santuário tranquilo.

Embora o Poço seja administrado por freiras, ele funciona como um espaço inclusivo e aberto a todos. Como tal, atrai gente de todo tipo, inclusive os simplesmente curiosos como eu. Passei o dia no Poço fazendo coisas de que gosto. Interagi com pessoas interessantes e explorei as comodidades da propriedade, incluindo trilhas incríveis e um lindo labirinto. Mas, no final, o destaque inesperado da viagem foi conversar com uma mulher chamada Jane Motsinger. Jane é a chefe de hospitalidade do Poço, mas também oferece orientação espiritual àqueles que a solicitam.

Jane e eu nos conectamos quando minhas 24 horas no Poço estavam terminando. "Por que você veio nos visitar?", ela me perguntou. Normalmente não compartilho meus problemas com estranhos, mas naquele momento me senti bastante aberto. Expliquei que desenvolvi uma insônia grave, provavelmente devido à covid, mas também em parte pelo estresse dos acontecimentos de então, como o recente diagnóstico de Alzheimer da minha mãe, além de ter perdido uma proporção significativa da minha renda devido à pandemia. Eu tinha ido ao Poço para clarear a mente, já que as pressões atuais da vida também estavam dificultando o trabalho. Contei a ela sobre meu compromisso com a escrita de *Não se leve tão a sério* e que a falta de sono estava dificultando o processo, mas que me sentia motivado a seguir em frente. "Essa parece uma missão importante. Você acha que a diversão é tão importante que você precisa escrever um livro sobre ela?" Para mim, foi uma pergunta fácil de responder.

"Apenas aprender a se divertir mais é uma coisa maravilhosa", expliquei, "mas usar a diversão para desenvolver sua curiosidade transforma o poder da diversão em algo incrível. Uma falha fundamental da felicidade é que ela é uma construção subjetivamente egocêntrica. Também é artificial – em termos de bem-estar subjetivo. Aprendi que ela foi literalmente inventada pela ciência. Nós a usamos como um instrumento para determinar nossa *classificação* na maneira como vivenciamos a realidade. E a forma como muitos de nós experimentamos a vida é composta pelas minúcias de onde existimos e pelos valores que desenvolvemos, escolhidos em parte com base no destino cultural a que estamos predispostos. Avaliar a própria felicidade exige um exercício de introspecção, repleto de questões enraizadas no eu e no acaso".

Depois de algumas idas e vindas, Jane me deixou continuar a opinar. Ela é uma ouvinte incrível.

"Diferentemente da felicidade, aprendi que a diversão é pensar *menos* e fazer mais. Ou você está se divertindo ou não está. Ciente da distinção, quando vejo pessoas com quem trabalho reintegrarem em suas vidas coisas que gostam de fazer, é o elixir para o esgotamento. Existe um alívio em ter alguma proteção contra as coisas que os outros acham que você deveria fazer. Enquanto a felicidade tem muito a ver com a sua *classificação*, a diversão tem mais a ver com encontrar um *encaixe* – conectar-se com o que está por aí. É você e os outros, ou você e o meio ambiente, interagindo de forma harmoniosa. Se a felicidade é em grande medida uma proposição do tipo *eu*, descobri que a diversão é muitas vezes uma proposição do tipo *nós*."

Continuei explicando que, da maneira como enxergo o *nós*, ele não significa necessariamente um relacionamento com outras pessoas. Significa simplesmente permitir que o prazer derive de algo fora de nós mesmos. Conversamos sobre o falecimento de meu irmão e como ele se divertia em trilhas – uma relação que ele tinha com as maravilhas da natureza – e outros tipos de diversão em suas variadas formas. Eu disse a Jane que acredito que, na melhor das hipóteses, a diversão tem o poder de nos transcender para um lugar além da valência: um lugar onde a alegria é ilimitada porque não é alimentada pelo eu. É alimentada pelo relacionamento que você tem com outra coisa.

"Isso é muito legal, Mike. Mal posso esperar para ler o livro", disse Jane. "Parece que você passou muito tempo pensando sobre isso. Você está enfrentando algum problema em relação a esse trabalho?"

"Sim", eu respondi. "Estou lutando para realmente dar um nome a essa conexão."

"Ah", disse Jane. "Bem, não tenho certeza se combina com você, mas um amigo meu simplesmente chama de *O Mistério*." Deixei o Poço me sentindo muito melhor.

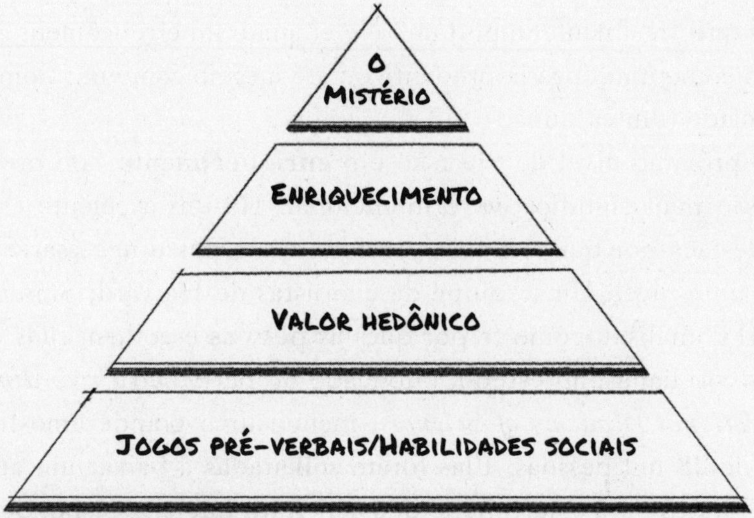

A pirâmide da diversão

Nem todas as diversões são iguais. Gosto de descrever a hierarquia da diversão como uma pirâmide. O tipo mais básico de diversão é o **pré-verbal**; são as brincadeiras rudimentares durante as quais aprendemos habilidades sociais básicas, desenvolvemos limites e melhoramos nossas habilidades motoras. Esteja você observando filhotes de cachorros no parque ou jovens humanos no Central Park, é fácil entender que a diversão e a brincadeira estão na raiz de como damos sentido ao mundo durante o início do desenvolvimento.

Depois, há o prazer em nome do **valor hedônico**, em parte desenvolvido pela evolução para nos levar à sobrevivência, como comer alimentos ricos em calorias (porque a comida já foi escassa), bem como tornar o sexo agradável para garantir a continuidade da nossa espécie. Além do prazer funcional, exploramos a diversão por si só. Já falamos detalhadamente sobre a contribuição que esse nível de diversão tem para o nosso bem-estar físico e mental. Mas, como eu disse no Capítulo 1, é nessa fase do prazer que muitas pessoas empacam e deixam a pirâmide. Em algum momento da vida, elas viram "adultos ocupados" e marginalizam ou abandonam as atividades de que realmente gostam. Elas passam a classificar a diversão como uma distração imatura das coisas que "realmente importam" – e enquadram erroneamente a diversão como uma fuga imprudente ou até mesmo como um trem descontrolado rumo à ruína.

O próximo nível de diversão é o **enriquecimento**, um nível de diversão mais significativo e intencional. Há um excelente estudo que destaca por que o prazer contínuo é um passo necessário para o próximo nível. Uma equipe de cientistas de Harvard, Stanford e do MIT analisou como (e por que) as pessoas escolhem suas atividades cotidianas.[1] O estudo, publicado no periódico *Proceedings of the National Academy of Sciences*, incluiu uma grande amostra de mais de 28 mil pessoas. Elas foram solicitadas a baixar um aplicativo gratuito para smartphone que solicitava que elas respondessem a perguntas sobre seu humor (Como você se sente atualmente?) e escolha de atividades (O que você está fazendo atualmente?) em horários aleatórios ao longo do dia. Os pesquisadores queriam saber o que influencia a nossa escolha de atividades: o humor ou, digamos, o dia da semana? Esperavam descobrir que estamos programados para procurar atividades que nos façam nos sentirmos bem; isto é, se nos sentimos mal, procuramos atividades que nos façam nos sentirmos melhor (por exemplo, comer comida reconfortante), e, se nos sentimos bem, procuramos atividades que nos façam nos sentirmos ainda melhor (por exemplo, participar de atividades esportivas). A hipótese deles pressupunha que as pessoas estão constantemente em busca de prazer.

No entanto, não foi isso que eles descobriram. Na verdade, a escolha de atividades das pessoas refletiu o chamado "princípio da flexibilidade hedônica". Descobriu-se que, quando nos sentimos mal, procuramos prazer para nos sentirmos melhor. A surpresa foi o que acontece quando já estamos num estado de valência positiva. No estudo, as pessoas que se sentiam bem eram mais propensas a escolher atividades úteis que não melhorassem necessariamente o humor. Por exemplo, elas podem optar por abrir mão de um pouco de diversão para sentar e escrever um livro sobre isso. (Ou talvez seja só eu. Mas você entendeu.)

O que tudo isso sugere é que quando o nosso "copo da diversão" está cheio, podemos resistir ao fascínio dos ganhos de curto prazo (porque, por meio de um design intencional, esse tipo de "recompensa" já é abundante) e investir em objetivos de enriquecimento de longo prazo, que vão apoiar a nossa existência. Contudo, quando estamos simplesmente tentando lidar com a situação, é mais provável que procuremos um escapismo desenfreado.

Existe, porém, um tipo especial de diversão, a diversão no pico mais alto, que aparentemente é iniciada fora da valência. Quando entramos no desconhecido (*O Mistério*), seja através da curiosidade, da surpresa ou do espaço além da criação de sentido – um lugar onde transcendemos o comum –, é esse tipo de diversão que muitas vezes tem o maior impacto sobre nós.

O mapa não é o território

Na ciência, temos um ditado que diz: "O mapa não é o território", o que significa dizer que a descrição de alguma "coisa" nunca é a "coisa" em si.[2] Dessa forma, é importante perceber que grande parte das "receitas" de felicidade por aí oferecem apenas um mapa. Quando a diversão está no ápice, quando ela apoia nosso crescimento, geralmente é porque jogamos fora o mapa para explorar o território. Quando vejo pessoas com dificuldade de entender o que isso de fato significa, compartilho o *insight* que obtive a partir de dados observacionais durante minha pesquisa para este livro. Passei algum tempo em três museus infantis diferentes observando como crianças e adultos se envolvem em vários espaços de brincadeiras experienciais. O Marbles Kids Museum em Raleigh, Carolina do Norte, por exemplo, tem uma sala cheia de peças semelhantes a macarrões de piscina e blocos de construção. Nesse espaço, você pode basicamente criar qualquer coisa que vier à mente. Durante minha visita, assisti repetidas vezes às crianças entrando correndo, pegando peças e se esbaldando. Enquanto isso, os pais ficavam paralisados. Aguardando um mapa, ou instruções que não existem. Eles perguntavam ao atendente o que deveriam fazer, com dificuldades de entender o "objetivo" do jogo. No entanto, assim que iniciavam a atividade, muitos deles se divertiam tanto (se não mais) quanto as crianças. Não mais sufocados pela necessidade de um mapa, estavam livres para explorar tudo o que o território tinha a oferecer – cada descoberta tão única quanto o indivíduo.

As possibilidades são infinitas quando a diversão nos conecta a tudo o que está disponível, e então a nossa curiosidade aumenta. A diversão nos mergulha no desconhecido e, por causa disso, voltamos à tona cada vez melhores.

Antes de continuarmos explorando a diversão como um catalisador para nos conectarmos com o desconhecido – com a sabedoria –, se chamar isso de *O Mistério* não funcionar para você, você não está sozinho. Talvez a razão pela qual tive tanta dificuldade durante tanto tempo para achar um rótulo para o topo da pirâmide da diversão seja porque, em última análise, é uma injustiça com você eu criar esse rótulo. Pedi ajuda para os milhares de assinantes da minha *newsletter*, tentando chegar a um consenso para rotular esse fenômeno, e fiquei impressionado porque nem uma única pessoa o descreveu da mesma maneira: *Magia*, *A Zona*, *Admiração*, *Consciência*, *O Presente*, *Bons Tempos*, *O Profundo*, *Controle de Tempo*, *O Uau, Alegria*, *Meu Lugar Feliz*. No espírito de não lhe prescrever um mapa, convido-o (antes de prosseguirmos) a criar seu próprio termo para a diversão em seu máximo. Pegar emprestado o da Jane, como eu fiz, também funciona.

Os benefícios da curiosidade

Alimentar sua curiosidade é uma das melhores maneiras de se conectar ao *Mistério*. Demonstrou-se repetidamente que cultivar nosso senso de curiosidade aumenta as oportunidades de alegria, admiração e sabedoria. Todd B. Kashdan, professor de psicologia da Universidade George Mason, acredita que pessoas cronicamente entediadas podem não ter senso de curiosidade.[3] Para combater a monotonia do tédio, Kashdan incentiva as pessoas a se desafiarem, desenvolvendo uma relação mais profunda com o que lhes interessa. Kashdan explica que, quando buscamos novidades e, como resultado, somos recompensados por situações divertidas e/ou desafiadoras, as conexões neurais em nosso cérebro se fortalecem. Praticar a curiosidade nos torna mais resilientes, mais inteligentes e ajuda nosso espírito a permanecer jovem. Quando entrevistei o Dr. Kashdan sobre curiosidade, ele disse: "A curiosidade é uma forma de autoexpansão em que [crescem] seus recursos, suas filosofias, sua sabedoria, suas perspectivas. Você pode reexaminar o que considera oportunidades ou ameaças. Algumas das coisas que você enxergava como ameaças agora você enxerga como oportunidades, e algumas das coisas que você enxergava como oportunidades, agora você meio que se questiona conforme amadurece e passa a valorizar diferentes partes de sua identidade".

Em contrapartida, quando não estamos motivados a procurar encantamento ou não temos curiosidade em descobrir coisas novas, temos maior probabilidade de nos deteriorarmos tanto física como mentalmente.[4] O tédio tem sido associado a comportamentos disfuncionais, doenças mentais e até mesmo lesões cerebrais.[5] Naturalmente, quando você estimula seu senso de curiosidade é menos provável que fique entediado. *Quando foi a última vez que você exercitou sua curiosidade?* Pode ser algo tão pequeno quanto experimentar um novo restaurante do qual você não tem certeza se vai gostar ou entrar em contato com uma amiga de longa data simplesmente porque está genuinamente curioso sobre o que ela anda fazendo. Interessar-se pelos outros é uma ótima maneira de fortalecer os laços sociais. A curiosidade também está intimamente ligada à criatividade.[6] Assim, ao cultivar o desejo de se envolver em atividades novas ou de fazer as coisas de novas maneiras, além de conseguir novos *insights*, você provavelmente está aprimorando suas habilidades criativas.

Uma das minhas maneiras favoritas de exercitar a curiosidade é escolher um local onde nunca estive (mas que parece interessante) e que esteja coberto por algum programa especial de milhas aéreas. Aproveito a oportunidade para visitar um lugar novo gastando pouco como o empurrãozinho necessário para fazer a viagem. Depois utilizo um conselho que recebi do *hacker* de viagens Erik Paquet: "Acho que uma das coisas mais poderosas que você pode fazer para tornar uma viagem mais significativa é reservar tempo para se conectar com os habitantes locais e conhecer pessoas da região. Não precisa ser nada muito aprofundado... às vezes, há um momento de descoberta quando, mesmo que seja frustrante e difícil [por causa das barreiras linguísticas], os viajantes tentam se conectar com os habitantes locais". Na minha experiência, você não consegue encontrar os melhores pedaços de nenhuma cidade em um mapa. Eles só estão disponíveis para quem tem verdadeira curiosidade pelo território.

No entanto, talvez a parte mais importante da diversão através da curiosidade seja quando ela nos ajuda a reconhecer que a nossa capacidade de nos conectarmos e aprendermos com o mundo exterior é infinita. A prática nos proporciona os meios para transcender a nossa realidade consensual por breves momentos, absorvendo-nos em fascínio e admiração – encontrando beleza na aceitação de que nunca saberemos tudo sobre todas as coisas e quão incrível é abraçar essa verdade.

Os benefícios da surpresa

Para muitos de nós, surpresas são animadoras. Mais uma vez, é a hedônica variável em ação. Ficamos entusiasmados quando não sabemos o que vem a seguir. Tentamos descobrir se a surpresa que nos espera será agradável ou desagradável. E essa tensão... esse suspense... é estimulante.

De acordo com as pesquisas, a surpresa afeta profundamente nossa neurologia e psicologia. A maneira como percebemos a surpresa pode ser uma das chaves para o que nos torna humanos.

Uma surpresa significa que recebemos estímulos inesperados que interrompem os nossos pensamentos e atividades em curso.[7] Ela perturba a coerência e a previsibilidade do nosso mundo. Por causa da interrupção, pode demorar um pouco para processarmos uma surpresa e então determinar nossa valência, seja de encantamento com a emoção positiva ou consternação com a emoção negativa. Os Drs. Marret Noordewier e Eric van Dijk, da Faculdade de Ciências

Sociais e Comportamentais da Universidade de Leiden, na Holanda, argumentam que precisamos distinguir entre a nossa resposta inicial à surpresa e o que vem depois, coisas que nem sempre coincidem. Por exemplo, mesmo quando somos agradavelmente surpreendidos, a nossa primeira reação pode ser negativa porque os nossos cérebros não gostam que a integridade da nossa visão do mundo seja desafiada. (Pois é, quem gosta quando o mapa está errado?)

No artigo publicado por eles na revista *Cognition and Emotion*, Noordewier e van Dijk escrevem que "mesmo que o estímulo surpreendente seja positivo, as pessoas experimentam primeiro essa breve fase de interrupção e surpresa, antes de poderem apreciar e acolher o resultado tal como ele é".[8] Nossas respostas à surpresa são, portanto, bastante dinâmicas, e a resposta inicial nem sempre é igual à resposta subsequente.

Precisamos de espaço para entender o resultado antes de podermos saborear uma surpresa. Há uma dimensão temporal em nossa reação a uma surpresa que sugere que o prazer que advém delas nem sempre é automático. Ao contrário, requer algum processamento e avaliação, a criação de uma nova sabedoria, o que é interessante no contexto da diversão (que, como defendemos até aqui, acontece no momento).

No Capítulo 2, usando o exemplo de um pássaro que canta no momento em que uma chaleira ferve, examinamos brevemente como somos atraídos pelo elemento inesperado da surpresa, que aumenta nosso prazer. Isso acontece porque o nosso núcleo *accumbens* – uma região do cérebro associada ao prazer e à expectativa de recompensa – responde mais fortemente a eventos inesperados (por exemplo, receber um presente quando não é o seu aniversário). O fenômeno foi ressaltado em um estudo conduzido por um grupo de pesquisa da Emory University School of Medicine e do Baylor College of Medicine.

O experimento foi liderado pelos pesquisadores e médicos Gregory S. Berns e Read Montague. Eles testaram 25 participantes que tiveram suco de fruta ou água esguichados em suas bocas em um padrão fixo (a cada dez segundos) ou imprevisível. Durante a atividade, os voluntários foram submetidos a uma ressonância magnética funcional (RMF) para mostrar a atividade cerebral.

O que aconteceu foi que a ativação do cérebro era maior quando os jatos eram imprevisíveis. Houve uma onda de dopamina quando o suco ou a água foram administrados em jatos variáveis. A imprevisibilidade do evento desempenhou um papel mais significativo do que o fato de os participantes gostarem ou não dos fluidos.

A equipe concluiu que nossos caminhos de recompensa são fortemente ativados pelo inesperado dos estímulos; mais do que pelo prazer do efeito (o fato de gostarmos de alguma coisa).[9] A conclusão do estudo é algo lógico do ponto de vista evolutivo. Nosso cérebro está programado para ficar alerta durante uma mudança repentina; isso tem precedência sobre outros estímulos (como o prazer). Quando nossos ancestrais encontravam algo surpreendente, eles tinham que agir e aprender com isso.

Nossa atração pela surpresa também pode ser observada em outras áreas da vida. Por exemplo, os cientistas descobriram isso na nossa apreciação da música. Vincent Cheung, do Instituto Max Planck de Ciências Humanas, Cognitivas e do Cérebro, e colegas analisaram 80 mil acordes de canções pop da parada Billboard dos Estados Unidos. As melhores, aquelas que produziam sentimentos de prazer nos ouvintes (medidos por uma RMF), incluíam um bom equilíbrio entre surpresa e imprevisibilidade.[10] Para os ouvintes, isso significava que eles experimentavam uma grande quantidade de prazer quando surpreendidos por um evento que se desviava de suas expectativas iniciais.

Pesquisas mostram que as surpresas também podem ajudar nossa criatividade. Por exemplo, um estudo publicado no *Personality and Social Psychology Bulletin* relatou um experimento em que foram mostradas diferentes imagens aos participantes, que depois foram solicitados a inventar nomes inovadores para um novo tipo de massa. O grupo ao qual foram mostradas fotos um pouco fora do esperado (por exemplo, um esquimó no deserto) mais tarde apresentou respostas mais originais em comparação aos participantes que viram imagens não surpreendentes (por exemplo, um esquimó na neve). O elemento surpresa, no entanto, só inspirou aqueles que tinham pouca necessidade de estrutura. Seu pensamento divergente foi auxiliado pela imprevisibilidade da imagem – a origem de algo fora do comum. Já aqueles que necessitam de estrutura experimentaram uma diminuição no pensamento divergente quando apresentados a fotos incongruentes, sugerindo que surpresas não funcionam necessariamente para todos nós.[11]

O paradoxo da atribuição de sentido

Está claro que a diversão promove a motivação interna e pode ser usada como um caminho para o aprimoramento, bem como para o processo cognitivo de atribuição de sentido.[12] Karl E. Weick, um dos psicólogos sociais mais influentes dos Estados Unidos, define *atribuir sentido* como uma conquista contínua que envolve dar significado às experiências e criar ordem a partir de eventos atribuindo sentido a eles.[13]

Atribuir sentido ao nosso mundo é uma parte necessária do nosso desenvolvimento, de modo que passamos grande parte de nossas vidas tentando encontrar sentido. Viktor Frankl, psiquiatra e neurologista austríaco que sobreviveu ao Holocausto, argumentou em seu famoso livro *Em busca de sentido*[14] que a principal motivação de uma pessoa é descobrir o sentido da vida. O sentido é tão importante para nós que nossas mentes conseguem ser muito criativas na invenção de um, desde os mínimos detalhes da vida cotidiana até a grande narrativa de nossa existência. Benjamin Hale escreveu em seu best-seller *A evolução de Bruno Littlemore*[15] que:

> *Não descobrimos os sentidos das coisas misteriosas, nós os inventamos. Criamos sentidos porque, acima de todas as coisas, a falta de sentido nos aterroriza. Mais do que cobras, até. Mais do que cair, ou a escuridão. Nós nos enganamos para enxergar sentidos nas coisas, quando na verdade tudo o que estamos fazendo é enxertar nossos sentidos no universo para confortar a nós mesmos.*

Em outras palavras, o problema com o sentido é que ele está todo em nossas cabeças. Além disso, criar sentido o tempo todo é uma tarefa árdua. Para nos recuperarmos, muitas vezes procuramos maneiras de nos sentirmos melhor (sem ter que nos preocupar o tempo todo com o *sentido* das ações). Seria tão errado redirecionar proativamente para o prazer e a diversão parte de nossa interminável atribuição de sentido?

Se essa ideia o deixa desconfortável, saiba que seus instintos provavelmente foram moldados por centenas de anos de história intelectual. Henry Sidgwick, um dos filósofos da ética mais influentes da era vitoriana, não era nada afeito ao prazer. Ele acreditava que, para ser feliz, é preciso comprometer-se com pessoas e projetos de uma forma profunda e significativa, e, se você tem uma tendência ao prazer, não conseguirá fazer isso.[16] No Capítulo 1, já discutimos a estupidificante influência dos puritanos sobre a psique americana. Quando você está constantemente tentando provar que está entre os escolhidos, uma tarde de relaxamento onírico, ou de diversão pela diversão, torna-se uma proposta arriscada. Pode até ser uma prova de que você é perverso. *Minha nossa!*

Graças à ciência, agora temos uma compreensão do comportamento humano com maiores nuances. Sabemos que a diversão não nos leva a rejeitar ou ignorar o lado mais sério da vida. Você se lembra do princípio da flexibilidade hedônica? Agora compreendemos que quando sentimos que a diversão faz parte das nossas vidas, podemos resistir ao fascínio dos ganhos de curto prazo (porque esses tipos de "recompensas" já são abundantes através de um design intencional) e investir nos ganhos de longo prazo que sustentarão a nossa existência.

A verdade é que não precisamos escolher um ou outro. Uma vida bem vivida provavelmente depende de um equilíbrio delicado entre atividades de atribuição de sentido (que escolhemos de uma forma racional) e atividades de busca de prazer (coisas de que simplesmente desfrutamos no presente).

A importância da atribuição de sentido foi estabelecida há muito tempo, e este livro não pretende desafiar isso ou defender que parte da vida deve ser reservada à busca de significado. A semente que eu gostaria de plantar é que *O Mistério*, a própria autotranscendência, pode ser simplesmente a habilidade de se divertir verdadeiramente. Encontrar sabedoria em um poço muito mais profundo do que podemos criar por conta própria. Conseguir se perder em uma experiência, conseguir saborear o momento sem atribuir a ele nenhum contexto. Alegria pela alegria.

A Dra. Desiree Kozlowski, da Southern Cross University, Austrália, fala sobre "hedonismo racional" ou o saborear intencional de prazeres simples. Ela afirma que, se você dedicar atenção total ao que está fazendo – seja comer um pedaço de bolo, brincar com seu filho, caminhar na praia ou aproveitar verdadeiramente algum tempo livre –, isso vai enriquecer seu bem-estar. A ligação entre bem-estar e diversão parece estar oculta na maneira como fazemos uma escolha ativa de experienciar a vida.[17] Não se trata tanto de quanto sentido algo tem, mas se conseguimos transcender a necessidade do nosso ego de que as coisas façam sentido – e de classificar nossa experiência –, a necessidade que nosso ego tem de avaliar se a experiência nos torna mais felizes do que o nosso vizinho.

Divertir-se não significa rejeitar nossas responsabilidades. Pelo contrário, adquirimos a capacidade de buscar nossos objetivos "significativos" com mais vigor. Na verdade, a diversão intencional pode ser uma das coisas mais responsáveis que podemos fazer, sacrificando a necessidade do nosso ego por sentido e classificação e simplesmente nos entregando ao maravilhoso dom da experiência – um lugar onde mora a verdadeira sabedoria.

A aclamada neurocientista Lisa Feldman Barrett descreveu essas questões para mim da seguinte maneira: "Sempre que surge uma oportunidade de experimentar admiração ou maravilhamento por alguma coisa, eu o faço. Às vezes se trata apenas de olhar para o céu, para lindas nuvens ou para as estrelas. Se eu estiver perto do oceano, pode ser olhar para as ondas. Pode até ser alguma coisa durante minha caminhada diária, como ver um dente-de-leão brotando de uma fresta na calçada, e então posso cultivar uma experiência de admiração pelo incrível poder da natureza de se livrar das tentativas humanas de contê-la. Ou se estou em uma videoconferência que não dá certo, porque caiu a conexão com a internet devido a algum satélite que saiu do lugar, ou porque meu computador travou, ou seja o que for. Nesses momentos tento me lembrar de cultivar uma experiência de admiração porque tenho que me lembrar disso mesmo que a minha conexão com a pessoa com quem estou conversando na Bélgica, na Inglaterra ou na China esteja uma porcaria... Ainda estou conversando com alguém na Inglaterra ou na China, ou na Bélgica, e consigo ver seus rostos, pode estar embaçado, mas ainda consigo ver seus rostos. *Isso não é incrível?* Porque, há dez anos, talvez não presumíssemos que poderíamos fazer isso todos os dias. Há muitas evidências que sugerem que experienciar admiração, experienciar a si mesmo como um grão de areia por um ou dois minutos, de fato dá um descanso ao seu sistema nervoso. Porque se outras coisas são mais majestosas do que você e você é apenas um grão de areia, isso significa que seus problemas são apenas um grão de areia também. E, só por um minuto, se seus problemas forem reconhecidos como coisas sem importância, isso realmente dá um descanso ao seu sistema nervoso. Permite que você faça um reajuste e coloque as coisas em perspectiva".[18]

Nesses momentos de pico, não se trata de encontrar imediatamente o sentido, mas de estar absorto no que o momento presente está compartilhando conosco. Um estudo liderado pelo professor Jordi Quoidbach, da Universidade de Harvard, que também foi coautor de um estudo sobre a escolha de atividades com base no princípio da flexibilidade hedônica, mostrou que alcançamos maior afeto positivo quando focamos nossa atenção no momento presente e nos envolvemos em ruminações positivas enquanto passamos por eventos positivos. Em contrapartida, quando estamos distraídos, o efeito positivo é reduzido.[19] Quando conseguimos transcender a necessidade de compreender o nosso mundo físico imergindo a nós mesmos com atenção concentrada, estamos verdadeiramente Vivendo.

Pouco antes de sua morte, Abraham Maslow, um dos psicólogos mais importantes de nossa era, alterou sua famosa pirâmide de necessidades humanas para incorporar a autotranscendência.[20] Em seu modelo revisado de necessidades, ele acrescentou a autotranscendência à pirâmide como o passo final da nossa motivação, além da autorrealização. Depois de estudar o trabalho de Maslow e alguns de seus diários pessoais não publicados, Mark E. Koltko-Rivera, da Universidade de Nova York, propôs a seguinte descrição de uma pessoa que alcança a autotranscendência: "Procura promover uma causa além de si mesma e experimentar uma comunhão além dos limites do eu por meio de experiências máximas".[21] David Bryce Yaden, da Universidade da Pensilvânia, descreve essas experiências transcendentes como "estados mentais transitórios marcados por uma autossaliência reduzida e por sentimentos de conexão ampliados".[22] Mais uma vez, isso é uma das muitas dádivas da diversão: sentir-se livre e conectado com o mundo fora de nós, em vez de pelejar dentro de nossas próprias cabeças.

Numa conversa que tive com a Dra. Susanne Cook-Greuter, uma importante especialista em desenvolvimento do ego maduro e autorrealização, ela colocou a questão desta forma: "A liberdade de restrições não se limita ao desenvolvimento inicial. Qualquer pessoa que tenha acesso ao brincar, acesso a ideias – até mesmo acesso a construtos abstratos – e que esteja disposta a brincar com ideias e construtos será mais propensa a se desenvolver do que alguém que esteja apegado a ideias e construtos de uma forma meio estática, 'O mundo é assim mesmo'. Assim que você se abre para dizer: 'Bem, talvez não. Talvez possa haver outro mundo, ou talvez haja outra maneira de ver as coisas', você consegue mais espaço, e isso o ajuda a crescer. Parece que estamos ficando mais ossificados... no que acreditamos, no que fazemos e no que vemos. Não temos interesse nem curiosidade por mais nada. Quando você está aberto a coisas novas, o inesperado pode acontecer".

Hall da Diversão **Adam Yauch**

Para provar que você não precisa escolher entre uma vida divertida e uma vida significativa, basta procurar Adam Yauch (também conhecido como MCA), o falecido baixista brincalhão dos Beastie Boys, uma banda que pode ter sido a piada de maior sucesso do mundo. Uma banda cujo propósito era "realmente apenas fazer um ao outro rir", de acordo com a confissão do membro Mike D no *Beastie Boys Book*.[23] A banda acabou vendendo 20 milhões de discos somente nos Estados Unidos, com sete álbuns de platina entre 1986 e 2004. Yauch era conhecido por ser o mais maluco do grupo e se tornou famoso por travessuras como seu *alter ego*, Nathanial Hörnblowér, que tinha uma barba falsa, cantava no estilo iodelei e vestia *lederhosen*, a calça curta típica da Bavária. Em 1994, Hörnblowér invadiu o palco do MTV Music Video Awards, quando os Beastie Boys perderam o prêmio de Melhor Direção por "Sabotage" para o REM, com "Everybody Hurts", para protestar contra a "ofensa" – concluindo seu discurso sem sentido com a alegação de que ele, Hörnblowér, tinha "todas as ideias para *Star Wars*". (Michael Stipe estava atrás dele, confuso, mexendo em seu troféu de maneira impotente.)

Quem observasse Yauch naquela noite dificilmente imaginaria que ele estava profundamente engajado na busca de significado espiritual. A vida de Yauch mudou durante uma interação com refugiados tibetanos, pessoas que suportaram enormes traumas e sofrimentos, mas que mantiveram a sua compaixão e humor. Em 1992, ele começou um estudo duradouro sobre o budismo. Mais tarde, ele diria à *Rolling Stone*: "De certa forma, o que a sociedade ocidental nos ensina é que se você conseguir dinheiro, poder e pessoas bonitas o suficiente para fazer sexo, isso lhe trará felicidade. Isso é o que todo comercial, toda revista, música, filme nos ensina. E é uma falácia".[24] Naquele mesmo ano, ele conheceu Erin Potts em uma festa em Katmandu, iniciando uma amizade que culminou no primeiro Tibetan Freedom Concert no Golden Gate Park, em São Francisco em 1996, ano em que Yauch se converteu formalmente ao budismo. Cinco anos de concertos anuais – uma fusão perfeita de diversão e significado – arrecadaram milhões de dólares e trouxeram consciência internacional para a causa (para saber mais, visite https://share.michaelrucker.com/tibetan-freedom-concert).

No quinto aniversário da morte de Yauch, falecido de câncer em 2012, Potts escreveu no Medium: "Os Beastie Boys, e especialmente Yauch, me ensinaram a sempre me divertir – a trabalhar duro, a assumir riscos, a ajudar a tornar o mundo um lugar melhor, mas que você deve se divertir enquanto faz isso... e talvez até usar um bigode falso ou uma peruca com *mullets*. (Yauch ADORAVA disfarces.)".[25]

Um convite inclusivo para *O Mistério*

Quando alcançamos certa conexão com o que estamos fazendo ou vivenciando, essas experiências fora do comum podem ter um gostinho de espiritualidade, seja de forma secular ou religiosa. Um estudo com bailarinos aposentados, por exemplo, mostrou que, durante os momentos de pico de sua dança, eles frequentemente experimentavam sentimentos espirituais e estados alterados de consciência, como estar fora de seus corpos, ter menos consciência de si mesmos e experimentar uma sensação de transformação e conexão. Além disso, assim como outros atletas, eles falaram sobre seus sentimentos de amor pelo balé. Quando dançavam, envolviam-se num apaixonado caso de amor. Para as pessoas espiritualizadas, esse poderia ser o amor pela Criação; para os não religiosos, amor pela vida.[26] Enquanto você se conecta profundamente com as atividades de que gosta e se torna um mestre em coisas que acha divertidas de verdade, convido-o a usar esse poder para aumentar sua curiosidade, sua criatividade, surpreender-se e conseguir novos *insights*. Agindo assim, você sem dúvida receberá oportunidades maravilhosas nunca antes imaginadas e absorverá a sabedoria que quase sempre acompanha as oportunidades efêmeras de iluminação – desde a conexão sutil que um jardineiro sente ao ver suas flores desabrocharem até a épica experiência, única na vida, de amizade que resulta de uma festa aleatória em Katmandu à qual você foi com relutância.

Já tratamos muito de diversão, desde estratégias básicas até tópicos avançados. Agora que seu Hábito da Diversão está se formando, é hora de falar sobre como pode ser importante trazer seus amigos para esse passeio.

Capítulo 7
Amizades são esquisitas

A amizade é tão esquisita.
Você simplesmente escolhe um
humano que conheceu e pensa:
"É, gostei desse", e apenas faz coisas com ele.

— BILL MURRAY

Como muitas pessoas, a cidade onde moro não é a cidade onde cresci. Não é a cidade onde fiz faculdade ou onde passei meus anos de formação como adulto. Quando nossa família se mudou para Summerfield, Carolina do Norte, sentimos a dor de deixar para trás parentes e muitas amizades antigas na Costa Oeste, mas esperávamos continuar em contato. Isso acabou sendo um pouco mais difícil do que esperávamos, e alguns anos depois de nos mudarmos isso nos levou a uma conversa sobre sermos felizes na Carolina do Norte, mas um pouco solitários.

Fazer novos amigos continuava sendo um processo moroso, e manter contato com os antigos era ainda mais difícil. Muitas vezes nos perguntávamos: será que nossos amigos se lembram de nós? Será que falam da gente agora que não estamos por perto? Então Anna teve uma ideia divertida para fazer as pessoas pensarem em nós – algo que definitivamente nos colocaria no topo da lista.

Por acaso, era hora de enviar cartões de Natal. Com uma simples edição de fotos, nossa família de quatro pessoas tornou-se instantaneamente uma família de cinco pessoas, com Anna segurando um pacotinho inesperado de alegria. Enviamos nossos cartões de Natal e surpreendemos nossos amigos e familiares com a armação, e evidentemente nosso plano funcionou. No início do Ano Novo, nossos telefones começaram a tocar e zumbir com mensagens e textos vindos de muitos de nossos amigos – "parabéns, nem imaginávamos!" –, incluindo muitos de quem não tínhamos notícias havia anos. Ouvimos muitas risadas quando contamos a todos a piada, e então tivemos conversas por muito tempo adiadas.

Nossa estratégia peculiar era muito adequada a "nós", mas o que descobrimos é verdadeiro para todo mundo: **vivemos em tempos que exigem que sejamos extraordinariamente intencionais em nossa vida social.** Tal como acontece com a diversão, devemos combater a corrente cultural abrindo o nosso próprio caminho. Ouvindo relatos e por experiência própria, sabemos que não é fácil fazer e manter amizades quando adultos, pois as exigências familiares e profissionais nos absorvem. Um artigo do *The New York Times*, "Why Is It Hard to Make Friends Over 30?" [Por que é difícil fazer amigos depois dos 30?],[1] foi tão lido e compartilhado que o jornal o publicou duas vezes. Uma das pessoas retratadas pelo repórter era uma mulher de 39 anos com centenas de amigos no Facebook, mas tão poucos na cidade para onde ela acabara de se mudar que mal daria para uma boa festa de aniversário. Outra era um psicoterapeuta divorciado que redefiniu o que significava ser "aquele cara" da aula de salsa local: em vez de dar em cima das mulheres, ele convidava todos os homens para beber. Em seus anos como homem casado e pai, ele abandonou todos os seus outros relacionamentos.

Algumas pessoas não têm amigos suficientes. Outras só têm amigos em teoria, já que não têm tempo para sair. Como o comediante John

Mulaney brincou no *Saturday Night Live*: "Quero escrever músicas para pessoas na faixa dos 30 anos chamadas 'Hoje não dá, pode ser quarta-feira? Oh, você estará em Houston na quarta-feira, ok, então vamos não nos ver por mais seis meses, *e isso não tem a menor importância*'".

Houve um tempo em que a vida cotidiana era naturalmente social, quando as pessoas se agrupavam para sobreviver. Hoje em dia somos mais transitórios do que tribais, com os pacotes da Amazon se acumulando nas nossas portas e a tecnologia nos dando os meios para manter amizades (ou pelo menos um fac-símile convincente) a distância. Mas as redes sociais e as comunidades virtuais não fornecem prontamente as três coisas que os sociólogos consideram essenciais para fazer amigos: proximidade; interações repetidas e não planejadas; e um ambiente que nos ajude a relaxar e baixar a guarda. As tendências culturais corroeram ainda mais as estruturas comunitárias tradicionais. O número de membros de igrejas nos Estados Unidos, por exemplo, diminuiu acentuadamente nos últimos vinte anos, com apenas metade dos americanos agora pertencendo a alguma.[2] Não estou aqui defendendo o Shabat, mas apenas observando que não é fácil substituir a comunidade que essas instituições costumavam oferecer.

Mas embora laços sociais estreitos talvez não mais resultem de uma progressão natural, nossa natureza ainda necessita deles. Tal como acontece com a diversão, as amizades de carne e osso não são "extras" na vida. Elas estão no mesmo nível do sol e dos vegetais quando se trata de nossa saúde. Uma metanálise frequentemente citada estabeleceu que a falta de relações sociais era tão ruim para você quanto ser alcoólatra ou fumar quinze cigarros por dia, e duas vezes mais prejudicial do que ser obeso.[3] Outros estudos relacionaram a solidão a inflamações e ao declínio cognitivo e físico mais rápido à medida que envelhecemos. Claro, nesta época podemos sobreviver sem amigos, mas parece que a vida nesse estado solitário será mais desagradável, brutal e curta do que gostaríamos.

Extrovertido ou introvertido, você ainda é um animal social. Você precisa de amigos – e, mais especificamente neste livro, você precisa de amigos com quem possa se divertir. Muitos dos seus amigos atuais provavelmente chegaram até você por meio da escola, do trabalho ou, se você for pai, das atividades de seus filhos. Você talvez também tenha amigos muito próximos com quem pode contar quando precisa de apoio, mas que não pode chamar para ir ao cinema ou para um jantar porque eles moram a 5 mil quilômetros de distância. Todos esses relacionamentos são legítimos e, sem dúvida, muitos deles são cruciais – mas como nosso interesse é especificamente desenvolver seu Hábito da Diversão, aqui vamos manter nosso foco restrito.

Amizades divertidas são amizades organizadas em torno da diversão intencional. Se você já está determinado a construir seu Hábito da Diversão, passar tempo com Amigos Divertidos não é uma distração de seu objetivo. Você pode acrescentar um amigo a quase tudo que for divertido em sua programação. Esse é um ótimo exemplo de agrupamento de atividades. Além disso, há algo especial nas relações entre pessoas que criam laços por causa de interesses comuns. Raramente há a sensação de que o tempo passado com um amigo assim esteja em tensão com outras coisas que você realmente gostaria de estar fazendo – vocês estão fazendo essas coisas juntos! E quando não puderem fazer essas coisas, vocês sempre podem conversar sobre como foi tê-las feito e quando vocês as farão de novo.

Hall da Diversão *Tirando a maior onda*

Imagine se divertir tanto com seus amigos que isso lhe rendeu fama, fortuna e fãs dedicados. Essa é a história de quatro homens de Staten Island, Nova York, estrelas do programa de TV *Tirando a maior onda*. Joe Gatto, James Murray, Brian Quinn e Sal Vulcano eram amigos de Ensino Médio que criaram juntos uma trupe de comédia antes de filmar seu piloto em iPhones e vendê-lo para uma rede de emissoras. É um programa de pegadinhas com câmera escondida – mas, ao contrário de programas anteriores como *Punk'd*, as pegadinhas ("desafios", no jargão do programa) acontecem entre eles mesmos. Quando um deles não vence um desafio, é punido pelos outros três. E então, Sal Vulcano faz uma tatuagem do Jaden Smith adolescente em seu quadril. James Murray fez vários exames de próstata televisionados, um dos quais assistido por sua então noiva. Joe Gatto cruzou o East River, em Nova York, no topo de um bonde aéreo fantasiado de Capitão Barrigudo. Brian Quinn passou 24 horas algemado a um mímico profissional. E assim por diante, durante uma década inteira de temporadas e centenas de desafios.

É engraçado, mas o verdadeiro motor do programa – e o que torna seus fãs tão fervorosos – é a amizade palpável entre os caras, com a qual nos identificamos. O afeto mútuo entre eles evita que o humor pareça cruel, e eles têm uma química inegável à qual é divertido assistir. Sem a amizade, o humor provocaria vergonha alheia, e não risadas, como prova a história de uma tentativa de imitação no Reino Unido. A versão britânica exibida pela BBC, com quatro comediantes em vez de melhores amigos de longa data, fracassou depois de algumas temporadas. Um crítico do site de entretenimento britânico *VultureHound* escreveu: "A química entre eles parece muito forçada e antinatural, às vezes beirando a estranheza".[4] Depois, o Comedy Central do Reino Unido comprou e exibiu a versão americana – e o programa foi um grande sucesso.

Embarque na diversão de outra pessoa

Amigos divertidos são como o hormônio do crescimento humano para o seu Hábito da Diversão. Como afirmou um estudo: "A diversão é mais divertida quando outras pessoas estão envolvidas".[5] Os pesquisadores observaram pessoas jogando Jenga por quinze minutos, sozinhas, com um amigo ou com um estranho. Não é de surpreender que jogar Jenga com um amigo tenha sido consistentemente mais divertido. Mas o estudo fica mais interessante quando você considera exatamente *por que* isso acontece – e a resposta fornece algumas dicas sobre que tipo de amigos você precisa de maneira mais geral se seu objetivo for aumentar a diversão em sua vida.

Uma razão pela qual os amigos aumentam a diversão parece ser intrínseca. Em outras palavras, a interação social em si é agradável, ainda mais porque nos sentimos confortáveis e à vontade com os amigos. Mas os pesquisadores também consideraram a possibilidade de que o verdadeiro prazer fosse ver *outra pessoa* curtindo Jenga. Talvez você já esteja familiarizado com os fenômenos do contágio emocional e do contágio social, seja por meio de *O ponto de virada*, de Malcolm Gladwell,[6] ou talvez por meio do trabalho pioneiro de Nicholas Christakis e James Fowler,[7] que demonstraram que problemas de saúde como obesidade e tabagismo podem ser contagiosos. Alguns palestrantes motivacionais podem até ter te alertado para o fato de que você se torna a soma dos cinco amigos com quem passa mais tempo.

Embora esse velho axioma seja extremamente redutor, é verdade que, se seu objetivo é se divertir, você precisa escolher seus amigos com sabedoria. Sem falar que, como já vimos, não podemos ampliar o tempo que temos em determinada semana. Os amigos têm uma enorme influência em como agimos e nos sentimos. Você provavelmente já percebeu que algumas pessoas com quem você convive o deixam brincalhão e animado. Você é uma pessoa diferente depois da experiência. Apenas vê-las e trocar algumas palavras pode ter um efeito positivo no seu humor. Em contrapartida, existem outras pessoas que podem derrubá-lo apenas por estarem no seu espaço. O humor e a comunicação não verbal delas e os tópicos de conversa escolhidos podem ter um efeito negativo nas suas próprias emoções e estado de espírito. De repente, você começa a se sentir triste, tenso ou agitado ao interagir com elas. Provavelmente, todos podemos pensar em algumas pessoas que têm esse efeito sobre nós.

O contágio emocional, conceito proposto pela cientista de relacionamento Dra. Elaine Hatfield e por seus colegas,[8] significa que compartilhamos nossas emoções com outras pessoas, tanto consciente quanto inconscientemente, por meio de expressões verbais e físicas (não verbais), como expressão facial, postura e tom de voz. De modo consciente ou inconsciente, todos nós temos um impacto nas emoções uns dos outros. As emoções fluem de uma pessoa para outra, e podemos captar más vibrações tal como pegamos um forte resfriado. Pior ainda, ao contrário de um resfriado, que muitas vezes apresenta sinais de alerta notáveis, a captação de más vibrações geralmente acontece sem conhecimento consciente.

O contágio emocional é explicado, em parte, pelos neurônios-espelho, observados pela primeira vez em funcionamento no cérebro de macacos, mas que mais tarde foram encontrados nos humanos. Essas células cerebrais, parte do nosso córtex frontal, não conseguem diferenciar entre a ação de outra pessoa e a nossa. Em outras palavras, se você está vendo alguém exalar alegria, parte do seu cérebro experimenta o estado emocional dessa pessoa como se fosse o seu. É um efeito poderoso ao qual todos somos suscetíveis, para o bem ou para o mal. (Eles, porém, são creditados como possivelmente responsáveis pela evolução da linguagem moderna, então provavelmente para o bem.)[9]

Concentrar o tempo social que vocês têm juntos em uma atividade divertida pode ajudar a protegê-lo de "captar" os sentimentos de um amigo mal-humorado ou tóxico. Pode até mudar os sentimentos negativos deles. Dito isso, há uma vantagem considerável em passar tempo com amigos cuja atitude tende a ser positiva. Se eles forem propensos a se divertir, é provável que você se divirta. Se o ambiente estiver predisposto à diversão, é provável que tanto eles como você se divirtam. Surpreendentemente, isso pode acontecer mesmo se vocês compartilharem uma atividade que um de vocês nunca considerou divertida. Pesquisadores que estudam motivação intrínseca notaram que o "contágio da motivação" pode funcionar como um estímulo.[10] Em outras palavras, se observarmos alguém que gosta de fazer alguma coisa, nosso prazer também aumenta. Por exemplo, mesmo que você não goste de andar de bicicleta, observar repetidamente um amigo que gosta disso pode desencadear um desejo interno em você, e você começará a ter a sensação de que também gosta de andar de bicicleta. Um amigo divertido pode ser a pessoa perfeita para ajudá-lo a superar o período de desconforto envolvido em tentar algo novo. Dito isso, minha esposa ainda odeia acampar ("Por que estamos pagando caro para virar sem-teto?"), então não é sempre que isso funciona.

Aquela vez no Band Camp

Não estou exortando você a ter mais amigos e pronto. Dependendo da sua personalidade e do seu estágio de vida, as características de uma vida social saudável são algo muito pessoal. O objetivo aqui é combinar alguns de seus planos divertidos com pessoas que se interessam por eles. Jogue fora (por um minuto) todos aqueles relacionamentos adultos chatos, nos quais tudo o que você faz é falar sobre as poucas associações que vocês têm em comum. Em vez disso, pense nas amizades da mesma forma que as crianças. Elas só precisam saber uma coisa: *você quer brincar comigo?* Somos adultos seletivos, é claro, e exigentes com o nosso brincar, então o jogo aqui é encontrar amigos que já compartilhem dos nossos interesses.

Sei, por experiência própria, o que acontece quando você atira para todo lado em busca de amigos em vez de agir mais intencionalmente. Anos atrás, quando eu morava em Alameda, na Califórnia, passei muitos aniversários infantis em um lugar chamado Pump It Up, um grande armazém com um parque indoor de trampolins que se tornou o local favorito dos pais da região para as festas de aniversário de seus filhos. Não havia nada de inerentemente ruim naquele lugar e, ainda assim, toda vez que eu tinha de ir para lá, me pegava questionando minha existência. A novidade de ver meu filho pular de um pedaço de plástico para outro desvaneceu com a repetição, e a conversa com muitos dos outros pais nunca foi além da conversa-fiada obrigatória (para mim, uma atividade Angustiante).

Pensando que talvez a conversa era ruim por estarmos "de plantão" ou porque não sou bom em conversas polidas, acabei chamando vários daqueles pais para beber. Em circunstâncias mais relaxadas, relacionamentos podem florescer, ou pelo menos era o que eu achava. *Não mesmo*. Na verdade, as coisas ficaram bem estranhas porque dois dos pais acabaram por ser defensores de opiniões políticas opostas. *In vino, veritas*. Não parecíamos ter muito em comum além dos nossos filhos.

Quando nos mudamos para Summerfield, Carolina do Norte, tentei novamente fazer amigos com base na conveniência. Experimentei alguns ambientes de coworking diferentes. Muitos dos usuários desses espaços eram mais jovens do que eu – muito mais jovens do que eu –, e, na maior parte das vezes, as minhas primeiras tentativas de fazer amigos foram em vão.

Enfim, minha esposa interveio para ajudar. Ela sabe que alguns dos meus Amigos Divertidos favoritos sempre foram o que chamo de "parceiros de show", caras que compartilham meu amor pela música ao vivo. Desde que nos mudamos para Summerfield, eu tinha ido sozinho a alguns shows, mas não os aproveitei muito. Então Anna descobriu que um de seus colegas de trabalho gostava de ver bandas e organizou um "encontro às cegas de amigos" para nós. Já fomos a dois shows juntos até agora. Ele é um cara legal, mas, sendo sincero, a melhor parte do relacionamento é a diversão em torno de um interesse comum. Nós nos conectamos em torno da música e é mais agradável ter uma experiência compartilhada.

Isso não quer dizer que você não conseguirá encontrar Amigos Divertidos entre as pessoas que os filhos e o trabalho trazem para sua vida. Depois de se mudar para uma nova cidade, minha amiga Meredith reclamou comigo que as únicas pessoas com quem ela conversava socialmente eram as mães que acompanhavam os filhos em eventos esportivos – mas, um ano depois, quando voltei, ela me disse que acabou conseguindo se dar muito bem com um grupo delas, e que elas se tornaram verdadeiras amigas. Se vocês dois gostam de ver seus filhos praticando esportes e se deixarem envolver pelo espírito de equipe, essa comunhão pode ser uma excelente base para uma amizade divertida. Afinal, ela oferece dois dos três pré-requisitos da amizade: proximidade e ambiente descontraído. E embora suas interações não sejam inesperadas, elas definitivamente são repetidas.

A importância da proximidade e da repetição não pode ser subestimada. Como bem sei, é extremamente difícil manter uma amizade quando a única maneira de fazer isso é espremer telefonemas e videochamadas em uma agenda já lotada. Uma abordagem melhor é fazer do tempo com um amigo o caminho de menor resistência, mesclando amigos e diversão.

Junte-se ao clube

Você já ouviu a história do grupo de amigos de Spokane, Washington, que sustentou uma brincadeira de pega-pega por mais de vinte anos? Sim, isso mesmo – *pega-pega* –, aquele do "Peguei, está com você", aquela brincadeira de criança que é possível brincar em qualquer lugar. A brincadeira deles começou no Ensino Médio e foi revivida em um encontro quase uma década depois, quando eles decidiram começar uma versão de longa distância do jogo todo mês de fevereiro. Um dos amigos era um advogado recém-formado e redigiu um "Acordo de Participação no Pega-pega", delineando o espírito do jogo e as regras. Todos assinaram, e o jogo, espalhado por todo o país, começou. Em vez de se afastarem lentamente uns dos outros depois do Ensino Médio, eles acabaram mais unidos do que nunca – entrando furtivamente nas casas, nos carros e nos locais de trabalho uns dos outros para "pegar!" o outro. O jogo deles apareceu no *The Wall Street Journal* e acabou inspirando o filme de 2018 de mesmo nome.[11]

A história deles, por mais idiossincrática que seja a diversão, traz luz a três fatores para o sucesso que o resto de nós pode imitar para ajudar a manter amizades no caos da vida. Primeiro, consistência: eles participavam da mesma brincadeira na mesma época todos os anos. A consistência é muito importante; é muito mais provável que você estabeleça um hábito quando ele é consistente. Em segundo lugar, a responsabilização: o acordo de participação que todos assinaram foi feito como uma piada, mas fez o compromisso parecer real. E, por fim, eles estavam brincando juntos – em outras palavras, se divertindo.

Se você estiver se sentindo menos criativo, uma das maneiras mais fáceis de cumprir todos esses fatores é ingressar em um clube. Os clubes conectam você a uma programação consistente que outra pessoa se deu ao trabalho de organizar. Eles constroem não apenas a interação social, mas também a responsabilização em torno da sua diversão. Você pode usá-los para fazer novos amigos ou incentivar amigos que já tenha a participar para vê-los mais.

No passado, quando me mudava para uma nova cidade, eu entrava em clubes de corrida para conhecer pessoas. Fiz amigos para toda a vida assim, tanto em Londres quanto em Manhattan Beach, Califórnia. (Falarei sobre um desses amigos, Graeme, no último capítulo.) Você pode encontrar um clube, uma liga ou um time para praticamente qualquer esporte. Mas como sei que nem todo mundo gosta de suadeira, darei um exemplo não esportivo. Michelle é uma redatora freelancer de sucesso que mora em uma grande cidade americana e que queria mais diversão em sua vida. Quando pensou no que antes lhe trazia alegria, o coro da igreja de sua infância lhe veio à mente. Ela adorava cantar, mais especificamente cantar com outras pessoas. Então começou a perguntar aqui e ali e não demorou para conseguir uma lista de vários corais em potencial para participar. Acabou por escolher um que fazia concertos beneficentes por toda a cidade, o que lhe permitiu cumprir um segundo objetivo dela: encontrar mais formas de retribuir para a sociedade. Isso aconteceu alguns anos atrás, e ela ainda está naquele coral. Eles se reúnem todos os sábados. Com o passar dos anos, alguns de seus colegas de canto se tornaram seus melhores amigos.

Você também pode começar algo sozinho – mas faça um favor a si mesmo e simplifique as coisas. Meu amigo Nir, que mencionei pela primeira vez no Capítulo 2, realiza um evento mensal que ele chama de Kibutz, a palavra hebraica para *reunião*. Ele iniciou o evento com a esposa quando percebeu que, consumido pelas oportunidades profissionais, tinha parado de passar tempo com os amigos. Agora, a cada duas semanas, quatro casais se reúnem para discutir uma questão no estilo das palestras TED durante um piquenique em que cada um traz sua própria comida – sem preparação, sem bagunça, sem complicações. As crianças vêm junto, mas brincam sozinhas enquanto se desenrola a conversa dos adultos.

Se um compromisso semanal ou mensal parecer demais, considere estabelecer algo anual. Sou uma das cerca de 60 milhões de pessoas que jogam *fantasy football* todos os anos. Eu me reúno todos os anos com um grupo de amigos do Ensino Médio e de outras esferas da vida em uma cidade como Las Vegas ou Lake Tahoe para nosso jogo. Passamos o resto do ano planejando a coisa, em mensagens de texto e e-mails que, reconheço, também envolvem muitas piadas idiotas e memes que eu teria vergonha de que qualquer outra pessoa no mundo lesse. Mas funciona para nós e mantém vivas amizades que, de outra forma, poderiam ter desaparecido graças à distância e às circunstâncias.

O principal conselho aqui é assumir o compromisso de *brincar com outras pessoas* de um modo que lhe agrade.

Uma exceção contraintuitiva

Acontece que os amigos não tornam a diversão ainda mais divertida para todos. Existem três grupos de pessoas que posso imaginar que se incomodaram com este capítulo. Vou falar sobre todos eles.

Para começar, vamos voltar ao estudo que mencionei anteriormente, que mostrou que as pessoas se divertiram mais jogando Jenga com os amigos. De fato, houve uma ressalva à conclusão: "Essa tendência foi observada apenas entre indivíduos relativamente não solitários; entre pessoas solitárias, jogar com um amigo não produzia praticamente nenhum benefício em comparação a jogar com um estranho". Acontece que a solidão muitas vezes não é resultado de isolamento social. Os pesquisadores concluíram: "O achado é consistente com outras pesquisas que sugerem que a característica central do traço de solidão é a relativa falta de intimidade e prazer nas interações com os amigos".

Se você é alguém que, neste momento, se sente mais solitário quando está cercado de pessoas, acrescentar um amigo pode não aumentar sua diversão. Você pode precisar de tempo com seus amigos mais próximos para descarregar e se sentir conectado. É isto mesmo: "conversa chata de adulto" pode ser exatamente aquilo de que você precisa. Dito isso, minha experiência mostra que momentos divertidos são importantes até mesmo para nossos relacionamentos mais próximos. A interação frequente, alegre e casual constrói a base para que os amigos cuidem uns dos outros durante as crises emocionais da vida. Nunca esquecerei da nossa partida de *fantasy football* no ano em que meu irmão morreu. Meus amigos sabiam que eu precisava desesperadamente melhorar meu ânimo. No meio da partida, um deles assumiu do nada o papel de mestre de cerimônias de um show surpresa de comédia, enquanto alguns outros fizeram o possível para serem comediantes de improviso – o show era para todos, mas eu era o público principal. Eles sabiam que meu irmão e eu compartilhávamos o amor pela comédia. Todos os envolvidos deram o seu melhor, e todo o time deu boas risadas, seguidas de um brinde antes de voltarmos à partida. Mesmo agora, quando penso nisso, fico emocionado porque, além de nossas travessuras, a melhor parte da nossa liga é que estivemos ao lado um do outro durante alguns dos momentos mais difíceis da vida (e, infelizmente, esse grupo passou por muitos deles).

De acordo com a famosa pesquisa do antropólogo e psicólogo evolucionista britânico Robin Dunbar sobre redes sociais, os seres humanos só são capazes de cultivar cinco relacionamentos pessoais íntimos por vez. Pode ser útil identificar os seus, especialmente se você estiver se sentindo sozinho, e avaliar quão bem você tem se mantido a par deles nos últimos tempos. Se a maior parte do seu contato com seu círculo íntimo verdadeiro foi assíncrono ou público, por meio de redes sociais ou em grandes grupos, tente agendar um encontro individual, mesmo que virtual.

O segundo grupo de pessoas que podem ter se incomodado: os introvertidos. De acordo com Hayley, que há tempos edita o meu blog: "Como uma introvertida feliz, sei que os introvertidos são inerentemente desconfiados de que as pessoas que escrevem livros sobre tópicos como 'se divertir mais' apenas lhes dirão que deveriam sair mais de casa e fazer coisas com grupos de pessoas". Eu entendo, mas o fato é que as conexões sociais – e, sim, a diversão com os amigos – são importantes para todos. O conselho se aplica até mesmo aos introvertidos. Isso não significa que você precise transformar cada atividade em uma festa. Você pode querer passar o tempo que dedica a amigos divertidos em grupos menores ou focá-lo em pessoas de quem você já é próximo. Hayley organiza sua diversão em torno de um grupo de amigos pequeno e unido. Molde as interações sociais para atender às suas necessidades específicas. Mas as três chaves ainda se aplicam: consistência, responsabilidade e diversão. Por último, se você é introvertido, não deixe que nós, extrovertidos, o intimidemos fazendo-o pensar que atividades altamente estimulantes são a única maneira de se divertir. Como já discutimos no Capítulo 2, a pesquisa da Dra. Jeanne Tsai, diretora do Laboratório de Cultura e Emoção da Universidade de Stanford, e seus colegas[12] descobriu que, especialmente nas culturas ocidentais, somos preparados para acreditar, através do marketing e das normas sociais, que *alta excitação* é igual a *diversão* (pausa para a entrada do clichê do influenciador de Instagram saltando no ar). Mas, como me disse uma vez a Dra. Iris Mauss: "Esse ponto cego pode nos levar a ignorar caminhos para a felicidade, a realização e a produtividade".[13] Emoções positivas como a paz, a calma e a serenidade são tão divertidas quanto a alta estimulação, se é isso que você acha prazeroso. Vou repetir: a melhor parte da diversão é que ela pode ser definida e dominada exclusivamente por você.

Pode ser também que você descubra que eventos sociais focados na diversão são menos desgastantes do que aqueles cujo único propósito é tagarelar. Quando as pessoas se inscrevem em algo voltado para uma atividade, tendem a ser mais receptivas às pessoas que desejam ingressar em um grupo, mas são mais reservadas. Meu irmão, por exemplo, era introvertido, mas sabia que também precisava de pessoas. A solução que encontrou foi ingressar em um grupo de caminhadas. Ele adorava caminhadas, como você deve se lembrar do relato que fiz a Jane no capítulo anterior. Caminhar em grupo é uma válvula de escape fácil para os introvertidos. Se Brian quisesse um momento de silêncio, bastava simplesmente ir para o fim do grupo. Outros membros do grupo respeitavam o fato de que nem todos que buscam camaradagem querem que seus ouvidos sejam ocupados. Após a morte do meu irmão, fiquei chocado ao ver quantas pessoas do seu grupo de caminhadas deixaram mensagens que sugeriam amizades íntimas e calorosas.

E, por fim, vamos discutir o terceiro grupo: aqueles que se sentem socialmente intimidados. Desenvolver relacionamentos – especialmente aqueles que você está começando do zero – não é fácil para todos nós. Mas o tato social é uma habilidade, não uma característica. Chris MacLeod, autor de *The Social Skills Guidebook* [Manual das habilidades sociais], sentia-se tímido e esquisito perto de outras pessoas até mudar a situação, aos 20 e poucos anos. Uma ferramenta que ele achou útil foi o Meetup.com.[14] Inscrever-se em eventos lá pode lhe proporcionar uma vida social pronta, na qual você pode praticar suas habilidades de conversação em um ambiente de baixa pressão e focado em atividades, cercado por pessoas que você sabe que estão abertas para fazer novos amigos. Os perfis online do site facilitam o contato posterior com as pessoas e impulsionam as amizades.

Enfim, não se deixe enganar pela ideia de que você "não é uma pessoa sociável" ou "não é bom em conversa-fiada". Ela pressupõe que quem "você" é algo estático – quando, na verdade, a personalidade parece ser bastante fluida. Considere os Cinco Grandes traços de personalidade que os psicólogos dizem que nos definem: extroversão, abertura à experiência, estabilidade emocional (neuroticismo), agradabilidade e consciência. Embora você possa ter um temperamento de base (e mesmo isso é discutível), os pesquisadores descobriram que, através da prática, você pode mudar seus comportamentos – por exemplo, tornando-se alguém que se sente à vontade conversando em uma mesa com novos amigos. Talvez você nunca deixe de ser introvertido, mas, com habilidades melhores, poderá controlar a ansiedade social. (Se você for introvertido, provavelmente ainda se sentirá esgotado após eventos sociais e precisará recarregar as energias. *E tudo bem.*)

Em um estudo, adultos conseguiram se tornar mais extrovertidos ou conscienciosos em um período surpreendentemente curto de dezesseis semanas.[15] Fizeram isso listando o que queriam mudar e que passos poderiam dar para chegar lá. É um bom ponto de partida. Se você quer se tornar alguém que se diverte com amigos, faça um plano para... *começar a se divertir com amigos*. Pegue seu Arquivo da Diversão, escolha algo e convide alguém para fazer essa atividade com você. Em seguida, faça uma lista de outras maneiras de incorporar mais diversão social à sua vida. Participe de alguns encontros. Continue assim por quatro meses e veja quem é você depois. *Pode ser uma surpresa.*

Capítulo 8

Diversão e paternidade: do bercinho ao ninho vazio

> Em nossa caminhada das 6 horas, minha filha perguntou para onde vai a lua todas as manhãs. Eu disse a ela que estava no céu, visitando a liberdade do papai.
>
> **— RYAN REYNOLDS**

As crianças merecem um capítulo à parte em um livro sobre diversão? Se você responder *de jeito nenhum*, seja porque você voluntariamente não tem filhos, seja porque – *cof-cof* – você os tem, eu o entendo. Sou pai de dois filhos e tive meus momentos. Todos os pais têm. No entanto, cheguei a um ponto em que posso dizer com convicção que as crianças não são apenas uma grande fonte de diversão, mas também estão entre os nossos melhores professores.

E ainda: uma pesquisa descobriu que as crianças podem ser, bem, estraga-prazeres. Daniel Gilbert famosamente teorizou em seu livro *Felicidade por acaso* que há uma relação inversa entre felicidade e paternidade.[1] Os filhos são a melhor coisa na vida dos pais, disse Gilbert em um encontro da Association for Psychological Science em 2007, "mas só porque eles tendem a exterminar todas as fontes de alegria que tínhamos antes de eles chegarem".[2]

Embora eu não concorde plenamente com Gilbert, admito que meu primo Joey e sua esposa, Nina, estão entre as pessoas mais felizes que conheço. Eles resistiram à pressão familiar e cultural para ter filhos. Agora passam todas as horas livres fazendo o que amam, que é pescar (um hobby calmo e tranquilo que funciona muito bem com crianças pequenas, durante cinco minutos por vez). Segundo dados anedóticos e empíricos, *não* ter filhos é uma opção divertida. Se essa é a sua inclinação, parabéns: no que se trata de diversão, parece que as cartas estão a seu favor.

Para aqueles que ainda estão aqui: felizmente para os pais e futuros pais, pesquisas mais recentes acrescentaram nuances à conclusão de Gilbert. Um estudo de 2016 sobre a "multa da felicidade" descobriu que os culpados não são as próprias crianças, mas sim se os pais vivem ou não num país com programas sociais que apoiem pais que trabalham.[3] Ou talvez as crianças só deixem os pais infelizes quando criam dificuldades financeiras, como outro estudo descobriu.[4] Como a maioria das famílias americanas sabe, é difícil experimentar as alegrias de ser pai quando você está tão ocupado com responsabilidades profissionais e domésticas que até mesmo uma abertura para brincar parece que pode fazer o elástico se romper. Nos Estados Unidos, encontrar creches de qualidade é muitas vezes uma tarefa solitária e dispendiosa; entretanto, estamos à mercê dos nossos empregadores, que devem decidir se a paternidade merece maior flexibilidade ou qualquer outro tipo de adaptação. Nesse contexto conturbado, é seguro dizer que as crianças não são uma *receita infalível* para a felicidade ou a diversão.

Mas será que na verdade as crianças não são o problema principal, e sim os pais? Atropelados pelas demandas desafiadoras do capitalismo avançado, será que estamos simplesmente *fazendo tudo errado?* Um grupo de pesquisadores no Canadá descobriu que, entre todos os pais em apuros por aí, há um grupo feliz que pode estar superando todas as probabilidades. Esses pais relatam que se sentem profundamente realizados com os filhos. Embora os pais na pesquisa de 2004 (discutida no Capítulo 2) tenham classificado o tempo passado com os filhos e as tarefas domésticas como proporcionando aproximadamente a mesma diversão, os pais participantes desse estudo queriam mais e mais.

Qual era a diferença? Será que esses pais conseguiram arranjar espaço para satisfazer as suas próprias necessidades? Será que ressuscitaram suas paixões ou encontraram algum equilíbrio engenhoso que escapou a todos nós? *Não.* O fator definitivo desse grupo de pais foi o oposto. O que eles compartilhavam era um foco deliberado e inabalável no bem-estar dos filhos. O estudo chamou essas pessoas de *centradas na criança*: "pais [que] estão motivados a maximizar o bem-estar de seus filhos, mesmo com um custo para os seu próprio, e estão dispostos a priorizar a alocação de seus recursos emocionais, temporais, financeiros e de atenção para seus filhos e não para si mesmos".[5] Eles colocaram as necessidades dos filhos antes de suas próprias – e o resultado de toda essa abnegação não foi menos felicidade, e sim *mais*.

Não quero sobrevalorizar um estudo que envolveu um grupo amostral relativamente pequeno. Também não quero abordar a questão inegavelmente válida de saber se uma vida altruísta é uma vida mais satisfatória. Mas eu estaria mentindo se dissesse que não há nada demais na noção de criação de filhos "centrada na criança". Isso ressoa com o que descobri ao explorar a diversão com minha própria família. É a chave para recuperar a bênção do fardo – seja com nossos filhos, netos, sobrinhas, sobrinhos ou qualquer pequeno ser humano com quem queiramos nos divertir e criar lembranças felizes.

Qualquer bom capítulo sobre parentalidade "divertida" precisa de uma história de terror, e fico feliz em assumir a responsabilidade. Quando minha filha, Sloane, tinha 3 anos, tive uma ideia genial. Faríamos nossa primeira viagem sozinhos juntos, pai e filha, para participar do Rise Festival, um evento anual no qual milhares de pessoas se reúnem no leito de um lago seco perto da Interstate 15, próximo a Las Vegas, para soltar lanternas flutuantes no céu noturno. Eu estava totalmente comprometido com as vibrações quase espirituais, e minha filha experimentaria uma cena de um de seus filmes favoritos da Disney, *Enrolados*, que mostra o lançamento de uma lanterna. Era 100% uma situação ganha-ganha, e eu daria o pontapé inicial em meu plano de entrar para a história como o Pai Mais Divertido de *Todos os Tempos*.

Admito que o plano não era perfeito. Para chegar ao festival, teríamos que dirigir a maior parte da noite saindo de Los Angeles, dormir um pouco em um hotel de beira de estrada e depois passar a maior parte do dia naquela que parecia ser a opção mais adequada para crianças em Las Vegas, o Circus Circus Hotel & Cassino. Quando enfim saímos de Las Vegas e nos acomodamos no festival depois de uma longa caminhada desde o estacionamento, era tudo o que eu esperava que fosse. A música – incrível! O céu – enorme e lindo! Para onde quer que olhasse, você era recebido por um profundo sentimento de efervescência coletiva. Jogamos nossos tapetes no chão e eu me acomodei, preparado para vibrar e absorver tudo até o grande lançamento. Sloane, é claro, fez o que para *ela* era divertido – ficou extrovertida. Ela correu ao redor do perímetro do nosso terreno demarcado, pisoteando os cobertores dos nossos vizinhos no processo, atrapalhando os delicados preparativos necessários para liberar milhares de lanternas à luz de velas com segurança.

Esse foi o momento em que eu deveria ter mudado minha atitude. Apenas um de nós poderia controlar-se razoavelmente e adaptar-se aos caprichos do outro, e essa pessoa era eu. *O adulto*. Em vez disso, fui teimoso. Deixei minha irritação crescer minuto a minuto. Enquanto os outros se divertiam com as travessuras dela, fiquei cada vez mais esgotado pelo senso de que era meu dever policiar seu comportamento. Depois de algumas horas de espera, finalmente soltamos nossa lanterna. Senti a incrível beleza, claro, mas através de uma névoa de frustração. Para finalizar a cena, nossa lanterna mal começara a flutuar quando Sloane chilreou: "Quero outra, quero outra!". Capturei o momento em vídeo e depois compartilhei no Facebook, onde um amigo logo me deixou irritado: "Crianças... sempre querem mais... Hahaha".

Depois disso, estávamos ambos morrendo de fome e precisávamos comer. Todo mundo estava nessa mesma situação e, consequentemente, as filas eram intermináveis. (Se minha esposa estivesse lá, ela teria sido esperta o suficiente para trazer lanches.) Finalmente estávamos nos aproximando do início da fila. Eu conseguia sentir o cheiro saboroso dos pratos do *food truck*. Já via o branco dos olhos do caixa. E então... ouvi a vozinha de Sloane: "Papai, preciso fazer xixi". Interiormente, eu gemi. Quando olhei para baixo, os olhos dela me disseram que era sério. Normalmente eu teria saído da fila. Mas, por causa de como tudo tinha acontecido até aquele momento – o fato de que as coisas não tinham saído como eu planejara, o cansaço da longa viagem de carro, a necessidade de comer e a sensação de que estávamos presos em uma situação impossível –, eu disse as palavras trágicas: "Só. Segure. Firme".

Tenho certeza de que você já sabe o que está por vir. Ela fez xixi nas calças, momentos antes de chegar a nossa vez de pedir. Felizmente, ela não ficou muito chateada. Na verdade, ela estava indignada. Quem ficou chateado fui eu, porque de repente enxerguei a verdade. Eu não era o *Pai Mais Divertido de Todos os Tempos*; eu era o *Pior Pai de Todos os Tempos*.

Eu tinha quebrado o que agora reconheço como as duas regras fundamentais para se divertir com crianças: primeiro, **deixe-as conduzir.** O tempo com as crianças precisa ser centrado na criança, e vários médicos e psicólogos infantis me apoiam nisso. Temos que ir até onde as crianças estão – e isso significa abraçar o *brincar* de todo o coração.

Se você é um adulto com um déficit de diversão em nome da diversão, é provável que brincar não seja algo fácil para você. Mas tentar fazer as crianças pararem de brincar não é apenas inapropriado em termos de desenvolvimento, é uma receita para o desastre. Brincar costuma ser visto como a área de expertise das crianças pequenas, mas também é uma ótima maneira de se conectar com pré-adolescentes e adolescentes. O truque é encontrar uma maneira de ser mais do que um espectador da diversão do seu filho. Lembro-me de ouvir alguns de meus amigos da faculdade falarem sobre seus pais jogando videogame com eles ou levando-os ao campo de golfe. Eram inevitavelmente os caras que voltavam para casa durante o fim do ano em vez de ficar no campus. (E, tal como acontece com as crianças pequenas, isso só funciona se você os deixar assumir a liderança.)

Mas há também uma segunda e menos conhecida regra da parentalidade: **brincar não é brincar a menos que ambos estejam se divertindo**. Eu quebrei essa regra também. Criei uma situação em que coloquei a diversão de Sloane e a minha diversão em oposição uma à outra, arruinando tudo para nós dois. Esse foi o meu erro – porque, embora as duas regras possam parecer paradoxais, elas não o são. Pelo menos, não precisam ser. Este capítulo é inteiramente dedicado a estabelecer as condições para tornar ambas possíveis.

Na fila da comida, com as calças da minha filha encharcadas, respirei fundo. Sloane concordou que deveríamos pegar nossa comida, e foi o que fizemos. Então comecei a fazer as pazes. Dei-lhe um grande abraço e coloquei seu corpinho molhado sobre meus ombros para que ela não tivesse que caminhar os desconfortáveis três quilômetros de volta ao nosso carro. Foi um momento de união para nós dois, enquanto comíamos e desfrutávamos da experiência na longa caminhada de volta. E então minha melhor lembrança do Rise Festival não é o festival em si, mas sim voltar para o estacionamento, com os ombros encharcados com a urina da minha filha, e compartilhar algumas batatas fritas não muito boas. E apesar dos desafios, ambos nos lembramos do evento como muito divertido.

Prepare-se para corrigir o curso

Se você é pai ou mãe, talvez já esteja familiarizado com as pesquisas e o raciocínio por trás do conselho de deixar as crianças conduzirem as brincadeiras. Geralmente se define brincar como "uma atividade intrinsecamente motivada, que implica um envolvimento ativo e resulta numa descoberta alegre".[6] Brincar é algo voluntário, divertido e muitas vezes espontâneo. Pesquisas sugerem que quando os adultos não deixam as crianças conduzir, e em vez disso orientam a brincadeira – por exemplo, "é melhor brincar *assim*" –, isso limita a alegre descoberta das crianças, e os benefícios da brincadeira para o desenvolvimento são minimizados. A brincadeira muitas vezes deixa de ser divertida quando recebe um empurrão extrínseco. Em um experimento liderado pela Dra. Elizabeth Bonawitz, do departamento de psicologia da Universidade da Califórnia, em Berkeley, crianças em idade pré-escolar às quais foi explicada uma função de um brinquedo concentraram-se principalmente nessa função. Entretanto, crianças que não receberam instruções exploraram e descobriram outras formas de se divertir com ele.[7] De forma mais ampla, o chamado "brincar conduzido pela criança" capacita as crianças, as mantêm envolvidas e permite que elas expressem toda a sua criatividade. *Tudo muito importante!*

O problema é que muitos pais levaram essa mensagem ao extremo. Quando o filho diz "pule", eles perguntam "a que altura". Eles não expressam preferências. E assim os pais se veem, digamos, no décimo terceiro jogo de Candyland recebendo ordens de um pequeno tirano cujas exigências jamais cessam e que é um péssimo perdedor. O resultado é que os pais temem a hora de brincar e se ausentam, toda hora olhando furtivamente para o telefone. Ou evitam a coisa por completo. Nenhum dos dois é bom para a diversão de nenhuma das partes.

Se essa experiência lhe soa familiar, uma correção é desesperadamente necessária, daí a importância da nossa segunda regra: *brincar não é brincar a menos que ambos estejam se divertindo*. Esse *insight* vem do professor Peter Gray,[8] um dos muitos psicólogos que enfatizam a importância do brincar no desenvolvimento emocional e intelectual infantil. Como tal, ele também enfrentou a questão premente de como tornar a hora da brincadeira mais divertida para os pais.

Na opinião de Gray, colher os benefícios da brincadeira tanto para os pais quanto para os filhos demanda negociação e compromisso. Busque orientação com seu filho, mas não tenha medo de cocriar momentos de brincadeira para que vocês façam algo de que ambos gostem. Afinal, se seu filho estivesse brincando com um amigo, este não teria vergonha de revelar seus desejos.

Festival Hardly Strictly Bluegrass, São Francisco, Califórnia, 02/10/2016

Depois de um ano me recuperando do desastre do Rise Festival com Sloane, decidi levar meu filho, Archer, então com um 1 ano e meio de idade, ao Festival Hardly Strictly Bluegrass. De novo, a escolha da atividade foi minha – mas, dessa vez, me comprometi a aproveitar o evento segundo os termos dele. Ele era um bebê, então nós dois fizemos coisas de bebê. Não ficamos um minuto parados. O resultado foi que não consegui fazer tudo o que queria, mas também fiz algumas coisas que não esperava. Deixá-lo vagar livremente significou que nos envolvemos com muitas pessoas interessantes que se divertiam com seu entusiasmo infantil, por tudo e qualquer coisa. Voltei para casa feliz por termos ouvido boa música e por ter proporcionado ao meu filho uma ótima experiência, com o coração cheio da consciência de que sua presença tinha tornado o festival ainda mais incrível. Decidir centrar o dia nele, no contexto de uma experiência que eu havia escolhido e que sabia que iria gostar, provou ser o ponto ideal para uma diversão memorável e para a criação significativa de vínculos.

Diversão, você deve se lembrar, requer autonomia. E talvez essa seja a verdadeira conclusão daquele estudo sobre parentalidade centrada na criança – que o que diferenciava aqueles pais não era tanto a abnegação, mas sua *autodireção*. Eles escolheram conscientemente priorizar os filhos, fazendo de cada interação com eles uma expressão do seu próprio desejo, qualquer que fosse a atividade.

Despressurize

A ideia de cocriar, ou de expressar suas próprias preferências para seu filho, faz você se sentir nervoso, culpado ou egoísta? Talvez você se sinta melhor sabendo que sua ansiedade é produto de lentes muito modernas sobre como ser pai e mãe. Uma colega de trabalho me disse recentemente que estava cansada das horas aparentemente intermináveis do que ela entendia como a obrigação de brincar com o filho pequeno. Desnecessário dizer que ela não estava se divertindo. O comediante Maz Jobrani tem uma ótima piada a respeito da tirania das pesquisas e expectativas sobre a parentalidade moderna, que resultam em você cantando e dançando um espetáculo de noventa minutos digno da Broadway todas as noites para fazer seu filho escovar os dentes e arrumar o quarto.[9]

Ao que parece, Jobrani e minha colega de trabalho estão sentindo a repressão às vezes frustrante daquilo que o antropólogo David Lancy, da Universidade Estadual de Utah, chama de "a neontocracia moderna" – na qual as crianças ditam a vida dos adultos.[10]

Tendo a antropologia como guia, Lancy argumenta que toda a ideia de brincar com seu filho – seja lá no que for – é exclusivamente moderna e ocidental. Longe de ser um elemento fundamental na criação dos filhos, é um privilégio conquistado pelas sociedades ricas, industrializadas e instruídas. A maior parte do mundo, durante a maior parte do tempo, considerou que a responsabilidade principal dos pais era dar amor e proteção, e não servir de colega de brincadeira 24 horas por dia ou ser "melhores amigos" substitutos. Nos séculos passados – ou mesmo nas décadas passadas –, os adultos faziam coisas de adultos, enquanto as crianças brincavam com outras crianças. Lancy chama essa abordagem não intervencionista de *negligência benigna* e enxerga nela alguns benefícios – por exemplo, prevenir o surgimento de "pequenos adultos". A negligência benigna regressou nos últimos anos sob a forma do movimento *free-range parenting* (algo como parentalidade livre), no qual alguns pais renegados permitem aos seus filhos um maior grau de independência, mais cedo, a fim de desenvolverem resiliência, confiança e capacidade. E, de fato, em outras partes do mundo, um comportamento que muitos americanos chamariam de negligente – por exemplo, não saber para onde vai o seu filho que está cursando o ensino primário depois da escola ou mandar filhos sozinhos para o playground – ainda é o comportamento normativo.[11]

Compartilho esse ponto de vista não para defendê-lo, mas para sugerir que ele pode ajudar a reequilibrar as nossas expectativas. Quero dar a você um alívio daquela sensação de que brincar é uma obrigação – o que, como sabemos, rapidamente acaba com a diversão, que ama a autonomia. Em algum lugar entre jogar seu filho de 6 anos na rua com um taco de beisebol para se defender e nunca sair do lado dele, existe um meio-termo feliz. Se você está se matando na tentativa de passar cada momento possível criando vínculos com seu filho, relaxe. Brinque com ele, mas também deixe-o passar um tempo fazendo as próprias coisas. Minha colega de trabalho acabou percebendo que poderia passar mais tempo com o filho e, ao mesmo tempo, encorajá-lo a brincar por conta própria. Eles enfim começaram a aproveitar o verão em seu quintal – ele brincando sozinho com a mangueira, ela lendo um livro.

Depois de aliviar-se da pressão, você poderá começar a enxergar as brincadeiras com seus filhos como elas realmente são: uma escolha voluntária, não um fardo obrigatório. Um privilégio, até. Por si só, essa mudança mental pode ser transformadora. Um alívio do dever e um convite para se divertir de verdade.

Reconhecer que brincar com os nossos filhos beneficia tanto a nós quanto a eles não é um mero jogo mental – é o que a ciência nos diz. Michael W. Yogman, professor assistente de pediatria na Harvard Medical School, é uma autoridade em saúde comportamental. A pesquisa do Dr. Yogman destaca o valor do brincar para os pais; mais especificamente, o rejuvenescimento e uma reconexão reconfortante com suas próprias infâncias.[12] É também uma ótima forma de ter uma relação mais satisfatória com o seu filho: conhecê-lo melhor, ver o mundo da perspectiva dele e desfrutar da sua individualidade e senso de humor. Outras pesquisas também indicam que brincar de faz de conta com seu filho ou ler juntos pode reduzir o estresse dos pais e melhorar as interações entre pais e filhos.[13]

Como pais, *somos muito duros conosco*, o que não é nenhuma surpresa, dada a pressão de uma cultura parental que pode fazer você se sentir um fracasso a menos que ofereça entretenimento ao vivo, e dos mais elaborados, para seus filhos a cada momento do dia. Quanto mais deixamos de lado essas expectativas, mais os pedidos dos nossos filhos para brincar se tornam convites bem-vindos ao deleite.

Melhore nas brincadeiras

A resistência de muitos pais em brincar vai além do peso da obrigação. Caso contrário, ouvir as palavras "Quer brincar comigo?" não estaria no mesmo nível que "Acho que fiz xixi na cama sem querer", às vezes. A verdade é que há uma razão pela qual não estamos tão interessados nas brincadeiras não estruturadas que as crianças adoram: os nossos músculos lúdicos atrofiaram. Assim como nossa experiência com um esporte como o tênis melhora quando construímos músculos e ampliamos nossa habilidade e conforto com a quadra, o mesmo acontece com as brincadeiras. Muitos pais estão enferrujados. Lembre-se da minha experiência ao ver pais confusos com macarrão de piscina no museu infantil. Esses pais certamente não eram os únicos em sua confusa resistência a um ambiente de brincadeira livre. As tentativas bem-intencionadas de orientar nossos filhos em brincadeiras muitas vezes acabam com a diversão. Stephanie Shine, professora assistente da Texas Tech University, e sua coautora Teresa Y. Acosta observaram cenas semelhantes no Austin Children's Museum (agora conhecido como Thinkery). Em vez de se deixarem conduzir pelos filhos e entrar na brincadeira, os pais tendiam a dar um roteiro e observar. Shine e Acosta descobriram que os pais muitas vezes estavam preocupados demais com o que os seus filhos iriam aprender, por isso não relaxavam nem mergulhavam num cenário imaginário. Eles queriam orientar as crianças para uma "experiência de vida real" e comportamentos pró-sociais, por isso faziam sugestões, narravam, avaliavam, explicavam, ensinavam e estruturavam.[14]

Nós, adultos, perdemos a capacidade de nos divertir pela própria diversão, e o mesmo vale para o brincar. Tentamos impor sentido ao brincar ou forçá-lo (e aos nossos filhos) a servir à nossa compreensão da realidade. Nós mesmos podemos nos tornar tiranos, sobrecarregando a brincadeira com as nossas prioridades de adulto – digamos, manter as coisas organizadas ou impor experiências de aprendizagem.

Não é só a brincadeira que padece quando perdemos a capacidade de interagir com o mundo de maneira infantil. *Nós* padecemos. Esse *insight* vem do psicanalista Eric Berne, que alterou paradigmas ao desenvolver, na década de 1950, um método de mudança comportamental chamado análise transacional. Berne resumiu todo o comportamento humano adulto como emergindo de um de três possíveis estados de ego: o Pai, o Adulto e a Criança. Esse "modelo de estados do ego" ajuda a explicar como as pessoas se comportam e se relacionam umas com as outras. No estado Pai, imitamos as reações de nossos pais (ou de uma figura influente) que experienciamos no passado. Por exemplo, repreendemos alguém ou gritamos para conseguir o que queremos (se esse tiver sido o padrão na nossa família). Mas o estado Pai não é necessariamente negativo; é também aquele que garante que agiremos de uma forma moralmente aceitável e que seguiremos as regras da sociedade.

O estado Criança nos leva de volta à maneira como nos comportávamos, sentíamos e pensávamos quando crianças. Por exemplo, se recebemos uma avaliação negativa no trabalho, podemos chorar ou ter um acesso de raiva. O estado Criança também tem implicações positivas. Segundo Berne, esse estado do ego é a fonte de nossas emoções, criatividade, preferências recreativas, espontaneidade e intimidade.

Por fim, o estado Adulto se desenvolve à medida que amadurecemos, ajudando-nos a processar informações e a enxergar a realidade através do filtro de uma lente.

De acordo com Berne, a forma como nos comunicamos uns com os outros depende do nosso estado de ego atual. Por exemplo, não é incomum ver um casal que fala entre si como se um fosse filho e o outro o pai. Nossos estados de ego afetam a maneira como interagimos; Berne fala sobre "transações" entre pessoas. Mesmo enquanto adultos iguais, nem sempre nos relacionamos como adultos. Berne considera que as transações improdutivas são problemas dentro dos estados de ego.

Embora o Adulto seja visto como o mais maduro dos três estados, Berne deixa claro que precisamos dos três. Uma pessoa funcional, entretanto, precisa ser capaz de separar os três e reconhecer quando um estado não está a nosso favor ou, ao contrário, quando suprimimos um estado de que necessitamos. Operar a partir de apenas um estado de ego nos tornaria incompletos.

Por exemplo, o Dr. Thomas A. Harris, amigo de Berne que escreveu o clássico da autoajuda *Eu estou ok – Você está ok*,[15] argumenta com base na análise transacional que uma pessoa que bloqueia o estado Criança provavelmente não aproveitará a vida. Em parte porque, para realmente gostarmos de brincar, precisamos de acesso ao nosso estado de ego infantil. O estado de ego Criança também libera as emoções e a criatividade que não estão limitadas pela nossa sede de dar sentido. Se, em contrapartida, estamos sempre nos relacionando como Pais durante as brincadeiras (dirigindo, controlando, sugerindo), somos menos capazes de nos soltar e aproveitar a interação, e o mesmo vale para nossos filhos. Estar no estado de ego Pai pode ser apropriado em muitas situações, mas é um balde de água fria na hora de brincar. *Qual é a graça?*

Pode ser que a palavra *brincar* ainda não acenda você por dentro, mas como soa *libertação* – libertação da monótona conformidade do mundo adulto? Ressignifique a brincadeira com as crianças como uma bela e rara oportunidade para deixar de se preocupar com sua aparência e com o que os outros pensam. As crianças estão entre os poucos abençoados que não vão julgá-lo por ser excêntrico, esquisito ou maluco. Na verdade, na maior parte do tempo, elas gostariam que você fosse os três.

Experimente uma ou mais dessas estratégias para apoiar o fortalecimento dos seus músculos de brincar

Desenvolva um ritual de transição. Em *The Alter Ego Effect* [O efeito alter ego],[16] Todd Herman conta uma história sobre um pai que serviu no exército. Esse pai realmente tinha dificuldade com seus filhos; sua impressão era de que eles não gostavam dele. Trabalhando com Herman, o pai percebeu que ele desempenhava em casa o mesmo papel que desempenhava no trabalho: sargento instrutor! Não de se admirar que seus filhos não gostassem de sua companhia. Muitos de nós, pais que trabalham, sofremos de um problema semelhante quando voltamos para nossas famílias depois de um dia no escritório: deixamos nossas tarefas para trás fisicamente, mas na verdade não as deixamos para trás mentalmente. Durante o tempo reservado para a família, ainda estamos nos preocupando com os problemas do dia e olhando nossos dispositivos móveis. Podemos até entrar pela porta ainda em uma ligação. A maneira como nos conectamos com nossos filhos melhora dramaticamente se, em vez disso, tivermos uma transição nítida entre nosso papel profissional e nosso papel familiar. Alguns terapeutas utilizam o que chamam de *ritual de transição* entre clientes, para que eles apareçam presentes e abertos para cada um. Você pode usar a mesma ferramenta. Antes de entrar pela porta de sua casa (ou sair do *home office*, se você trabalha em casa), reserve um momento de silêncio para se concentrar e trocar mentalmente de papéis. Você pode até respirar fundo algumas vezes para clarear a cabeça antes de entrar em casa. Às vezes, viro meu boné para trás. Uma amiga da minha esposa segue tão metodicamente sua rotina de trabalho que sua deixa é o Outlook literalmente alertá-la às 18h que é "tempo para a família".

Pratique a edição de histórias. Não fique preso à noção de que o tempo para brincar é a melhor ou a única maneira de se divertir. Em vez de se pressionar para criar "tempo de qualidade" ou enriquecimento, edite sua história para criar diversão na vida cotidiana. Injete um pouco de bobice nas tarefas domésticas ou transforme o jantar em uma noite de jogos. Tivemos grande sucesso com isso em minha família. Por exemplo, a certa altura, passamos a pensar nos vinte minutos antes de todos saírem para a escola como uma das piores partes do nosso dia. Para não perder a hora, minha esposa e eu efetivamente proibimos a diversão. Estávamos completamente focados na tarefa e impacientes com as crianças, que, como resposta, só se tornavam mais difíceis. Em adultos *versus* crianças, raramente há vencedores. Por fim, minha esposa e eu decidimos editar a história. Transformaríamos essa preparação para o dia em uma brincadeira. O primeiro passo foi começar a parte da "preparação" da manhã um pouco mais cedo, para que não fosse mais uma correria louca e estressante. Então demos uma bagunçada no ambiente e injetamos bobices na rotina para mudar a energia e o humor. A realidade objetiva não mudou. Não vou maquiar e dizer que as crianças passaram a ficar prontas mais rápido. Mas a realidade subjetiva certamente mudou. Saíamos pela porta na mesma hora todas as manhãs muito mais felizes. Não é algo infalível. Ainda temos manhãs em que as coisas saem dos trilhos, mas agora temos uma maior proporção de manhãs mais agradáveis simplesmente por termos um viés para a diversão – uma mudança bem-vinda.

Desestresse o aprendizado. Para ajudar o neto de 6 anos a enfrentar os desafios com um espírito lúdico, Susanne Cook-Greuter inventou um jogo chamado *Perdi*. Quando algo não dá certo, ela não o corrige nem o repreende. Eles celebram: "Viva, perdi!". "A oportunidade de aprendizagem se torna divertida, em vez da pressão para que tudo seja bem perfeito", ela me disse.[17] Adultos, ao contrário das crianças, têm um Hábito de Julgamento bem desenvolvido, observa a Dra. Cook-Greuter. Julgamos as experiências reflexivamente através das lentes da língua e da cultura. Muitos de nós fomos condicionados a acreditar que não há nada mais importante do que chegar à resposta correta, já que nossos pais e professores nos recompensaram no passado por isso. Se reescrevermos as regras, celebrando tanto os acertos quanto os erros, libertaremos as crianças para seguirem sua curiosidade sem medo de julgamento.

Movimente-se. Atividades físicas, como luta livre e brincadeiras mais vigorosas, também podem ser benéficas para o desenvolvimento. Yogman (o professor de Harvard que apresentei há algumas seções) observa que esse tipo de brincadeira pode proporcionar às crianças muitas experiências úteis, desde maior agilidade até assumir riscos e aprender sobre limites e empatia.[18]

Estudos também mostram que quando os pais brincam e interagem com os filhos, ocitocina é liberada – o hormônio que promove o vínculo social e a empatia mencionado no Capítulo 1. Um estudo israelense, por exemplo, descobriu que os níveis de ocitocina dos pais aumentam quando eles têm interações lúdicas com os filhos.[19] Nesse estado lúdico, mostra a pesquisa, há uma imensa quantidade de trocas mútuas positivas, elevando o bem-estar tanto dos pais quanto dos filhos. Nem todos os pais e mães gostam de brincadeiras espalhafatosas e vigorosas. Em 70% das vezes, são os pais, e não as mães, que se envolvem nesse tipo de brincadeira, de acordo com um dos estudos do Dr. Yogman.[20]

Na minha casa, adoro ouvir música com meus filhos e correr com eles pela casa em um jogo que chamamos de *Monstro das Cócegas*. Minha esposa e eu temos um acordo: mantenho o caos no térreo para que ela possa subir, fechar a porta e desfrutar de um pouco de paz e sossego enquanto ganhamos uma autorização temporária para brincarmos sem regras. Usamos as bolsas de gelo e a supercola antes que ela desça, então nossas travessuras têm pouco impacto em seu gosto pela ordem.

Aprecie a brincadeira *deles*. Quando você não quiser mais brincar, faça uma pausa e observe seu filho brincar. Em *Savoring* [Saboreando], Fred Bryant escreve: "Maneiras inexploradas de melhorar o saboreio incluem tornar-se mais infantil, bem-humorado ou consciente da alegria dos coparticipantes".[21] Assistir passivamente ao seu filho pode também ajudá-lo a apreciar mais o modo como seus filhos brincam, da mesma maneira que estar perto de um amigo que gosta de andar de bicicleta pode "inclina-lo" a essa atividade com o tempo, como discutimos no Capítulo 7. Também pode ser uma grande vitória para a criança que está sendo observada. Bruce E. Brown e Rob Miller, da Proactive Coaching LLC, conduziram um estudo informal no qual pediram a centenas de atletas universitários que se lembrassem de algo que seus pais lhes disseram e que aumentou sua alegria durante e após jogos esportivos quando eram crianças. Surpreendentemente, a resposta deles foi: "Adoro ver você jogar". A autora Rachel Macy Stafford escreveu, em uma postagem de blog que viralizou,[22] sobre o impacto emocional profundo e imediato que essas palavras tiveram em suas filhas, inicialmente proferidas após competições de natação e aulas de ukulele. O impacto foi duplo: ver suas filhas se apresentarem com essas palavras em mente aumentou sua própria alegria, e depois ouvi-la dizer essas palavras aumentou a alegria delas.

O problema com os brinquedos

Você provavelmente já ouviu falar das abundantes pesquisas que mostram que, mais do que as posses, são as experiências que deixam as pessoas felizes. Você pode aplicar essa mesma sabedoria quando se trata de aumentar o fator diversão da sua família: pule o corredor de brinquedos em favor da criação de memórias compartilhadas.

Eu costumava viajar a trabalho a cada seis ou oito semanas. No início, segui o conselho que alguém me deu, que consistia em amenizar a situação com as crianças trazendo um presente sempre que voltasse para casa. Na teoria, parecia um conceito razoável. Ele reduzia a apreensão das crianças quanto à minha partida e aumentava a excitação delas com o meu retorno. Nas duas primeiras vezes funcionou como planejado, e meus filhos ficaram superentusiasmados em me ver – e depois também ficaram felizes com qualquer que tenha sido o brinquedo que dei a elas. Foi divertido para todos nós. Mas, com o passar dos meses, o entusiasmo delas passou a ser mais pelo brinquedo do que pelo meu retorno. Com o tempo, o desejo delas pela recompensa externa associada ao meu regresso também foi se tornando mais sofisticado, e elas passaram a me dizer antecipadamente o que queriam (com a ajuda de buscas na Amazon). Por fim, as coisas saíram do controle completamente quando voltei para casa com Caitlin (uma locomotiva aerodinâmica do mundo de *Thomas e seus amigos*) para meu filho. Ele franziu a testa, deixou cair os ombros, enojado, e me disse que não era o que ele tinha pedido. (Ele tinha pedido uma Caitlin mais cara, um modelo com um eixo a mais. *Ele tinha 3 anos!*)

A esteira hedônica mais uma vez mostra sua cara feia! As crianças são tão suscetíveis a ela quanto os adultos, especialmente quando se trata de bens materiais. Assim que conseguem uma coisa, querem outra – maior, mais brilhante, diferente. Não demora para que todos os cômodos da sua casa pareçam um aterro sanitário, que é exatamente onde todas essas coisas vão acabar, no final das contas. Ter mais brinquedos não significa brincadeiras de melhor qualidade para seu filho. Um estudo recente da Universidade de Toledo descobriu que quando uma criança ganha quatro brinquedos, ela brincará com cada um por mais tempo e de forma mais criativa do que se recebesse dezesseis brinquedos.[23]

Quando o assunto é a superioridade das experiências em proporcionar diversão duradoura e significativa, há mais coisas em jogo do que a adaptação hedônica. O grau em que desfrutamos de uma coisa – seja uma experiência ou um carro novo – é elevado pelo grau em que somos capazes de apreciá-la depois do fato. Discutindo o fenômeno em *Savoring*, Fred Bryant e Joseph Veroff citam o escritor francês François de La Rochefoucauld para simplificar o que descobriram quando examinaram atentamente o papel de desfrutar da felicidade: "A felicidade não consiste nas coisas em si, mas no prazer que temos com elas".[24] Isso vale tanto para as experiências como para os presentes – ambos são aprimorados pela nossa capacidade de saboreá-los depois. Mas enquanto as crianças logo se cansam dos presentes, as experiências criam memórias ricas e indeléveis, que proporcionam diversão quando as relembramos muito depois de o evento ter terminado. Melhor ainda, as experiências compartilhadas têm a vantagem adicional de fortalecer o relacionamento toda vez que um de vocês diz: "Você se lembra daquela vez em que...", e vocês evocam a memória juntos.

No meu caso, não fechei totalmente a torneira dos brinquedos. Passei a usar presentes experienciais – quebra-cabeças e jogos, ou brinquedos que podemos montar juntos. Minha chegada em casa agora significa a oportunidade para uma atividade familiar nova e divertida, e todos nós gostamos disso. E os jogos são usados muito mais e por mais tempo do que os brinquedos.

Hall da Diversão **Caine's Arcade**

Se você precisa de mais provas de que as crianças – ou os adultos – não precisam de brinquedos para se divertir, dê uma olhada no Caine's Arcade. Em 2012, Caine Monroy tinha 9 anos e estava enfrentando as férias de verão perambulando pela loja de peças automotivas de seu pai no leste de Los Angeles. Não havia muitos brinquedos na loja, mas havia uma tonelada de caixas de papelão vazias. Nas mãos criativas de Caine, essas caixas se tornaram a base de um elaborado fliperama. Partida após partida, o fliperama tomou conta da loja. Caine construiu uma máquina de garras, um jogo de basquete, um jogo de futebol e dezenas de outros. Ele fez ingressos, cartões de visita e uma camiseta para funcionários. Era difícil encontrar clientes – até que um dia um cineasta entrou na loja e se tornou o primeiro cliente a comprar um vale-diversão para 500 partidas. Nirvan Mullick divulgou a notícia dos feitos de Caine no Facebook – e, com a ajuda do pai de Caine, surpreendeu o criador do fliperama com um flashmob de clientes entusiasmados. A história viralizou e os fãs de Caine arrecadaram 242 mil dólares em um fundo para uma bolsa de estudos. Caine administrou o fliperama por dois anos, encantando milhares de clientes, antes de ingressar no Ensino Médio e "se aposentar". Para ver você mesmo, confira o curta-metragem *Caine's Arcade* (ou saiba mais visitando https://share.michaelrucker.com/caines-arcade).

O arquivo da diversão com crianças

Como já sabemos, aumentar as nossas opções aumenta a nossa probabilidade de diversão. Se você tem filhos, cabe a você ter algumas ideias divertidas em seu Arquivo da Diversão para eles também. Aqui estão algumas ideias para que possa começar:

- Façam uma aula juntos, da escolha dele/a
- Cultivem juntos um jardim das pizzas, com todas as ervas e vegetais de que você gosta em uma pizza
- Vasculhem a internet em busca de eventos de que vocês dois possam gostar
- Participem de um concerto comunitário gratuito
- Sejam voluntários, por exemplo, para limpar uma praia ou um parque local
- Filmem curtas-metragens com seu smartphone, recriando cenas dos seus filmes favoritos
- Visitem um museu de experiências, como o Instituto Sloomoo, em Nova York
- Organizem uma noite de jogos: quebra-cabeças, jogos de tabuleiro ou charadas
- Façam uma caminhada ou passe algum tempo na natureza
- Construam coisas juntos ou participem de um evento de construção

O seu tempo ainda é importante

Não importa quão "bom" você seja em despertar sua criança interior, não importa quão satisfatórias sejam as interações, encare o fato: você também precisa de um tempo de folga, um tempo em que não esteja ativamente cuidando dos filhos. Tempo para fazer exatamente o que *você* quiser. A maioria de nós desenvolveu preferências por diversão vinte, trinta ou quarenta anos antes de ter filhos. Centralizar nossas vidas em torno de nossas famílias não significa jogar tudo isso pela janela ou, nas palavras de Gilbert, "nos livrarmos de todas as fontes de alegria que tínhamos antes de elas surgirem". *Não pode* ser isso. Se nos esvaziarmos de tudo o que veio antes, o que resta não sobreviverá por si só, muito menos nos dará a força necessária para sermos um grande pai ou mãe e parceiro ou parceira.

A chave é encontrar maneiras de encaixar velhas paixões em um novo estilo de vida. Adaptar suas atividades favoritas para que elas incluam seus filhos é uma ótima abordagem, mas nem sempre é a melhor.

Às vezes é mais rejuvenescedor – e mais divertido – reconectar-se com a versão "anterior" de você mesmo. Dê a você espaço para curtir, ou renovar, qualquer diversão que seja significativa para você.

Um amigo meu fez isso, literalmente. Se você pesquisar *Darren Pujalet* no Google, encontrará fotos de um corretor de imóveis bem-vestido da conservadora Manhattan Beach, Califórnia. Mas, se você pesquisar *Darren Pujalet – baterista*, chegará a um resultado muito diferente. Encontrará inúmeras referências a um baterista da banda Particle, que tocou em festivais de música mundialmente famosos, como o Bonnaroo, no Tennessee, e o Coachella, na Califórnia. É o mesmo Darren Pujalet. Um é Darren antes das crianças, o outro é Darren depois.

Como baterista, ele fez 1.300 shows em dez anos, em dez países. Para Darren, por vários motivos, ser músico em turnê era incompatível com ter uma família, então ele acabou deixando a banda. Infelizmente, deixar a banda significou abrir mão daquilo que o impulsionava mais do que qualquer outra coisa na vida (além de ser marido e pai, é claro): tocar ao vivo para uma plateia de fãs cheios de energia.

Embora a história de Darren seja bastante extrema, muitos pais experimentam uma sensação de perda e uma fragmentação de sua identidade ao se adaptarem às novas responsabilidades. Darren teve muito sucesso em uma nova carreira de que gostava, e ele amava sua família. No entanto, com o tempo, essa troca o afetou. Ser pai começou a parecer um trabalho penoso. Ele pensou que tinha abandonado sua antiga vida, mas, na verdade, ela estava lançando uma sombra escura sobre todo o resto. Temendo estar próximo de um colapso, ele enfim conversou com sua esposa. "Preciso começar a tocar bateria de novo", ele disse. Juntos, eles perceberam que seus dois eus – baterista e pai – não eram tão incompatíveis quanto parecia antes. Claro, ele não poderia ser músico em tempo integral, mas ainda poderia tocar música e até mesmo fazer shows. Com o apoio de sua esposa, Darren começou a se reconectar com seus antigos companheiros de banda, indicando que estava interessado em fazer shows pontuais. Não demorou para ele voltar aos palcos, levando a energia daqueles shows para todas as outras interações que tinha. Como ele se sentia mais ele mesmo, aproveitar o tempo em casa com a família tornou-se rejuvenescedor em vez de esgotante. E naqueles momentos em que cuidar de pequenos humanos começava a ser Angustiante – todos passamos por isso –, ele tinha mais força e paciência para seguir em frente, e com amor.

É importante mencionar novamente os dados que sugerem que, embora nós, pais modernos, continuemos a melhorar a nossa contribuição na partilha dos deveres parentais em comparação às gerações anteriores, o equilíbrio de oportunidades de lazer ainda é mais favorável aos pais do que às mães (especificamente em casais heterossexuais). Não importa o tipo de parceria familiar, o objetivo deve ser manter as oportunidades de diversão equitativas. Por exemplo, Darren apoia a paixão de sua esposa pela ioga e assume os deveres parentais nos momentos em que ela precisa de um tempo, o que às vezes inclui retiros de ioga longe de casa.

Se você tem um cônjuge, faça questão de apoiá-lo – e peça a ele ou ela que faça o mesmo. Se você é pai ou mãe solo, pode achar que é impossível reservar um tempo para si mesmo. Mas é quase certo que você tenha amigos que agiriam como tios e tias substitutos enquanto você estiver fora; alguns podem até estar dispostos a fazer isso regularmente para que você possa tornar a satisfação de suas paixões um hábito, e não um evento raro.

Ter *tempo para você* é muito importante – e para os pais que são casados ou têm parceiros, o mesmo vale para o *tempo juntos* – tempo para relaxarem e se reconectarem, longe da vida doméstica. Se você tiver que fazer só uma coisa depois de ler este capítulo, que seja uma conversa com seu parceiro ou parceira para marcar um encontro noturno para um futuro próximo. Em seguida, encontre outra família que eventualmente possa cuidar dos seus filhos e vice-versa. Não seja tímido: diga a eles a data em que você gostaria de sair e sugira três outras em que você poderia retribuir. Babás são ótimas, mas caras, e o custo coloca muita pressão sobre sua noite. Além disso, concordar com uma troca de cuidados infantis é uma ótima maneira de construir um relacionamento mais próximo com outra família e, ao mesmo tempo, criar algum tempo (literal) livre para a diversão dos adultos.

Uma visão de longo prazo

Para a maior parte de nós, as famílias são um compromisso para a vida toda. Isso não significa que elas não mudem dramaticamente ao longo do tempo. O que era divertido um ano atrás pode não parecer assim no próximo ano, muito menos uma década depois. Isso é mais óbvio no caso de crianças pequenas, mas pode ser mais difícil se atualizar à medida que pais e filhos envelhecem. Da independência desejada pela maioria dos adolescentes à angústia justificada da geração sanduíche,* passando pela solidão e tristeza sentidas quando o ninho fica vazio, há verdade na expressão "os dias são longos, mas os anos são curtos". Se o relacionamento com seu parceiro ou filhos não é o que você gostaria que fosse, agora é um ótimo momento para começar a fazer as coisas de forma diferente. Cabe a nós aproveitar as oportunidades de reinvenção – jogar fora o antigo Arquivo da Diversão, por assim dizer, e começar do zero.

Cindy Myers, de 57 anos, e seu marido, Mike, de 69, passaram juntos pela profunda e inesperada alegria que podemos experimentar se tivermos a coragem de fazer grandes mudanças. Durante 35 anos, desde que estava no Ensino Médio, Cindy morou em uma cidade chamada Ridgecrest, Califórnia. Ridgecrest é uma comunidade isolada e conservadora, onde a maioria dos residentes trabalha para o governo. Cindy e Mike tinham bons empregos públicos que lhes proporcionaram uma bela casa, bem como recursos para viajar – e ainda assim Ridgecrest era como um sapato apertado. No entanto, eles permaneceram por ali, presos à segurança do *status quo*, apesar da sensação

* Adultos de meia-idade que cuidam, ao mesmo tempo, de pais idosos e dos próprios filhos – e, em alguns casos, até de netos. (N.T.)

desconfortável de que a vida não era tão satisfatória quanto poderia ser. Eles ficaram "principalmente por obrigação e por muito medo", disse-me Cindy. Sua filha e os filhos de sua filha, a mãe de Cindy e a avó de 98 anos moravam em Ridgecrest. Coisas que tornavam partir ainda mais difícil. Ao longo dos anos, a proximidade da família ajudou a evitar que Cindy se sentisse sozinha quando Mike viajava.

Nos anos que se seguiram à aposentadoria de Mike, aos 64 anos, a situação deles mudou. Mike sempre foi um caçador de emoções físicas extremamente ativo durante a vida toda, e isso começou a cobrar um preço. Aos poucos ele teve que parar de fazer algumas das coisas que amava, como montanhismo. Uma paixão que a saúde de Mike ainda permitia era passear de barco – mas Ridgecrest não fica no litoral. Cindy e Mike decidiram que a resposta seria desenraizar-se da casa onde viveram todos aqueles anos e mudar-se para a costa do Pacífico. Diz Cindy: "Minha personalidade nunca foi muito aberta a mudanças. *Nunca*. E eu não tinha muita confiança sobre quem eu era ou o que queria da vida. Mas, enfim, o relógio simplesmente me disse: *Tome controle da sua vida ou você vai perder tudo*. Eu sabia que era agora ou nunca. Então fomos em frente".

Eles enfrentaram seus medos um por um. Alguns deles revelaram--se infundados. Um era ter de deixar os netos. Em vez disso, depois de compartilharem seus planos, descobriram que a filha e o genro estavam interessados em uma mudança paralela. Também foi assustador se livrar de objetos acumulados ao longo de décadas em uma casa grande – mas sem dúvida valeu a pena. "Eu não consigo dizer a você como foi libertador finalmente nos instalarmos na nova casa e perceber que não estávamos mais sobrecarregados com toda aquela tralha", diz Cindy.

Eles finalmente fizeram a grande mudança, de Ridgecrest para Puget Sound, na costa de Washington. Agora, a diversão na vida deles tem um cenário totalmente diferente: Cindy acorda todas as manhãs com vista para as Cascade Mountains e gosta de observar os golfinhos e as lontras-marinhas brincando. Enquanto isso, o extrovertido Mike encontrou uma nova comunidade de amigos e companheiros aventureiros nas docas. Como Cindy é uma artista que tinha um estúdio caseiro em Ridgecrest, ela inicialmente pensou que passaria todo o seu tempo quando se mudassem na vizinha Port Townsend, onde muitos artistas têm estúdios e galerias. Em vez disso, ela descobriu que está mais animada para simplesmente explorar seu novo território. "Cada estrada que tomo é uma nova aventura. Não sei nada sobre esse lugar, então é divertido", ela me disse. Ela e Mike também passam muito tempo juntos em seu barco, um cruzador de cabine – "basicamente um trailer na água" –, explorando novos horizontes e portos próximos.

Cindy não apenas se sente renovada: ela se sente uma pessoa diferente e melhor do que era antes da mudança. Está mais calma e relaxada, mais confiante no que pensa e sente. O melhor de tudo é que tem um relacionamento melhor com a família. Sua filha encontrou uma casa a 25 minutos da dela, uma distância que Cindy considera "uma bênção na surpresa". Agora elas se veem uma vez por semana, o que as força a serem mais intencionais no tempo que passam juntas e dá a Cindy o espaço de que ela precisava para cuidar da própria vida de aposentada. Seu relacionamento com Mike também mudou de maneira surpreendente. Depois de tanto tempo com ambos trabalhando, "o primeiro ano foi bem difícil, como se estivéssemos nos conhecendo mais uma vez". Mas agora Cindy e Mike construíram um relacionamento novo e mais próximo – tudo isso graças à oportunidade de recomeçar em um lugar novo, reconstruindo todas as suas antigas rotinas do zero e sem deixar de aproveitar os netos, com o benefício de um horizonte ampliado.

Capítulo 9

Leve seu Hábito da Diversão para o trabalho

> Se o seu chefe está estressando você, olhe para ele através de um garfo e imagine-o na prisão.
>
> — RICKY GERVAIS

Deixe de lado todas as formas de "diversão no trabalho" que os empregadores costumam sugerir. Esqueça, pelo menos por enquanto, os *happy hours* meio chatos, a pizza grátis ou os eventos sociais de clima artificial bancados pela empresa. Jogue fora os bolos de aniversário, as mesas de pingue-pongue e os potes gigantes de doces. Deixe para lá os concursos de meias excêntricas. Jogue fora a "cultura divertida", a sexta-feira casual, a liberdade de "ser você mesmo". Os *tiny desk concerts*.* (Ok, deles não precisamos nos livrar.)

Deixe também de lado a ideia de que a diversão no trabalho deve consistir em "ir atrás da sua paixão" ou realizar sua maior ambição. Vá em frente e desista da noção popular (*por pelo menos um minuto*) de que o trabalho pode ou deve ser prazeroso.

Não há nada de errado com tudo isso. Eu gosto de pingue-pongue. Mas a diversão no trabalho normalmente sofre de três coisas. Primeiro, é forçada, algo que nunca é divertido. Dois, é de tamanho único. E, terceiro, não importa como ela seja embalada e vendida para você, ainda é trabalho (por exemplo, é possível argumentar que a mesa de pingue-pongue do escritório existe apenas para mantê-lo no trabalho). E, no entanto, se você conseguir, há um enorme benefício em misturar diversão real, reconhecidamente diferente de produtividade, em sua jornada de trabalho. A diversão não nos distrai do trabalho, como se pensava há muito tempo. Ela nos ajuda a realizar o trabalho. Pesquisas apoiam a ideia de que o prazer cotidiano nos ajuda a atingir objetivos de longo prazo; as coisas divertidas tornam as coisas difíceis mais fáceis. Kaitlin Woolley e Ayelet Fishbach são duas pesquisadoras que demonstraram repetidamente essas ligações. Num projeto de investigação sobre o desempenho acadêmico e o tempo de estudo, elas mostraram que combinar elementos divertidos com o ato de estudar aumentava a persistência nos trabalhos escolares entre os alunos do Ensino Médio.[1] Esses estudos também revelaram que as pessoas tendem a subestimar o poder das recompensas de curto prazo – e, mesmo que iniciemos uma atividade motivados por uma recompensa futura, uma recompensa imediata é muitas vezes mais motivadora.[2]

* Referência à série de vídeos musicais *Tiny Desk Concerts*, da emissora pública norte-americana NPR. O nome, que pode ser traduzido como "concerto da mesinha", faz referência ao fato de que os artistas tocam atrás da mesa de escritório do criador da série, Bob Boile. (N.T.)

Mas não nos confundamos sobre a finalidade da jornada de um funcionário: um trabalho produtivo, muitas vezes exigente, em troca de remuneração. Vivi a era pontocom, aquele momento breve e confuso em que as empresas de tecnologia pensavam que o trabalho era uma questão de quem poderia dar as maiores festas e comprar as cadeiras mais bonitas, e todos sabemos como isso terminou. Sim: trabalho é, bem, *trabalho*! Entretanto, a grande maioria de nós precisa trabalhar para sobreviver, e – dependendo do ambiente econômico – não é sempre que podemos escolher as oportunidades. Dada essa realidade, temos que olhar de uma forma um pouco diferente para o que diversão significa nesse contexto. Precisamos fazer mais do que comparecer obrigados a atividades de lazer *ad hoc* ou instalar fundos tropicais no Zoom.

Aqui vai sua nova medida de sucesso para levar seu Hábito da Diversão para o trabalho. Pergunte a si mesmo:

Estou terminando o dia na hora certa e com energia?

Quando você puder responder "sim", eu garanto que você não estará apenas detonando no trabalho, mas provavelmente também está maximizando o potencial de diversão de cada dia. (E se você não fechar seu dia de trabalho, teremos que resolver esse problema também. O burnout é um desafio real para muita gente, em nosso clima profissional sempre *on*, de "dar 110%".) O que queremos evitar a todo custo é o tipo de vida profissional em que você se senta no sofá no final do dia, esgotado demais para se divertir nas horas em que não está trabalhando.

Comecemos com uma ideia radical, para quem sente que o sucesso profissional define sua autoestima: você consegue levar seu trabalho menos a sério? Para muitas pessoas, isso não é fácil. Simplesmente encontrar e manter um emprego, qualquer emprego, que pague bem o suficiente para viver com conforto é um desafio inerentemente sério. E, para além da segurança financeira, a velha ética de trabalho protestante pode mostrar sua cara feia. A crença profundamente arraigada de que o trabalho define nossa identidade, material e espiritualmente, afeta as pessoas que trabalham em grandes empresas, com vários chefes e gestores de RH, tanto quanto os empresários e empreendedores individuais.

Seria mais fácil se eu lhe dissesse que um envolvimento mais lúdico no seu trabalho poderia ter um efeito poderoso não apenas na sua energia, mas também no seu desempenho? Não estou falando sobre como você se apresenta no trabalho; assumir uma *persona* mais divertida pode beneficiar alguns, mas para muitos o tiro sai pela culatra – por exemplo, aqueles que estão nos estágios iniciais da carreira e buscam estabelecer credibilidade e capacidade. Estou falando do jogo mental de como você aborda e executa as tarefas do seu trabalho. Na década de 1970, Donald MacKinnon produziu pesquisas inovadoras ao estudar pessoas de sucesso consideradas as mais criativas em suas áreas. MacKinnon queria saber se alguma característica inata, como um QI elevado, diferenciava essas pessoas. No final das contas, não havia uma característica inerente. O que ele descobriu foi que essas pessoas desenvolveram uma "forma de operar" que lhes permitia *envolver-se no trabalho como uma brincadeira*. Ele não deu a isso o nome de Hábito da Diversão, mas, em essência, era isso mesmo, mas aplicado ao trabalho. E, por terem esse hábito, o resultado do trabalho dessas pessoas era mais interessante e elas se dedicavam mais.

Você também pode desenvolver uma nova maneira de trabalhar – seja no escritório seja em um canto do seu quarto – que permita que seu Hábito da Diversão floresça. O momento é ideal, uma vez que a tecnologia, apesar dos seus desafios, trouxe uma flexibilidade incomparável ao mundo do trabalho. Todos os dias, cada vez menos funcionários vão ao escritório. Muitos locais de trabalho tornaram-se remotos ou permitem que os funcionários atuem de forma híbrida, com horários flexíveis cada vez mais aceitos. Muitos outros trabalhadores são freelancers, lobos solitários que entram e saem das equipes, ou trabalhadores da economia *gig*. Passamos dos concursos de meias excêntricas para o trabalho de pijama. Mesmo para os trabalhadores cujos empregos estão ligados a um espaço físico, essa mudança no sentido de uma maior autonomia e escolha terá certamente algum efeito.

É a melhor época para sermos ousados na definição da nossa atitude e abordagem da vida profissional.

O ingrediente secreto da diversão no trabalho

Em 2020, Erik Gonzalez-Mulé e Bethany S. Cockburn publicaram um estudo intrigante chamado "This Job Is (Literally) Killing Me" [Este trabalho está (literalmente) me matando].[3] Os pesquisadores procuraram ligações entre trabalho e mortalidade – em outras palavras, queriam saber que tipo de condições no trabalho pode sobrecarregar sua saúde física e mental a ponto de aumentar o risco de morte. Talvez você imagine que empregos exigentes e, portanto, de grande estresse, eram os assassinos. Não foi o caso. Na verdade, em determinadas circunstâncias, empregos exigentes estavam associados a *melhores* resultados de saúde. O que vinte anos de dados de saúde de mais de 3 mil trabalhadores revelaram foi que um trabalho estressante tem maior probabilidade de matá-lo quando também *falta autonomia*.

Os seres humanos anseiam por autonomia. Nós precisamos de autonomia. As pessoas pensam que a ambição profissional é motivada pelo desejo de poder – mas é um erro pensar que os ambiciosos querem poder sobre os outros. Como concluiu uma revisão de nove estudos realizados por pesquisadores da Universidade de Colônia, da Universidade de Groningen e da Universidade de Columbia: "As pessoas desejam o poder não para serem senhoras dos outros, mas para serem senhoras de seu próprio domínio, para controlarem seu próprio destino".[4] Além disso, a autonomia desempenha um papel central na motivação. A teoria da autodeterminação,[5] desenvolvida por Richard M. Ryan e Edward L. Deci a partir de uma extensa pesquisa, sugere que tanto a motivação quanto a aprendizagem alcançam seu auge quando estamos satisfazendo três necessidades humanas básicas: autonomia, competência e vínculo (um sentimento de conexão isento de segundas intenções).

Quando temos maior controle sobre nosso trabalho, ficamos mais saudáveis e mais motivados – e há ainda mais um grande benefício. Talvez o mais importante para o nosso Hábito da Diversão é que voltamos para casa com menos probabilidade de ficar sem energia e inspiração. A teoria da autodeterminação vai além da simples motivação e aprendizagem e é, de fato, a chave para a vitalidade – nosso desejo pela vida. Quando as nossas necessidades de relacionamento, competência e autonomia não são satisfeitas, ficamos esgotados e vazios.

Isso tudo aponta para mais um motivo pelo qual separamos mentalmente o trabalho da diversão: durante essas quarenta (ou provavelmente mais) horas da sua vida, alguém está lhe dizendo onde estar, o que fazer e talvez até como fazer. Se você é alguém que sente que seu trabalho ou emprego não é divertido, pergunte-se:

- Tenho uma sensação de autonomia durante a jornada de trabalho?
- Com que frequência meu trabalho faz com que eu me sinta competente?
- Com quem eu me relaciono e me dou bem no trabalho?
- Posso expressar livremente minhas opiniões e ideias?
- Estou aplicando adequadamente minhas maiores habilidades e talentos? Por quê? (Ou por que não)?
- Com que frequência (e em que grau) me sinto próximo dos meus colegas de trabalho?
- Que áreas do meu trabalho me dão satisfação e eu posso comemorar?
- Existem oportunidades em que posso aprender e me envolver ainda mais, e que provavelmente acharei divertidas e interessantes?

Em seguida, comece a solucionar o problema a partir daí. Por enquanto, vamos nos concentrar em mudar a alavanca da autonomia. A tecnologia proporcionou oportunidades para recuperar uma autonomia que as gerações anteriores nunca tiveram: a capacidade de trabalhar a partir de casa ou de uma praia em Bali; a capacidade de se comunicar de forma assíncrona, através de uma variedade de dispositivos; a capacidade de fornecer serviços como terapia, treinamento e *coaching* remotamente. A pandemia da covid-19 acelerou essas tendências, levando muitas empresas a fazer o que anteriormente parecia impossível:

encontrar formas de manter os negócios avançando a todo vapor com forças de trabalho 100% remotas. Funcionários que nunca pensaram que estariam livres de sua baia estavam subitamente transformando seus apartamentos em escritórios. Podemos agora ser responsáveis por mais trabalho do que nunca, com fronteiras dolorosamente confusas, mas pelo menos temos a contrapartida de uma flexibilidade maior.

Entretanto, graças à pesquisa, como os estudos aqui mencionados, os gestores – pelo menos os bons – estão despertando para os benefícios de colocar o máximo de controle possível nas mãos dos funcionários. Isso não se aplica apenas a trabalhadores do conhecimento. Locais de trabalho como hospitais e fábricas estão descobrindo que os problemas surgem e são resolvidos mais rapidamente quando eles se afastam das políticas de comando e controle para capacitar a linha da frente.

Qualquer que seja seu tipo de trabalho, provavelmente você está em condições de aumentar sua autonomia. Talvez você só precise ser proativo em relação a isso.

Estratégia 1: Retome sua pausa

Pausas no trabalho não são apenas uma pausa em suas tarefas de trabalho. Elas são a sua chance de total autonomia durante esse período... *se* você resistir à pressão social para cair na conversa fiada de bebedouro. Vínculo (conectar-se com outras pessoas) e autonomia estão ambos ligados à vitalidade. E, no entanto, aproveitar as pausas para desfrutar da autonomia é muito mais importante para o seu bem-estar do que usá-las para socializar. Essa foi a conclusão de John Trougakos e seus colegas, que descobriram que **atividades relaxantes que proporcionam oportunidades para alta autonomia durante o almoço são a melhor maneira de se recuperar do estresse no trabalho.**[6] Eles especularam que isso ocorre porque a socialização no trabalho requer autorregulação – controlar cuidadosamente seu comportamento –, o que muitas vezes é enfurecedor em vez de relaxante. Afinal, não dá para garantir que conviver com colegas produzirá sensações de vínculo; a autonomia, no entanto, está totalmente em suas mãos.

No grupo estudado, não era tão importante o que as pessoas faziam durante o intervalo de almoço, mas sim o fato de a escolha ter sido delas mesmas. Em outras palavras, o bebedouro é uma *escolha* perfeitamente adequada se, para você, for uma atividade divertida e revigorante. Até mesmo trabalhar durante o intervalo para o almoço acabou sendo bom para participantes do estudo que o fizeram *por opção*. Além disso, almoçar com seus dois melhores amigos pode ser diferente de almoçar com um colega de trabalho qualquer. No último exemplo, você provavelmente precisará ser mais autorregulado, o que pode levar à fadiga.

O resultado final é: o horário de almoço e o intervalo devem ser seus, para você usá-los como quiser. Seja intencional sobre o que faz durante esse período, para que você retorne renovado (em vez de ainda mais esgotado).

Estratégia 2: Defina seu espaço criativo

Mesmo quando controlamos um projeto, nem sempre nos sentimos autônomos quando nos sentamos para fazer o trabalho. Por um lado, sabemos que um dia alguém vai julgá-lo; portanto, ficamos como que com nosso chefe, gerente ou cliente olhando por cima do nosso ombro. Lembro-me, como jovem cofundador da empresa de marketing Zugara, de como foi emocionante criar campanhas online criativas, que a equipe sabia que seriam veiculadas por gigantes como Disney e Sony. Nossa arte digital, *vista por todo lado!* E, no entanto, nossa empolgação e entusiasmo eram por vezes atenuados pela consciência de que, no fim das contas, as equipes jurídicas e os padrões da marca acabariam por nos dizer o que poderíamos ou não fazer. Qualquer tipo de restrição pode ser um assassino da diversão. Da mesma forma, o local de trabalho, quer nos envolvamos fisicamente ou virtualmente, muitas vezes está repleto de estresse, ansiedade e, por vezes, até de medo real. A maioria de nós trabalha em um domínio criado pelos outros, o que torna mais difícil sentir-se no controle. Isso afeta nosso bem-estar e também a qualidade do nosso trabalho. Quando nos sentimos sem controle, nosso sistema nervoso simpático pode assumir o leme e nos fazer pensar que um movimento errado pode literalmente nos matar. Quão propenso à diversão você fica em um estado de terror? *Não muito?* Eu também.

A ajuda para superar esse desafio vem de uma fonte improvável: o comediante John Cleese, famoso pelo Monty Python. Numa palestra agora amplamente divulgada,[7] Cleese explicou o que ele enxerga como o segredo da criatividade incomum de seus roteiros, mesmo em comparação aos seus talentosos colegas do Monty Python. Em ressonância com as descobertas de Donald MacKinnon, Cleese disse que seus resultados não foram superiores porque ele era mais talentoso, mas sim porque estava disposto a ficar mais tempo com o roteiro, trabalhando até produzir o material mais original possível. Depois de contar essa história, Cleese fez algo espetacular: ofereceu sua versão de um "sistema operacional" para interagir com nosso trabalho de um modo mais divertido, de mente aberta e relaxada.

Cleese afirma que você precisa de três coisas: espaço, tempo e confiança. Embora ele não enquadre dessa forma, vejo essas três coisas criando sinergicamente mais do que espaço, mas uma fortaleza, dentro da qual você tem ampla autonomia em torno de qualquer desafio que esteja em sua mesa.

Primeiro, *espaço*: você precisa poder entrar em um espaço confortável sob o seu controle. É assim que você se distancia psicologicamente de seu chefe, de seus colegas de trabalho e de todos os aspectos controladores do trabalho que fazem com que seu pensamento seja prejudicado por prazos estressantes, julgamento e medo.

Depois, *tempo*: você precisa dar à sua sessão de "diversão" um começo e um fim claros. Cleese citou Johan Huizinga, historiador holandês do início do século XX, para explicar por que isso é tão importante: "A diversão é distinta da vida cotidiana, tanto no que diz respeito à localização quanto à duração. Esta é a sua principal característica: o seu isolamento, a sua limitação. A diversão começa e depois (em determinado momento) termina. Caso contrário, não é diversão". Em outras palavras, se você quiser se envolver em seu trabalho de maneira mais divertida, terá de separá-lo dos assuntos normais, dando um começo e um fim ao seu tempo de lazer. Você cria um espaço único no tempo que fica fora da iminente linha do tempo linear tradicional que corre em direção a um prazo.

E, por fim, *confiança*: se você não consegue confiar em si mesmo, pelo menos confie no seu processo. Cleese aponta que o caminho mais fácil para a confiança rápida é dizer a si mesmo que, quando você está nesse estado de diversão, não existe erro. Ninguém pode julgá-lo. Você pode pegar o produto de seu trabalho, rasgá-lo em mil pedaços e nunca compartilhá-lo com ninguém.

É o seu espaço, sua hora de se divertir, e você está no controle. Para esses momentos, seu trabalho é brincar e se divertir com a tarefa de trabalho, utilizando regras criadas por você mesmo.

Estratégia 3: Faça o pedido

Aqui está uma dura verdade: se seu chefe é excessivamente controlador, este é um sinal de que ele ou ela não confia em você. Você pode ficar na defensiva quanto a isso ou tomar medidas proativas para construir confiança. Aborde seu chefe (ou cliente) e certifique-se de ter expectativas e prioridades claras e mutuamente acordadas. Barry Grossman, um professor memorável que tive, disse que seus *stakeholders* devem sempre ter um senso de confiança e controle, e um gera o outro. Deixe seu chefe ou clientes saberem que você fornecerá atualizações sobre seu progresso em intervalos definidos. Por fim, a parte mais importante: mantenha as atualizações consistentes. Eu mesmo passei a usar esse método depois de ler a postagem de Kate Frachon sobre o tema no site Ink+Volt de Kate Matsudaira,[8] e incentivo funcionários a fazerem o mesmo. Acredite em mim quando digo que nenhum chefe – ou pelo menos bem poucos – gosta de microgerenciar. É cansativo e devora o tempo. O que realmente importa aos chefes e gerentes é um resultado de qualidade entregue no prazo. Quando um funcionário se apresenta e mostra que está pronto para a autonomia, a liderança geralmente fica feliz em fornecê-la, se ela for merecida.

Estratégia 4: Domine sua mentalidade de escassez

Dinheiro suficiente para poder mandar o patrão para aquele lugar não é coisa ao alcance da maioria das pessoas, não importam quantos cafezinhos deixemos de tomar. Precisamos dos nossos empregos. Dito isso, quanto mais seguro financeiramente você estiver, mais seu trabalho parecerá uma escolha, e não uma servidão contratada. As finanças também afetam a autonomia de freelancers e empreendedores. Como freelancer, se você não se planejar bem, sua conta bancária cada vez menor pode se tornar uma guardiã muito mais tirânica do que qualquer chefe de escritório. Quanto aos empreendedores, lembre-se de que você só é seu próprio patrão quando é autofinanciado. No momento em que você aceita investidores, você fica, em algum nível, em dívida com as exigências de outra pessoa. Se você é o proprietário de uma pequena empresa ou um empreendedor individual que acredita que o sucesso exige que sua empresa cresça incessantemente, *Company of One* [Companhia de um], livro de Paul Jarvis, é uma ótima leitura e pode fazer você mudar de ideia.[9]

Como a necessidade de segurança no emprego é real e provoca medo, muitos, com razão, encontram-se amarrados a uma atitude mental de escassez, que os impede de assumir o controle de sua carreira ou posição atual. Talvez você pense: "Empregos não caem do céu", e – dependendo do clima econômico – pode ser que esteja certo. No entanto, pensar dentro desse paradigma pode impedi-lo de descobrir as oportunidades que realmente existem, ou mesmo de criá-las. Se você se encontrar preso a uma atitude mental de escassez, tente criar um inventário das suas riquezas *não financeiras*. Essa lista incluiria coisas como as habilidades ou qualificações únicas que você tem a oferecer a um empregador e os amigos e familiares que podem apoiá-lo na busca por um novo emprego. Saber que você tem opções pode ajudar a contrabalançar o medo de correr riscos em seu trabalho atual, bem como capacitá-lo a procurar outro emprego que seja mais divertido e que pague melhor... ou, quem sabe, *ambos*!

Hall da Diversão — Os Barões do Beer Pong

Seguir a sua paixão pode trazer armadilhas – mas é inegável que aqueles que surfam com sucesso na onda do empreendedorismo se divertem, especialmente quando o negócio permite aquela combinação mágica de autonomia, competência e vínculo. Dois dos meus exemplos favoritos são Nate e Jeremy Fissell, dois irmãos da minha cidade natal que pegaram a paixão de Jeremy por trabalhos manuais e a personalidade divertida de Nate e os combinaram para construir um império de *beer pong*. Diversão é literalmente o assunto deles. Tudo começou quando Jeremy, que já importava e vendia bastões luminosos, percebeu que poderia encaixar um de seus bastões sob a borda de um copo modificado. Várias patentes e inovações depois, nasceu o Glow-in-the-Dark Party Cup, um copo para festas que brilha no escuro.

Ele trouxe Nate, e, juntos, os dois aplicaram a nova invenção de Jeremy à popular brincadeira de festas *beer pong*, desenvolvendo uma linha inteira de GlowPong. Em seguida, eles enfeitaram uma van com imagens em neon de pessoas brincando com o jogo e lançaram o produto em lugares como Isla Vista, Califórnia, sede da UC Santa Barbara, onde Nate estudou. "Fui perseguido em Isla Vista porque todo mundo viu a van", diz Nate. "As pessoas estavam de bicicleta me seguindo pela rua, gritando: 'Cara, posso pegar outra?'." Depois de participar de uma feira em Las Vegas, eles logo firmaram uma parceria para vender seu jogo em todas as lojas de presentes da Spencer e, mais recentemente, abriram sua loja Glow-Pong na Amazon. Nate diz: "A maneira como conduzimos a marca desde o início foi tentar estabelecer uma *vibe*. Enlouqueça, seja bobalhão. Vista-se com a cor do seu time. Seja o time vermelho com as taças vermelhas contra o time azul com as taças azuis. Vendemos aquela *vibe* divertida de verão na Califórnia, e realmente valeu a pena ao longo dos anos".

Jeremy é o tipo de cara que aposta tudo, não importa o que esteja fazendo, fato ao qual ele se refere carinhosamente como "sua doença". Mas ele também é um colecionador, com um armazém de mais de 200 metros quadrados funcionando como um museu improvisado. Ele tem todos os Walkman já feitos, onze bicicletas BMX, uma parede de jaquetas de esqui vintage OP, uma enorme coleção de caixas de som, e – a joia da coroa – uma coleção de trens de brinquedo pré-Segunda Guerra Mundial alojada em uma vitrine de dupla face, com quase três metros de altura e quatro metros e meio de largura, que ele construiu à mão. "As pessoas vêm aqui e simplesmente ficam de queixo caído", ele diz. "Minha coleção de trens em escala O do pré-guerra rivaliza com a do museu ferroviário de Sacramento. Então, eu faço esse tipo de coisa. Tudo o que faço é com convicção, e sou apaixonado por isso." Sua outra paixão de vida, seus dois filhos e sua esposa, servem de equilíbrio, tirando-o de sua oficina.

Nate é o operador e vendedor da dupla. "Metade do meu dia é gerenciar o que está acontecendo, e-mails, qualquer coisa pela manhã. E então geralmente vou para o armazém. Faço algum trabalho físico. Colo adesivos em algumas caixas para despachar, gerencio nossas importações. Pode parecer uma chatice, mas na verdade gosto muito." A autonomia é uma parte inegável do apelo. "Posso terminar qualquer dia da semana da maneira que quiser. É a liberdade máxima." E ele tira proveito disso, viajando frequentemente com amigos, em aventuras que o levam por todo o mundo. "Tenho que dar meus pulos, ou enlouqueço", diz ele com uma risada.

Administre sua excitação

Muitas das estratégias de autonomia descritas neste capítulo têm um benefício adicional – todas elas ajudam a administrar a excitação. Não estou falando de sexo. A *excitação* como uma construção psicológica da emoção refere-se ao nível de estimulação (ou enervação) que uma atividade específica tem sobre nosso estado energético. Muitos locais de trabalho – às vezes deliberadamente, às vezes não – incentivam um estado constante de alta excitação. Você provavelmente já passou por algo assim em algum momento ao entrar em uma loja de roupas da moda. Eles tocam música vibrante, com luzes brilhantes com o objetivo de animar você e seus funcionários. É uma diversão fabricada, e eles esperam que, seja lá de que forma você entrou, você termine sua visita motivado a comprar, comprar, comprar. Em um ambiente de escritório, não é provável que a alta excitação seja gerada com música e luzes. Mais frequentemente, ela resulta de e-mails que chegam constantemente ou de aplicativos como o Slack, que enviam notificações ininterruptas para você. Os autores Adam Gazzaley e Larry Rosen escreveram um livro inteiro, chamado *The Distracted Mind* [A mente distraída],[10] sobre o estresse e a ansiedade induzidos pelas mensagens digitais devido à elevada excitação que elas produzem sem parar. Para organizações de vendas, pode ser o toque de uma campainha após cada venda. Reuniões agendadas consecutivamente. Metas agressivas e a comunicação implacável de que há muito em jogo.

O que é importante entender é que toda essa excitação não é necessariamente ruim – pode apenas ser ruim para *você*. A nuance aqui é que algumas pessoas têm um bom desempenho em estados de alta excitação, enquanto outras desmoronam. Seja qual for o seu nível, quando ela se torna excessiva, você faz um trabalho ruim, sua competência é prejudicada e você termina o dia de trabalho sentindo-se como algo que um cachorro deixou para trás.

O trabalho fica mais divertido quando nos tornamos melhores observadores e gestores da nossa própria excitação. Ganhamos de duas maneiras. Primeiro, nos tornamos mais produtivos e trabalhamos de maneira mais inteligente. Fazemos mais, nos sentimos mais capazes e colhemos os frutos de ambos. E, em segundo lugar, terminamos o dia de trabalho com mais vitalidade, tanto porque nos sentimos mais capazes quanto porque parte da nossa preciosa energia guardamos para nós mesmos.

Esse é um conceito novo para a maioria das pessoas, mas há um grupo que aperfeiçoou a relação entre excitação e desempenho: os atletas. Como a excitação afeta cada um de nós de maneira diferente, os estados de alta excitação podem ser úteis ou prejudiciais. Alguns atletas, assim como alguns funcionários, prosperam com adrenalina e nervosismo. Outros se saem melhor quando estão relaxados e sem sentir pressão. Há décadas, os treinadores utilizam um modelo desenvolvido pelo psicólogo desportivo russo Yuri Hanin para encontrar o ponto ideal para o desempenho. Depois que um atleta toma consciência de sua Zona Individual de Desempenho Ideal (IZOF, sigla para *Individual Zone of Optimal Functioning*), das emoções e do nível de excitação no qual ele apresenta seu melhor desempenho, ele pode estabelecer condições para entrar na zona certa quando necessário.[11]

Para fazer isso por conta própria, pense nos momentos em que você se saiu melhor no trabalho. Encontre duas ou três palavras que descrevam suas emoções nesses momentos. Depois pense nos momentos em que seu trabalho não foi bom e identifique duas ou três emoções associadas a esses momentos.

EXEMPLO DE PERFIL IZOF, DE HANIN

EMOÇÕES PRODUTIVAS	EMOÇÕES IMPRODUTIVAS
Animado	Relutante
Energético	Cansado
Motivado	Incerto
Confiante	Entediado
Descontraído	Tenso
Satisfeito	Nervoso
Muito feliz	Insatisfeito
Agradável	Raivoso

Com base nas emoções que fazem sentido, você pode começar a entender onde está no espectro de baixa a alta excitação. Pense depois em como você pode remodelar seu ambiente de trabalho para melhor corresponder à sua Zona de Excitação Ideal. Por exemplo, digamos que você é alguém que escolheu "Animado" e "Enérgico" como emoções produtivas e "Irritado" como improdutiva. Essas emoções sugerem que você pode ter um bom desempenho em estados de alta excitação. Se você está fazendo todo o seu trabalho na solidão tranquila de um *home office*, talvez seja hora de experimentar trabalhar em uma cafeteria ou em um espaço de *coworking*. Ou digamos que você é alguém que faz seu melhor trabalho quando se sente "agradável" e "descontraído" e está trabalhando em um escritório todo aberto. Quando você sabe que precisa fazer render o trabalho, experimente reservar uma sala de conferências tranquila para uma tarde, dar um passeio para se concentrar ou pedir um tempo para trabalhar de casa.

A questão não é tanto se definir de uma forma ou de outra, mas melhorar sua consciência sobre o que aumenta sua excitação, as emoções resultantes e como elas afetam seu trabalho, para que você possa fazer ajustes em seu ambiente e enfrentar os desafios em suas melhores condições.

Potenciais impulsionadores de excitação

- Exercícios divertidos e revigorantes e movimentos corporais (por exemplo, aulas de ginástica grupal no almoço, reuniões em caminhadas etc.)
- Uma ótima xícara de café ou chá
- Entretenimento de alta excitação (por exemplo, música de alta energia, palestras inspiradoras etc.)
- Exercitar a criatividade e a curiosidade (por exemplo, *brainstorming*, dominar uma nova habilidade etc.)
- Competição amigável
- Hidratação adequada

Potenciais domadores de excitação

- Leitura
- Tempo com animais de estimação

- Aromaterapia
- Iluminação adequada
- Cuidar de plantas
- Meditação e atenção plena
- Escrever um diário
- Caminhar
- Cochilo

Portanto, agora sabemos que cada um de nós está preparado para ter o melhor desempenho em determinado nível de excitação. Acontece que *o que* estamos fazendo também é importante. Algumas atividades serão concluídas com mais sucesso num estado de alta excitação, outras, em estado de baixa excitação. Os psicólogos e pesquisadores Robert Yerkes e John Dodson estabeleceram essa ligação pela primeira vez no início da década de 1900, quando procuraram treinar ratos para entrar em uma caixa específica, usando choques elétricos quando escolhessem a caixa errada.[12] Quando a tarefa era fácil, os ratos melhoravam mais seu domínio quando os choques eram mais fortes. Mas, quando a tarefa era difícil, os choques mais fortes retardavam o seu aprendizado. A excitação foi útil – mas apenas até certo ponto, após o qual o desempenho atingia um limite. (Não somos ratos, mas quem não se identifica com isso?)

Desde então, pesquisadores desenvolveram as conclusões de Yerkes e Dodson e agora geralmente concordam que tarefas complexas ou nova aprendizagem são mais bem abordadas num estado de excitação baixa a média. Tarefas familiares, não necessariamente fáceis, mas com frequência repetidas, funcionam melhor com excitação média. E, por fim, tarefas fáceis podem ser mais bem executadas induzindo um estado de alta excitação.

O que tudo isso significa? Sempre que possível, remodele seu ambiente e a tarefa em si para corresponder ao nível de excitação desejado. Duas dicas para você pensar:

- Quando fizer sentido, faça primeiro o trabalho mais difícil, antes que o ruído cognitivo do dia comece a surgir, e quando você tiver menos pressão de tempo. Se você é um animal noturno, provavelmente o oposto se aplica.
- Se você tem algo chato e administrativo para resolver, aumente a excitação correndo contra o tempo: você consegue terminar às x horas? Ou então agende para o fim do dia, de modo a ficar motivado a terminar e atravessar a porta de saída. Torne as coisas mais divertidas usando o agrupamento de atividades, desde que isso não provoque erros (por exemplo, combinando trabalho repetitivo com música altamente estimulante).

O problema de "ser você mesmo" no trabalho

O vínculo – o grau em que nos sentimos conectados com os outros – é outro grande fator para determinar se deixamos o trabalho energizados ou esgotados. O vínculo no trabalho não é uma coisa simples. Por um lado, o tempo gasto socializando com colegas de trabalho não é garantia de que você vai se recuperar. No estudo de John Trougakos sobre os intervalos de trabalho, mencionado anteriormente, os funcionários estavam em melhor situação *trabalhando* durante o almoço do que participando de um almoço obrigatório da empresa. Esse é o tanto que as pessoas não gostam de ser forçadas a socializar.

Até mesmo a socialização voluntária no trabalho pode esgotar você. Pense no tempo que você passa com amigos fora do local de trabalho. É divertido e renovador porque você pode relaxar e ser você mesmo, sem se preocupar com julgamentos, ofensas ou agendas ocultas, o que nem sempre acontece no trabalho. Talvez você tenha sorte e também tenha colegas de trabalho que fazem você se sentir assim. Ótimo! Ainda assim, no trabalho você tem que manter sua credibilidade e, dependendo de quão estranho você é em seu estado natural (eu: *muito estranho*), isso cria certa quantidade de risco e tensão.

A socialização no trabalho apresenta outro desafio. Parte de ser um bom colega é ajudar a criar um ambiente onde todos se sintam confortáveis e incluídos. Sabemos que muitas vezes esse não é o caso no trabalho, especialmente para quem não faz parte da maioria, seja devido ao seu gênero, orientação sexual, raça ou etnia. A diversão no trabalho exige a criação de espaços onde todos se sintam seguros, e muitos locais de trabalho ainda não atingiram esse objetivo. Descobrir como chegar lá está muito além do escopo deste livro. Além disso, não existe uma solução rápida ou fácil, e os esforços atuais para encontrar uma solução muitas vezes induzem um estresse indevido em funcionários já marginalizados. Um exemplo pessoal disso vem de minha esposa, que é descendente de habitantes das ilhas do Pacífico. Quando os comícios Stop Asian Hate [Chega de ódio contra asiáticos] ocorreram em 2021, ela foi incentivada a compartilhar abertamente sua perspectiva para um webinário com toda a empresa como parte dos esforços contínuos de DEI (diversidade, equidade e inclusão) de seu local de trabalho. Compartilhar sua experiência pessoal com colegas levou a conversas cruciais e necessárias dentro de uma organização que não tem muitos funcionários asiático-americanos e das ilhas do Pacífico, e ela apoia o esforço de sua empresa para ajudar os outros a se entenderem. Ainda assim, ela admite que a experiência de compartilhar e reviver memórias dolorosas centradas em sua raça foi uma experiência Angustiante, para a qual ela não teria se oferecido voluntariamente.

Será que tudo isso é suficiente para fazer você desejar limitar as interações sociais no trabalho ao mínimo? Para algumas pessoas, essa pode ser a resposta certa. Outras podem se ver ainda ávidas por oportunidades de conexão humana durante o horário de trabalho, ou mesmo depois. Para esse último grupo, aqui estão algumas dicas.

1. **Interação social forçada raramente é divertida ou renovadora.** É muito importante que todos compreendam isso, mas especialmente os líderes. Esses eventos nem precisam ser obrigatórios para parecerem coercitivos. Os *happy hours* depois do trabalho são comuns em muitas empresas, mas estamos apenas começando a entender quão prejudiciais eles podem ser. Não importa a boa intenção,

o que eles fazem é prolongar a jornada de trabalho. As pessoas que não bebem são imediatamente postas de lado, e aquelas que bebem podem facilmente se ver num estado de vulnerabilidade, colocando sua credibilidade ou mesmo a sua segurança em risco porque beberam demais. **Resumo:** se você precisa que seus funcionários bebam para se divertirem juntos, provavelmente não vale a pena se divertir no ambiente de trabalho. Pule esses eventos se não gostar deles e faça lobby por alternativas. Reclamar pode parecer estressante no início, mas você se sentirá o contrário de posto de lado quando se tornar um farol para pessoas que sentem o mesmo.

2. **Siga suas afinidades.** Os grupos de afinidade têm sido a escolha certa para muitas grandes empresas que procuram criar espaços sociais seguros e de apoio para indivíduos de grupos sub-representados, reunindo pessoas de alto a baixo na organização, de todas as funções. O mesmo pensamento pode ser aplicado de forma mais ampla à medida que você procura amigos e aliados em seu ambiente profissional. Não se deixe limitar, nem se sinta guiado, pela sua função ou pelo organograma da sua empresa. Em vez disso, procure pessoas com quem você tenha afinidade natural e interesses em comum. Procure parceiros de atividades, como alguém que queira fazer um passeio de bicicleta depois do trabalho. Se o objetivo é a interação social restaurativa, provavelmente será melhor você buscar relacionamentos com as pessoas com quem trabalha *menos* de perto, uma vez que os riscos profissionais são menores (desde que você tome cuidado para não abusar de uma dinâmica de poder). Você pode descobrir que ganha mais energia saindo com, digamos, o recepcionista do lobby do que com as pessoas de sua própria equipe.
3. **Traga seus amigos para o trabalho.** Se você deseja ter relacionamentos no trabalho, mas não está conseguindo, use seus intervalos para se conectar com seus amigos de fora do trabalho. Vá almoçar com seu amigo mais antigo ou saia do edifício e ligue para ele sob o sol. Falte no *happy hour* do escritório e prefira passar um tempo com amigos ou até mesmo tente convidar seu amigo para ir junto.

Para freelancers, empreendedores e similares – na verdade, qualquer pessoa que controle sua própria agenda, colaboradores e localização –, tudo isso é ainda mais fácil. Se o seu quociente de vínculo for baixo, escolha se comprometer com algumas atividades de contato externo, por exemplo:

- Toda semana, escolha um contato profissional que você já não vê há seis meses e entre em contato com ele
- Um almoço presencial semanal com um contato de quem você gosta de verdade, ou acha que gostaria se o conhecesse melhor
- Um encontro mensal com um colega simpático, como fazer uma aula de ginástica ou uma visita ao museu

E, claro, se você estiver sozinho trabalhando em casa, converse com os entregadores locais. *Por que não!?* As pessoas subestimam o potencial das conexões e encontros surpresa como fonte de diversão. Foi isso que Nicholas Epley e Juliana Schroeder descobriram quando perguntaram a um grupo de passageiros de ônibus e trem em Chicago sobre conversas com estranhos.[13] A maioria dos passageiros disse que conversar com um estranho levaria a um deslocamento menos agradável. Os pesquisadores então pediram aleatoriamente a um subconjunto do grupo que fizesse exatamente isso e deixou que seguissem seus caminhos. Todas as propostas de conversa foram aceitas, muito além do que os passageiros previram de antemão. E a surpresa: depois disso, foram as pessoas que conversaram com estranhos que relataram ter feito o trajeto mais agradável.

Tire suas vendas quando se trata de com quem você deseja se conectar (em situações em que você se sente psicológica e fisicamente seguro, é claro). Aproveite a serendipidade. É uma ótima maneira de criar surpresas todos os dias, o que, como sabemos (pelo Capítulo 6), nos revigora de uma forma que a velha rotina de sempre nunca fará.

Aprenda a aplicar o SAVOR em seu trabalho

Já dei a você um kit de ferramentas para dinamizar seu trabalho com base na ciência disponível e em minha própria experiência. Agora é a sua vez. A natureza altamente individual da diversão (e do trabalho) significa que você obterá os melhores resultados experimentando por conta própria. Pergunte a si mesmo: o que posso fazer para aumentar meu senso de autonomia, competência e vínculo no que diz respeito ao meu trabalho? O que posso fazer para aproveitar mais as horas do meu dia de trabalho? Como etapa final, **tente aplicar o SAVOR**.

- **Edição de histórias:** Que histórias você está contando a si mesmo sobre o trabalho que podem estar prejudicando você? Deixe claro suas prioridades e valores pessoais e veja se suas ações estão alinhadas. Não há nada mais desgastante do que lutar contra seus próprios instintos.
  A edição de histórias também pode ajudá-lo em um nível mais prático. De acordo com Kaitlin Woolley, cujo trabalho sobre as ligações entre prazer e motivação já foi citado aqui, mudar o foco no trabalho – dos aspectos de que você não gosta nele para aqueles de que você gosta – pode fazer a diferença. Para aumentar o prazer em qualquer tarefa do trabalho, Woolley sugere perguntar-se: "Existem aspectos de que eu inerentemente gosto nesta atividade, nos quais posso me concentrar?".
- **Agrupamento de atividades:** quando se trata de trabalho, o agrupamento de atividades pode ser maravilhoso – ou pode dar errado bem rápido. Por exemplo, assistir TV enquanto você lida com a papelada pode parecer uma ótima ideia – até que mais tarde você percebe que fez um trabalho desleixado e, entretanto, não consegue se lembrar de nada sobre o episódio que acabou de assistir. As atividades agrupadas devem melhorar-se mutuamente, e não se degradar mutuamente. Tente combinar tarefas simples com atividades prazerosas (por exemplo, ouvir música). Você também pode pensar em atividades agrupadas como recompensas: se você

passar uma hora fazendo algo difícil e que esgota sua concentração, poderia fazer na sequência algo relaxante e divertido do seu Arquivo da Diversão.

- **Hedônica variável:** A repetição da monotonia na sua vida profissional o está deixando para baixo? Uma maneira óbvia de apimentar as coisas com hedônica variável é misturar sua agenda. Alterne entre tarefas, mude a ordem em que você normalmente faz as coisas, jogue uma moeda para ver o que vem a seguir etc. E aqui está uma ideia maluca: pegue essa abordagem e inverta-a. Em vez de injetar novidades em seu trabalho fazendo muitas coisas, encontre muitas maneiras de *fazer exatamente a mesma coisa*. Quando se trata de tarefas cansativas, tediosas ou chatas, aborde a situação desempenhando o papel de pesquisador – cave fundo e faça descobertas que tornem a tarefa interessante de novo. Encontrar novas abordagens vira um jogo estimulante, jogado contra você mesmo. Olhando de outra forma, até as tarefas mais repetitivas se tornam divertidas quando você as eleva a uma forma de arte. Abrace o espírito daquela famosa citação de Martin Luther King Jr.: "Se cabe a você ser um varredor de ruas, varra as ruas como Michelangelo pintou quadros, varra as ruas como Beethoven compôs música... Varra as ruas como Shakespeare escreveu poesia". É uma receita potencial para se sentir engajado em qualquer trabalho, desde que seu foco esteja na atividade em si, e não apenas motivado pelo desejo de ser reconhecido pelo seu bom trabalho.
- **Opções:** Quer você seja empregado ou autônomo, você pode ter se acomodado em uma descrição de cargo clara e rígida. Toda essa rigidez é provavelmente um tanto imaginária. É bem possível que sua vida profissional ofereça muitas opções que você nunca explorou, seja ajudar no projeto de um colega ou o que chamo de "trabalhar as vantagens". Para dar um exemplo simples, de quantos eventos relacionados ao seu setor ou profissão você participou nos últimos três anos? Conferências e eventos são ótimas oportunidades para sair do ritmo mental, físico e social ao qual você se

acostumou. Não espere que alguém o convide – faça sua própria pesquisa e tome a iniciativa de pedir orçamento e folga para participar, principalmente de eventos que não só permitem que você mostre sua curiosidade e cresça profissionalmente, mas também tenha oportunidades externas de diversão. Nunca esquecerei a vez em que Brady Tuazon, meu colega tímido, mas com muita cerveja na cabeça, chamou a atenção de Dave Grohl em um show do Foo Fighters no evento comercial E3, em Los Angeles. Quando Dave perguntou ao público o que eles queriam ouvir, Brady gritou "Toca Zeppelin". Embora Dave não tenha atendido ao pedido de Brady naquele dia, ele o convidou para subir no palco. Depois de algumas brincadeiras, Brady percebeu que aquela seria sua única oportunidade de se envolver com o Foo Fighters. O que foi necessário? *Brady simplesmente pediu.* Dave respondeu: "Esse maluco quer tocar Zeppelin. Tudo bem, Brady, vamos ver como você se sai". E foi assim que Brady se viu no palco com os Foo Fighters, com a guitarra de Dave Grohl nas mãos, tocando "Whole Lotta Love" na frente de todo o público. Depois de seu solo, ele dividiu uma Crown and Coke com Dave no palco.[14] O cara ficou exultante por semanas depois disso. *Lendário.*

A questão é: procure oportunidades para sair de sua função, ambiente ou zona de conforto (se a recompensa for divertida). Pense no seu ambiente de trabalho como seu playground. Que brinquedo você ainda não experimentou? Que território você ainda precisa explorar? Com quais amigos você pode se reunir? Seja criativo ao pensar em opções para si mesmo, além da descrição do seu cargo.

- **Recordar:** Minha inspiração quando se trata de recordar no trabalho é o especialista em mudanças comportamentais BJ Fogg, um cientista social que incentiva as pessoas a abraçarem o "superpoder" de ser capaz de se sentir bem em qualquer momento. Fogg enfatiza a importância das celebrações. "Na minha pesquisa, descobri que adultos têm muitas maneiras de dizer a si mesmos 'Fiz um trabalho ruim' e muito poucas maneiras de dizer: 'Fiz um bom trabalho'".[15] Você não precisa que um gerente ou cliente o reconheça. Encontre um colega, amigo ou ente querido para comemorar com você marcos significativos e autênticos, tanto grandes quanto pequenos. Realmente não importa com quem você comemora, contanto que eles levem a celebração a sério. Um artefato valioso para mim é um troféu que meu colega escritor Ryan McFadden me deu quando eu disse a ele que este livro tinha conseguido um contrato de publicação. Uma grande placa de mármore, tipo dos troféus de caça, que diz *Arrebenta*. Pode parecer bobo, mas ser presenteado por um colega escritor que admiro com um objeto físico me libertou para celebrar algo que de outra forma seria intangível e pelo qual trabalhei arduamente. Vender um livro tem tantos marcos que é fácil se deixar levar e nunca parar para dizer: "Uau, *consegui*". O atencioso troféu de Ryan tornou isso possível. Ainda hoje, quando olho para ele, consigo relembrar a vitória e saborear a sensação novamente.

Se você quer ser celebrado, comece celebrando os outros. Você descobrirá rapidamente que a energia positiva que flui de você inevitavelmente flui de volta para você.

Três atalhos para melhorar imediatamente sua vida profissional

Para aqueles que ainda estão pensando: "Divertir-se no trabalho é possível para algumas pessoas e alguns empregos, mas não para o meu", quero lhes apresentar Judy Cornelison. Judy trabalha em um lugar amplamente considerado o túmulo da diversão. Ela trabalha em um consultório de dentista. Ela é dentista. Na verdade, ela é minha dentista. Judy não cresceu sonhando com essa profissão. Ela escolheu o trabalho de forma pragmática, quando se viu precisando de uma carreira depois de criar os filhos e se divorciar. Um conselheiro vocacional sugeriu isso, e um emprego de quatro dias por semana, com salário decente e atendimento odontológico gratuito parecia muito bom para alguém que passou a maior parte da vida como mãe e voluntária nas escolas dos filhos. E ela, pessoalmente, nunca tinha tido uma experiência negativa em suas idas ao dentista. Então, com muito esforço, ela fez o treinamento necessário e estreou em uma nova carreira. Mas logo ela descobriu algo um pouco deprimente: a maioria das pessoas odeia ir ao dentista. Eles não queriam estar na cadeira dela. Ela de fato não tinha pensado no fato de que sua nova linha de trabalho fazia dela o que os clientes consideravam a pior parte do dia. Judy era extrovertida e gostava de se conectar com as pessoas, então todas essas interações insatisfatórias eram cumulativamente drenantes. O trabalho era tolerável, mas não era divertido.

Então, Judy encontrou uma solução. Ela tropeçou na solução, na verdade. Um dia, no final de dezembro, um paciente a presenteou com óculos bobocas, de Feliz Ano Novo. Depois que ele saiu, ela teve o impulso de continuar usando os óculos. *Por que não?* Quando seu próximo cliente entrou, Judy ergueu os olhos, preparada para a familiar expressão *credo, estou no dentista*. Em vez disso, o paciente viu os óculos, teve um momento de surpresa confusa e depois abriu um sorriso gigante. Os óculos quebraram o gelo. Então, pelo resto do dia, Judy continuou a usá-los, exceto quando estava limpando os dentes dos pacientes. E pelo resto do dia ela foi alvo de sorrisos e risadas.

Naquela noite, ela decidiu que usaria algo especial todos os dias. Às vezes um acessório, às vezes um traje completo. Já houve um chapéu de flamingo e óculos; um chapéu de tubarão; luzes de Natal piscando; uma fantasia roxa do Flying Purple People Eater.* O que você pensar, Judy usou. Vinte e oito anos – e milhares de roupas – depois, ela não falhou um dia, e sua decisão transformou não só o trabalho dela, mas a experiência de todos os seus pacientes. Por causa da Judy, ir ao dentista não é apenas o ponto alto do meu dia, é o ponto alto

---

* Referência a uma música de Sheb Wooley, lançada em 1958, cuja letra aborda um alienígena que vem à Terra e quer participar de uma banda de rock. O nome pode ser traduzido como Devorador de Pessoas Púrpura Voador. (N.T.)

da minha semana. De longe, talvez pareça brega. Mas não são só as roupas em si. É o prazer de conhecer alguém que decidiu agir de um jeito um pouco maluco apenas para ajudar as pessoas a relaxar e sorrir em um abafado consultório odontológico.

Sua arte performática tem impacto real. Judy me contou que tem pacientes anteriores à época das fantasias que pediam gás hilariante antes de deixá-la limpar seus dentes. Agora eles não precisam mais do gás, "porque eu estava disposta a fazer algo que os deixasse à vontade". Os pacientes adoram trazer para ela itens divertidos que encontram em lojas ou viagens para que ela os coloque em seu acervo. Seus filhos às vezes ficam envergonhados com suas fantasias bobas, especialmente quando os clientes postam fotos dela no Facebook, mas Judy não. "Não me incomodo nem um pouco. Eu gosto. Virou minha marca registrada."

Você provavelmente não colocaria *dentista* em uma lista de "projetos feitos por paixão" –, mas foi isso que Judy fez. Você tem que ser apaixonado para persistir tanto quanto ela persistiu e criar tanta alegria quanto ela. E aí há uma lição importante, que você talvez precise ouvir se ainda acredita que não há possibilidade de diversão em seu dia de trabalho: nós nos prejudicamos quando pensamos que a paixão no trabalho tem a ver com *o que* fazemos, e não com *como* fazemos. Trazer paixão para o trabalho é uma escolha que você pode fazer hoje, uma que tem o poder de transformar o trabalho penoso em diversão.

Michael Gervais, psicólogo de alto desempenho e um dos primeiros mentores cujo trabalho me influenciou profundamente, ensinou a mim e a outros sobre os perigos da "armadilha da paixão", a ideia de que existe alguma paixão singular que você deve descobrir e alcançar para ser feliz.[16] É outra faceta da armadilha da felicidade, também conhecida como esteira hedônica. Mais uma vez, você está fixando sua diversão em algum estado futuro melhorado. Então, o que é o aqui e agora? Picadinho de fígado? Uma decepção inevitável? Se a vida é o que acontece enquanto você está fazendo planos, *bum!* – você acabou de determinar seu destino.

Podemos conseguir resultados muito melhores, imediatamente, concentrando-nos novamente em como estamos vivenciando o nosso *presente*. Se isso parece familiar, é porque é o que temos feito o tempo todo na construção do nosso Hábito da Diversão. Neste momento estamos aplicando as mesmas estratégias e táticas diretamente ao trabalho. Pare de pensar que a gratificação profissional chegará algum dia, com a mudança de carreira X ou o marco Y. Deixe essa bobagem para os vizinhos. Em vez disso, faça a você mesmo a pergunta mais imediata: **como posso aumentar o meu prazer no trabalho que faço hoje?**

Resumindo, estou pedindo que você dê um tempo na sua labuta. É fácil? *De jeito nenhum!* A cultura do trabalho duro e o nosso próprio viés cognitivo nos faz nos concentrarmos incansavelmente em estados futuros – e, pior, em pontos fora da curva cujos resultados muito provavelmente nunca serão os nossos. Deixe-me estourar sua bolha: apesar do que a Nike possa ter lhe dito, você nunca vai ser o Tiger Woods. Nem o Elon Musk. Nem quem quer que esteja sentado no topo do seu arranha-céu profissional. Nenhuma quantidade de trabalho árduo ou correria tem grandes chances de produzir esse resultado – e, ainda assim, nossos vieses distorcem a realidade. Nossa mente se apega aos pontos fora da curva e desconsidera os casos médios. Subestimamos enormemente a quantidade de trabalho necessária para ir do ponto A ao ponto B (consulte https://share.michaelrucker.com/planning-fallacy). O tempo e a energia que algumas pessoas investem em suas carreiras equivalem a gastar todo o seu salário em bilhetes da Mega-Sena, uma estratégia estúpida que essencialmente não aumenta suas chances de ganhar. A maioria de nós nunca jogaria fora tanto dinheiro em tão poucas chances, mas os desinformados entre nós estão mais do que dispostos a jogar fora algo muito mais valioso: *seu tempo*.

Não estou dizendo que não existam empregos pelos quais valha a pena trocar a felicidade no curto prazo por resultados de longo prazo, ou que perseguir uma paixão profissional não tenha sentido. Se o seu sonho é ser médico, *vá em frente*. O mundo precisa de mais bons médicos e, a menos que a formação médica passe por uma mudança radical, não há outra maneira. Mas muitos de nós trabalhamos desenfreadamente, sem considerar com cuidado aquilo de que realmente precisamos e queremos da vida. Muitos de nós seguimos um roteiro que outra pessoa escreveu, para só perceber isso quando já é tarde demais para criar um enredo significativo para nós mesmos.

Também não estou defendendo a mediocridade profissional. Você pode buscar a excelência profissional sem que o trabalho defina e absorva toda a sua vida. Você se lembra da pesquisa sobre violinistas de elite que Malcolm Gladwell tornou famosa? De repente, todo mundo passou a se concentrar na ideia de que se tornar excelente em qualquer coisa era pura função do tempo, e muito tempo – 10 mil horas, como você deve ter ouvido. O problema é que o estudo não estava analisando o que era necessário para se tornar um grande violinista ou mesmo um excelente violinista, mas *sim um dos melhores violinistas do mundo*. Quantos de nós realmente precisamos ou queremos atingir um marco tão alto em nossas próprias carreiras? O outro problema com o estudo é que muitas pessoas se concentraram no número de horas e não se atentaram para a questão mais importante: o fato de que a forma como o tempo foi gasto era o verdadeiro fator distintivo. Os artistas de elite eram extremamente disciplinados, consistentes e intencionais e, quando não estavam praticando, deixavam tudo para trás. *Eles relaxavam*. O sucesso deles resultou de um esforço concentrado ao longo do tempo – *uma prática deliberada* –, e não de lotar de treinos todas as horas do dia.

Todos nós temos momentos em que estamos mais focados no futuro que queremos do que no presente que temos. Mas, se você estiver travado, aqui estão três maneiras de despertar seu Hábito da Diversão no trabalho agora mesmo:

1. Pergunte-se frequentemente: "como posso me divertir mais no trabalho *hoje*?". Esta não é uma pergunta retórica. Esse é você pegando um pedaço de papel e tendo três ideias para trazer paixão e diversão para seu próximo dia ou semana de trabalho. Se você se

sentir travado, avalie evento por evento da sua agenda profissional, assim como sua revolução pessoal no Capítulo 2. Por exemplo: reunião com dois colegas divertidos? Tire-a da sala de conferências e agrupe-a com algo mais interessante.

2. Não trabalhe quando não estiver trabalhando. Parece fácil, mas na prática é muito difícil, por todas as razões que já discutimos. Mas vale a pena ser intencional sobre desligar-se: estudos mostram que as pessoas que se desligam do trabalho e, à noite, buscam lazer intencional (leia-se: atividades dos quadrantes Agradável e Estimulante), chegam ao trabalho no dia seguinte com melhor humor do que aquelas que não conseguem se desligar do trabalho.[17]
3. Repita comigo, sempre que necessário: *A paixão (e a diversão!) não é limitada pelo que faço, mas por como faço.*

Capítulo 10

O prazer da diversão difícil, ou como realizar quase tudo

> Trinta maneiras de entrar
> em forma para o verão.
> Número um: coma menos.
> Número dois: exercite-se mais.
> Número três: do que eu estava falando
> mesmo? Estou com tanta fome.
>
> **— MARIA BAMFORD**

No último capítulo, questionamos a correria no trabalho e aprendemos maneiras inovadoras de nos divertirmos mais enquanto estamos exercendo-o. Precisávamos fazer isso, porque tanto esforço no âmbito profissional não apenas não é divertido como também é prejudicial. Muitas vezes esse esforço é motivado extrinsecamente – pelo seu chefe, pela pressão cultural, pelos proverbiais vizinhos que todo mundo quer acompanhar.

Mas há um bom tipo de correria. É o empenho que vem de um impulso profundo, às vezes chamado de *diversão difícil*. Ele é motivado pelo desejo humano fundamental de subir de nível e aprender coisas novas. Quando a vida está em equilíbrio, empenhar-se intencionalmente é saudável. Empenhar-nos para melhorar em alguma coisa ou dominar algo novo nos faz sentir vivos.

Quando exageramos na diversão fácil e prazerosa, uma de duas coisas pode acontecer. Primeiro, podemos ficar entediados. Imagine que você tem a sorte de ficar preso em um daqueles resorts de praia, onde tudo o que há a fazer é deitar-se em sua canga por uma semana. No começo, é ótimo. Mas, depois de alguns dias (talvez semanas, para meus amigos de baixa excitação), você começa a sentir uma coceira. De repente, escalar a boca de um vulcão ou mergulhar até o fundo de uma caverna parecem ótimas ideias, então você se inscreve em uma excursão e pronto. Alexandre Mandryka, o designer de videogame que mencionei no Capítulo 2, diz: "O tédio é o seu DNA dizendo: 'Siga em frente, você não está aprendendo direito; está perdendo sua vantagem'".

Existe uma segunda possibilidade. Você fica com uma coceira e seu cérebro o engana dizendo que a única maneira de se coçar é com ***mais prazer***. Então, você acrescenta mais bebidas e mais comida e depois mais algumas bebidas. Você se torna como os ratos de um famoso estudo, em que os cientistas conectaram fios nos centros de prazer dos ratos e lhes deram um botão para apertar e sentir prazer. Os ratos rapidamente ficaram tão viciados em apertar o botão que pararam de se alimentar. Eles ficavam felizes de morrer de fome se pudessem sentir aquela onda de felicidade. O prazer – sentir-se bem – tornou-se insustentável e destrutivo.[1]

A maioria das pessoas desfruta de uma vida equilibrada entre diversão fácil e difícil. Quando o nosso copo da diversão fácil está cheio, procuramos desafios ou melhorias através do crescimento e da aprendizagem. As metas, e o trabalho para atingi-las, dão tempero à vida.

E ainda assim: diversão difícil é apenas isso, *difícil* – às vezes até cansativa, incerta, aterrorizante, deixando-nos vulneráveis ao constrangimento. É por isso que muitos esforços de autoaperfeiçoamento falham. As coisas ficam difíceis ou não vemos os resultados que desejamos e desistimos.

A diversão chega para salvar o dia! Neste capítulo, você aprenderá como aplicar seu Hábito da Diversão até mesmo nos objetivos maiores, mais complicados e mais audaciosos, para que você possa perseverar e alcançar tudo o que deseja. Mais importante ainda, você aprenderá que quando nossos objetivos têm um viés para a diversão (ou seja, nossa motivação é o prazer), em vez de se fundamentarem em acariciar explicitamente nossa autoestima, ou vir de um lugar de necessidade, perseguir objetivos nos torna mais felizes.

Já ouviu falar do Ironman? É o famoso e cansativo triatlo de resistência que exige que os participantes nadem 3,9 quilômetros, pedalem 180 quilômetros e corram 42 quilômetros, isso em dezessete horas. Os participantes vão ao extremo para terminar rápido. Eles treinam muito e correm muito. Otimizam seus equipamentos e vestimentas na esperança de economizar segundos preciosos. Alguns ficam tão obcecados em terminar rápido que nem param para urinar, apenas deixam sair. Existem atletas de elite que tiveram que rastejar até a linha de chegada. Pessoas morreram no Ironman.

Eu? Quando eu tinha 31 anos, terminei o vigésimo Ironman, na Nova Zelândia, vestindo shorts e um colar havaiano. Andei de bicicleta com alto-falantes externos conectados à minha bicicleta, tocando uma *playlist* selecionada por meio de sugestões de amigos que me ajudaram. Minha preparação pré-corrida foi fazer um corte moicano (tipo o P. Diddy na Maratona de Nova York de 2003).

Fui a penúltima pessoa a cruzar a linha de chegada? *Sim, fui*. Venci meu próprio recorde pessoal? *Sim, venci*. E agora, pelo resto da minha vida, poderei dizer que sou um *Ironman*. Foram muitas vitórias. Comecei minhas dezessete semanas de treinamento com excesso de peso e cheguei à Nova Zelândia dezoito quilos mais leve. Por meio de um *crowdsourcing* criativo (muito antes de o GoFundMe existir), basicamente apostei com um grupo de amigos que conseguiria terminar, e muitos deles gostaram da probabilidade de um bebedor de cerveja com excesso de peso fracassar. No final das contas, depois de terminar e pegar meu dinheiro, usei a quantia que ganhei para realizar meu sonho de abrir uma barraca de burritos. (O ROCKiT Burritos ficou aberto exatamente por uma noite com a ajuda do meu amigo Patrick Fellows, durante a qual organizamos um evento de caridade – mas, infelizmente, essa é uma história para outro livro.) Durante toda a experiência, criei algumas memórias incríveis, mais especialmente a memória de um dos meus pais, irmão e namorada (hoje esposa) torcendo por mim no final, tendo como pano de fundo o lindo Lago Taupo.

20º Ironman, Taupo, Nova Zelândia, 06/03/2004

Consegui fazer tudo isso porque o objetivo e o processo para alcançá-lo foram, a cada etapa do caminho, projetados por mim para serem prazerosos. Meu desejo, minha motivação, minhas regras. Esse é um tema que você verá em muitos dos conselhos aqui sobre como a diversão pode nos ajudar com esses grandes e audaciosos objetivos: faça do seu jeito, pelos motivos certos. Parte do motivo pelo qual gostamos tanto de subir de nível é que estamos exercitando os músculos da autonomia. Estamos assumindo o controle do nosso próprio destino. Mesmo se você estiver suando, com os músculos contraídos, a visão turva, segurando a vontade de vomitar – nada parece melhor.

Faça suas próprias regras

Se você já trabalhou na definição de metas antes, provavelmente já lhe disseram para garantir que elas fossem "SMART": específicas (*Specific*), mensuráveis (*Measurable*), alcançáveis (*Achievable*), relevantes (*Relevant*) e com prazo determinado (*Time-bound*). Mas provavelmente ninguém nunca lhe disse que uma das melhores razões para as tornar SMART é porque, do jeito certo, isso também pode torná-las mais divertidas.

Alexandre Mandryka foi quem de fato me deu a dica da conexão com a diversão aqui. Quando conversamos sobre design de videogames, ele me disse que os humanos são criaturas que anseiam por aprendizado e desafios, e os videogames oferecem uma oportunidade imediata para fazer isso. A vida também, é claro – mas os videogames têm uma característica especial. Ao contrário da vida real, eles também fornecem algo pelo qual todos estamos francamente desesperados: um ciclo de feedback claro e inequívoco. Em um videogame, você vence o chefe ou o objetivo do nível e passa para o próximo nível. Ou... *você morre*. (Ouviu o som do Pac-Man morrendo na sua cabeça?)

E a vida adulta, por sua vez? "Realidade, o pior jogo de todos os tempos", como resumiu um popular meme da internet. A vida real é terrivelmente insípida quando se trata de feedback sobre se estamos caminhando em uma direção positiva. Digamos, por exemplo, que você escolha entre dois empregos. Você escolheu o caminho certo? *Quem sabe?* Pior ainda, você jamais saberá de verdade. Mesmo vinte anos à frente, a coisa ainda pode ser fundamentalmente incognoscível. A vida não é totalmente isenta de ciclos de feedback, é claro – especialmente os negativos, como ser demitido ou tomar um pé na bunda. Pelo lado positivo, as promoções são um indicador potencial de que subimos de nível. Mas há tantos fatores fora do seu controle que afetam o recebimento de uma promoção que confiar em um sinal desse tipo como feedback é uma receita para a frustração.

É aqui que entra a simplicidade das metas SMART, uma oportunidade produtiva para dar vida aos riscos e às emoções evidentes de um videogame. (Se você nunca ouviu o termo SMART antes, uma rápida visão geral está disponível em: https://share.michaelrucker.com/smart-goal.) Ao definir uma meta específica e mensurável, você cria uma oportunidade inequívoca para subir de nível. Ou você atinge o objetivo ou não.

Os parâmetros *alcançáveis e relevantes* das metas SMART evocam outro amigo favorito da diversão, a autonomia. O objetivo está sob seu controle e é um resultado que realmente importa, não para qualquer um, mas para você, especificamente? (Mais sobre autonomia ainda neste capítulo). Por fim, com *prazo determinado*. No início do livro, mencionei o benefício de estabelecer um período que defina quando você está brincando e quando não está. O mesmo acontece com os objetivos. Um esforço com um objetivo final parece um experimento divertido, e não um trabalho árduo sem fim.

Antes de entrarmos em maiores detalhes sobre metas e mensurações, preciso fazer duas advertência. Aqui está a primeira, nas palavras de Alexandre Mandryka: "A diversão é o combustível da máquina". Quando o assunto é *gamificar* a vida através de objetivos, nunca se esqueça que *só é um jogo se for divertido*. Seu objetivo pode ser SMART de nível genial, mas você ainda precisa encontrar maneiras de se divertir ao longo do caminho. Se você adiar toda a gratificação até o estado futuro – a realização da meta –, se colocará em uma posição precária. *A vida é muito curta para o trabalho angustiante*. Além disso, você pode perder a motivação e desistir. Segundo, quando se trata de aumentar seu bem-estar por meio da diversão – usando a mesma lógica das escapadas no Capítulo 5 –, certifique-se de que seus objetivos sejam definidos para movê-lo em direção a algo, em vez de serem motivados pela evitação ou pela proteção do seu ego. Christian Ehrlich, da Oxford Brookes University, pesquisou *por que* e *como* nos esforçamos para atingir nossos objetivos. Ao longo da última década, o Dr. Ehrlich aperfeiçoou um quadro das razões para alcançar objetivos e descobriu que nossa felicidade é mais bem sustentada *quando* (1) nossos objetivos são perseguidos porque são prazerosos, ou (2) eles ajudam os outros (e não, ao contrário, quando são definidos por necessidade ou apenas para alimentar o nosso ego), ou (3) *ambos* (que exploraremos no próximo capítulo).[2]

Levei muito tempo para aprender essa lição. Como você sabe agora, os esportes e o treinamento esportivo têm sido uma fonte de muita diversão para mim durante toda a minha vida. Apesar da minha abordagem excêntrica ao Ironman, passei muitos anos depois disso treinando com a mentalidade "*no pain, no gain*" [sem dor, sem ganho]. Parecer em forma alimentava meu ego, então contratava personal trainers rigorosos que me davam exatamente o que eu queria na época. Eles me incentivavam a praticar programas de exercícios árduos, com um foco incansável na melhoria algorítmica dos meus números. E embora não seja justo dizer que não tinha prazer com algumas sessões, muitas vezes não tinha vontade de ir. Pode ser que você se identifique com o padrão em que caí: eu treinava duro por algumas semanas ou meses e depois ficava esgotado. Em algum momento eu me recuperava da experiência anterior apenas para essencialmente repeti-la, porque era necessário começar tudo de novo do zero.

Para um estudo do doutorado, pesquisei esse mesmo fenômeno com fanáticos do CrossFit. Se você nunca ouviu falar de CrossFit, essa é uma modalidade de treinamento intervalado de alta intensidade conhecida por seus treinos rigorosos. O esporte desenvolveu um culto de seguidores, e os "crossfiteiros" usam siglas como AMRAP (As Many Reps/Rounds as Possible – O máximo possível de repetições/

séries) e ATG (Ass to Grass – Bunda no chão, que significa que durante exercícios do tipo agachamento você deve chegar o mais baixo possível) para mostrar aos não iniciados que o CrossFit não é para os fracos. Inicialmente, quase todos os crossfiteiros que entrevistamos adoravam a dinâmica social e a atmosfera competitiva, apesar da natureza cansativa dos treinos. No entanto, a maioria deles (no pequeno grupo amostral do nosso estudo) acabou por considerar a prática insustentável, e alguns até sofreram lesões que os forçaram a parar completamente de treinar. Houve até relatos de praticantes de CrossFit que contraíram rabdomiólise, uma condição em que seus músculos não podem ser recuperados porque você literalmente os destruiu exercitando-os demais.[3] Há também muitos relatos de pessoas que realmente gostam de CrossFit – mas, para alguns, a sustentabilidade e a longevidade são um problema.

Por fim, depois dos 40 anos, comecei a me preocupar menos em ter uma boa aparência simplesmente para alimentar minha autoestima; além disso, passei a conhecer muito melhor a fisiologia do exercício e as consequências de longo prazo do esforço excessivo. Logo, era hora de adotar uma abordagem diferente em meus esforços de preparação física. Abandonei todos os algoritmos antigos. Contratei uma treinadora, Jessie, não porque ela tenha feito alguma promessa de me dar um "corpo sarado", mas porque ela tem uma personalidade dinâmica que imaginei, corretamente, que tornaria nossos treinos divertidos. E, porque foram divertidos, pela primeira vez na minha vida treinei consistentemente durante um ano inteiro. E no final daquele ano – adivinhe – eu estava mais saudável do que nunca. Superei, quase que sem querer, as metas que estabelecemos. O tempo todo acreditei que talvez estivesse baixando meus padrões no que diz respeito ao condicionamento físico – *e isso levou a um resultado melhor*. Acontece que *consistência* era a parte da equação do condicionamento físico que me faltava, e era preciso diversão para alcançá-la.

Nunca se esqueça de que, seja qual for o seu objetivo, você terá problemas se não encontrar maneiras de mantê-lo divertido. Com isso em mente, passemos à mensuração. Quantificar seu progresso é inegavelmente parte do processo de subir de nível, mas precisamos fazer isso de uma forma que não atrapalhe sua diversão.

Suas regras

Antes de continuar, faça uma pausa e pense em uma meta SMART para você. Pode ser algo que você está considerando há algum tempo. Ou pode ser algo inspirado no seu novo Arquivo da Diversão. Pode ser uma meta de aprendizagem, uma meta relacionada ao desempenho ou, sim, até mesmo uma meta profissional. Não sinta que precisa estar 100% comprometido em avançar com isso, mas será útil ter um objetivo em mente ao continuar lendo o capítulo. No final, sua meta SMART estará totalmente carregada de diversão.

Como fazer a quantificação trabalhar para você

Embora eu seja um grande fã de Gary Wolf e do movimento Quantified Self [Eu quantificado], também já critiquei a abordagem *quant* para o autoaperfeiçoamento. Por *quant*, quero dizer a consciência de *si mesmo* através de dados, com passos contáveis, minutos meditados, calorias consumidas – o que quer que seja –, que podem, em teoria, ser usados para ajudar a motivar a mudança de comportamento. O mercado respondeu ao movimento da quantificação com uma feira CES (Consumer Electronics Show) de novas ferramentas para biofeedback, das quais o Fitbit e o Apple Watch são provavelmente as mais conhecidas.

Para ser claro, não sou anti-*quant*. Usados corretamente, os dados podem ser reveladores e úteis. Mas também vejo uma *desvantagem* subestimada na quantificação da vida. Já compartilhei no Capítulo 1 que focar a quantidade minou meu prazer experiencial de usar um aplicativo de meditação. Mas meu verdadeiro despertar para o lado sombrio da quantificação ocorreu anos antes e ainda me dá arrepios – uma história que contarei daqui a pouco. Nos anos que se seguiram, descobri que não era o único a questionar a *quant* ou a experimentar os seus potenciais efeitos nocivos.

Jordan Etkin é um pesquisador que investiga as desvantagens da *quant*. (Já mencionei a Dra. Etkin no Capítulo 4, que questiona o valor de monitorar a felicidade.) Em seu artigo "The Hidden Cost of Personal Quantification" [O custo oculto da quantificação pessoal], ela relata o resultado de seis experimentos que analisam seus efeitos.[4] Por exemplo, em um deles, Etkin pediu a um grupo de estudantes universitários que passassem o dia caminhando com um pedômetro; outro grupo também caminhou, mas não mediu o rendimento. O estudo comprovou o que já sabemos, que a medição pode levar a mudanças de comportamento no curto prazo. Os alunos com o pedômetro caminharam, de fato, mais longe, sem serem solicitados. Mas Etkin também encontrou uma desvantagem infeliz: eles gostaram menos de caminhar do que as pessoas que não mediram sua produção. O que poderia ter sido prazeroso foi vivenciado como trabalho. No longo prazo, isso afetará negativamente a sua motivação, como foi o meu caso e o do meu treinamento, até que tive a sorte de encontrar Jessie. Essas descobertas foram replicadas novamente por Rachael Kent, que estudou profissionais de ginástica que monitoravam seu progresso através do Instagram.[5]

O verdadeiro problema é que a maioria das pessoas parece ser muito Pollyanna quando se trata de *quant*. "Elas não enxergam desvantagens e, normalmente, acham que isso beneficiará alguns aspectos de sua experiência", disse-me Etkin. Dada a proliferação de ferramentas de feedback quantificado, "trata-se, potencialmente, de uma receita para tempos realmente infelizes", acrescentou ela. O trabalho da Dra. Etkin explora ideias fundamentais da psicologia social, sugerindo que criar artificialmente uma motivação extrínseca (ou seja, o fator que leva alguém a agir é uma recompensa externa, um gatilho ou uma pressão externa, em vez de um desejo interno como ter prazer, evitar a dor ou algo que apoie a sua identidade) pode minar a motivação intrínseca.[6] O problema é que a motivação intrínseca parece ser muito mais sustentável do que a extrínseca. Num estudo muito famoso sobre crianças em idade escolar (citado mais de 4 mil vezes), um grupo de pesquisa segmentado de crianças em idade pré-escolar foi recompensado por colorir algo, e depois comparado a um grupo de crianças que coloriu apenas porque era divertido. Depois, os investigadores retiraram a recompensa extrínseca – e as crianças desse grupo acharam a atividade muito menos agradável. Enquanto isso, as crianças do grupo intrinsecamente motivado continuaram a gostar da atividade.[7] Na minha própria experiência de trabalho com academias de ginástica, não é incomum ver os membros perceberem que esqueceram o rastreador de atividades, aqueles que recompensam seu esforço com alguma espécie de sistema de incentivos (por exemplo, pontos por frequência cardíaca, passos etc.) e simplesmente saírem da academia sem se exercitar – afinal, por que se exercitar se não vai ser registrado, *certo*?

Ainda assim, até mesmo Etkin admite que a *quant* pode ser útil quando aplicada a "algo em que você realmente deseja avançar" – como, digamos, uma meta SMART. Por exemplo: "Se você está tentando melhorar como corredor – ou mesmo não tentando ativamente ficar mais rápido, mas apenas tentando entender os fatores que podem afetar seu desempenho ao longo dos dias –, então o monitoramento pode fornecer informações úteis, porque você está tentando aprender ou mudar essa coisa".

Em última análise, a *quant* pode ser uma ferramenta poderosa, com uma vantagem muito nítida, à qual todos devemos estar atentos. Ela concentra firmemente sua atenção em tudo o que você escolheu medir – o que *pode* ser positivo, desde que você esteja medindo algo significativo e apropriado aos seus objetivos. Do contrário, ela poderá criar um enorme revés para sua saúde e felicidade. Vi isso acontecer em tempo real quando estava conduzindo um programa piloto inicial para testar uma variedade de dispositivos de monitoramento de saúde.[8] Meu colaborador e eu demos aleatoriamente a um pequeno grupo um monitor de atividades, uma balança de peso sem fio ou um aparelho de pressão arterial e pedimos que monitorassem seus dados. Esperávamos que isso levasse a comportamentos mais saudáveis. Não nos passou pela cabeça que os dados pudessem levar a comportamentos *prejudiciais*, mas foi exatamente isso que aconteceu com uma participante. Essa participante era uma ciclista incrível – superativa, sempre andando de bicicleta, em forma e feliz. Ela não era uma pessoa que precisava perder peso. Infelizmente, a balança foi atribuída a ela aleatoriamente e, durante nosso check-in no meio do estudo, ficou claro que ela insistia na ideia de que deveria perder peso. Consternados, quase cancelamos o programa. Desde então, tenho me preocupado cada vez mais com o excesso de quantificação como ferramenta para mudança de comportamento.

Para resumir, se você for adotar uma abordagem quantitativa, seja sumamente intencional – e certifique-se de ter os indicadores-chave de desempenho, ou KPIs (*key performance indicators*), corretos. KPIs costumam ser usados nos negócios como uma forma de definir, medir e acompanhar o sucesso de um projeto, iniciativa ou campanha. Eles respondem à pergunta: quais indicadores devem ser usados para nos dizer efetivamente se uma área de desempenho foi um sucesso? O que leva à próxima questão: como descobrir os KPIs certos para você?

Manipule o jogo a seu favor, também conhecido como Encontre os KPIs certos

Um fato pouco conhecido sobre o Ironman: nas primeiras edições da competição, os participantes não estavam tão concentrados em estabelecer recordes de tempo. Na verdade, não havia o limite de tempo de dezessete horas, como hoje. Alguns dos participantes completaram os eventos ao longo de um fim de semana, parando para socializar durante as transições. Na primeira corrida do Ironman em Oahu, no Havaí, em 1979, o competidor líder durante a maior parte da corrida terminou em segundo lugar porque sua equipe ficou sem água e lhe deu cerveja para se hidratar, fazendo-o cambalear e tropeçar nos carros.[9] O vencedor terminou a corrida em 11:46:58. (Eles definiram o limite de dezessete horas na década de 1980, e as coisas começaram a mudar – outro grande exemplo do efeito hipnotizante da *quant*? Nunca saberemos.)

Quando entrei na corrida, a cultura era muito diferente. A maioria dos competidores procurava bater recordes pessoais ou competia para vencer. Como um homem fora de forma de 110 quilos, eu sabia que precisava pensar diferente. Eu me concentraria em duas coisas: me divertir e terminar a maldita corrida. Joguei fora meu ego e admiti que, para mim, essas eram as metas alcançáveis que importavam. Se eu tivesse me concentrado em melhorar meu tempo durante o treinamento, provavelmente teria me dissuadido de toda a aventura.

O que eu não percebi foi que, sendo tão intencional e honesto sobre quais KPIs eram importantes para mim, eu estava inconscientemente manipulando o jogo a meu favor. É isso que os KPIs pessoais e significativos fazem: eles preparam você para vencer. Pensando no sistema SAVOR, essa é uma forma de edição de histórias. Você está reformulando seus objetivos e a estratégia de realização para que eles apelem às suas próprias idiossincrasias.

Existe um modelo excelente para escolher seus KPIs, que não vem de atletas de elite ou de seus treinadores. Vem de psicólogos clínicos que trabalham com pessoas para fazer o que pode ser a mudança de comportamento mais difícil que se possa imaginar: abandonar o álcool ou as drogas. Conheci o modelo em 2011, quando estava fazendo doutorado, e fiz vários amigos na universidade que eram terapeutas antidependência na Kaiser Permanente. Eles estavam tendo (e continuam tendo) um sucesso gigante usando uma abordagem chamada entrevista motivacional. O foco central da entrevista motivacional é colocar o paciente no comando do processo. Quanto mais responsáveis eles forem, mais a motivação para a mudança vem intrinsecamente (de dentro), em vez de ser algo que lhes é imposto pela família, pelos profissionais de saúde ou pela sociedade. E, quanto mais a motivação vem de dentro, maior é a probabilidade de conseguirem permanecer no programa.

Isso não é muito diferente para o resto de nós. Você precisa estabelecer uma meta 100% sua. Caso contrário, não será tão divertido e, mesmo com a melhor das intenções, a maioria de nós abandona aquilo de que não gostamos. A entrevista motivacional é um processo colaborativo liderado por um médico, mas existem *insights* que você pode aplicar ao seu próprio processo individual.

Primeiro, identifique a sua motivação pessoal: deixe de lado todo o raciocínio virtuoso que deveria motivá-lo a melhorar o seu comportamento. Em vez disso, reconheça seus verdadeiros desejos. O processo não funcionará se você for tão autocrítico a ponto de suprimir, ignorar ou deixar de identificar os sentimentos que realmente o impulsionarão para a frente. Para dar um exemplo reconhecível, consideremos pessoas que querem perder peso. Elas realmente se importam com seu IMC? Na minha experiência com saúde e bem-estar, a maioria não se importa. O que é realmente motivador pode ser a próxima reunião do Ensino Médio, onde elas adorariam passear com um corpo que pelo menos lembrasse o seu eu adolescente. Vaidade? *Talvez*. Mas é mais motivador do que algum número arbitrário? Se sim, use-o para definir o objetivo. Um médico poderia atribuir um KPI em termos de peso-alvo ou IMC, mas para a pessoa em nosso exemplo pode ser mais útil usar o tamanho da calça ou do vestido como um KPI, ou até mesmo uma roupa que inicialmente esteja muito apertada. Melhor ainda, use uma escala de um a dez derivada de você mesmo, medindo quão prazerosa seria aquela reunião para você se tamanhos variados fossem alcançados. Todos nós temos nossas peculiaridades, e podemos muito bem colocá-las em prática. Se forem profundamente pessoais, melhor ainda – estas podem ser as mais poderosas. Você não precisa compartilhá-las com ninguém. Use-as como seu superpoder secreto único.

Ser motivado pela ideia de impressionar seus antigos colegas de classe tem algumas deficiências – a saber, o impulsionamento pelo ego, com todas as fraquezas inerentes a esse tipo de objetivo. Isso não significa que você tenha de ignorá-lo. Mas, indo mais fundo, você tem alguma razão altruísta para perder peso? (Por exemplo, ser capaz de correr com seu filho no parquinho e se divertir de verdade.) Compreender de vários ângulos sua própria motivação pode ajudá-lo a desenvolver um conjunto realmente saudável de KPIs, que o ajudará a percorrer a distância.

E não apenas *pense* no que o motiva. Escreva, leia. Certifique-se de que seu raciocínio ressoe em você. Se deixar de ressoar, repense-o e reinvente-o.

Aproprie-se do "como": uma vez que sua motivação esteja no centro das atenções, você poderá passar a considerar o como – os passos reais que você dará e os marcos que você definirá para medir seu avanço. Quando se trata de como, dê a si mesmo liberdade para fazer do seu jeito. Seja qual for o seu objetivo, é quase certo que existem uma indústria e uma comunidade de pessoas que lhe dirão qual é a melhor maneira de alcançá-lo. Não tenha medo dos conselhos deles, mas compare-os com suas próprias preferências. Gosto de chamar isso de "tirar a carne do osso". Seja realista sobre seus hábitos e estilo de vida. Esse é o seu Hábito da Diversão em ação: *seus desejos e prazer são importantes!* Adora escrever, mas odeia acordar cedo? Não reserve um horário para trabalhar naquele manuscrito pela manhã – não importa o que aquele guru lhe diga. Odeia a esteira? Experimente correr ao ar livre ou fazer caminhadas. Odeia andar de bicicleta ao ar livre? Consiga uma bicicleta ergométrica.

Resumindo, *aumente o seu nível de diversão para que o trabalho seja realizado*. Quando o assunto é mensuração, nunca se esqueça da sua motivação. Uma amiga minha me disse que queria ficar em forma e por isso comprou uma nova balança. Perguntei por que ela queria entrar em forma. Ela precisava de mais energia, disse-me, e queria sentir-se física e mentalmente forte e capaz. Para ela, ficar em forma significava perder peso, com pesagens diárias como feedback. Pensamos juntos sobre sua intenção autêntica e ela percebeu que o exercício contribuiria mais e seria mais rápido para seu objetivo do que fazer dieta. Ela não estava infeliz com sua aparência, mas sim com como se sentia, e já tinha visto no passado o exercício regular mudar aquela situação bem rapidamente. Então, em vez de focar a perda de peso, ela decidiu saciar seu lado competitivo treinando para uma corrida de dez quilômetros. Seu plano era mais ou menos assim:

- **Meta SMART:** correr 10 km em três meses
- **Motivação:** aumentar os níveis de energia
- **KPIs:** concluir o plano de treinamentos; terminar a corrida; monitorar os níveis de energia e prazer antes, durante e depois dos treinos.

Algumas considerações finais sobre KPIs

Tente incluir pelo menos um KPI focado em aumentar a diversão, seja durante o tempo que você dedica ao seu objetivo, seja, de modo mais geral, durante o seu grande esforço.

- Certifique-se de que seus KPIs estejam totalmente sob seu controle. Vamos usar a perda de peso novamente como exemplo negativo. Seu peso é controlado por muitos fatores, incluindo genética, idade e hormônios. Você pode fazer todas as "coisas certas" e ainda assim acabar frustrado com isso como medida de sucesso.
- Mantenha seus KPIs o mais em segundo plano possível. Etkin sugere descobrir o intervalo menos frequente em que você pode receber feedback e fazer com que ele ainda seja significativo para ajudá-lo a corrigir o curso e permanecer motivado. Não cheque os dados com mais frequência do que o necessário. Vários produtos de bem-estar refletem a sabedoria desse conselho, incluindo a balança Shapa, que não informa seu peso, apenas se você

está na direção certa. O aplicativo de meditação Waking Up, de Sam Harris, foi desenvolvido para incluir um contador de sessões consecutivas, mas em uma atualização recente sua equipe de desenvolvimento ocultou esse recurso na esperança de reduzir a motivação para meditar por uma moeda virtual artificial, ou o que ele chama de "materialismo espiritual."

Quando as coisas ficam difíceis

Sejamos realistas aqui: nem sempre perseguir um objetivo é legal como um videogame. Existem momentos dolorosos e em que estamos mais pra baixo; dias em que você preferiria não dar a mínima. A diversão pode ajudar. O que se segue são algumas ideias baseadas na minha primeira experiência no Ironman – e, claro, em alguma ciência comportamental atual – que podem ajudá-lo a fazer as coisas que realmente são difíceis ficarem tão divertidas quanto possível.

Agrupamento de atividades, também conhecido como *iscas*: sou um grande fã da ideia de incentivos (*nudges*), popularizada na mudança de comportamento por Richard Thaler e Cass Sunstein em 2008 em seu livro *Nudge: Improving Decisions About Health, Wealth, and Happiness* [Incentivos: melhorando decisões sobre saúde, riqueza e felicidade].[10] *Nudges* são pequenas mudanças que levam os indivíduos a melhores escolhas. Em 2009, a Volkswagen pegou a ideia e adicionou um ingrediente-chave: *diversão*! Você deve se lembrar de ter visto alguns dos vídeos virais da campanha que eles chamaram de *Fun Theory* [Teoria da diversão]. No exemplo mais famoso, eles perguntaram: "Podemos fazer com que mais pessoas escolham as escadas, tornando-as mais divertidas?". Eles então transformaram um lance de escadas do metrô de Estocolmo em teclas de piano que os pedestres "tocariam" ao subi-lo e filmaram os resultados, já que a maioria das pessoas preferiu as escadas físicas às escadas rolantes. (Você pode conferir aqui: https://share.michaelrucker.com/fun-theory.)

A Volkswagen, tal como Thaler e Sunstein, concentrou-se principalmente na mudança de comportamento no nível da saúde pública. Mais recentemente, autores como BJ Fogg, em *Micro-hábitos*, e James Clear, em *Hábitos atômicos*, popularizaram essa ideia em um nível individual, reorientando os esforços de autoaperfeiçoamento em mínimas mudanças que tornam os comportamentos positivos o caminho de menor resistência. Para usar o exemplo mais icônico de Fogg, digamos que você comece com a meta de correr todos os dias. "Delete isso", diz Fogg. Pense menor, muito menor: estabeleça uma meta simplesmente de calçar seus tênis de corrida todos os dias – e então observe a mágica acontecer quando você acabar correndo mais do que correria com sua meta original.

Como aqui nosso foco são os poderes comprovados da diversão, sugiro uma pequena diferença – não um incentivo, mas uma *isca*: uma dose de diversão cuidadosamente aplicada para ajudar a empurrá-lo conforme você avança em direção ao seu objetivo. Ela pode ser minúscula; por exemplo, malhar com roupas que lhe dão prazer. Para mim, isso significava shorts ruidosos para meu treinamento no Ironman, em vez dos Speedos e shorts de bicicleta caros que, para mim, sinalizavam uma combinação desagradável de extravagância e humilhação. Pode ser usar sua música favorita como despertador para acordar de manhã ou cortar as cenouras de seus filhos em formato de estrela. (Alimentos com formatos extravagantes, delicadamente dispostos em palitos de dente, não são simplesmente práticas parentais performáticas. Muitos estudos mostram que a aparência dos alimentos tem um grande impacto sobre a quantidade consumida, especialmente quando se trata de crianças.)[11]

As iscas também podem assumir a forma de agrupamento de atividades. A parte mais difícil do meu treinamento no Ironman era o ciclismo, meu esporte menos favorito no triatlo e aquele no qual eu era mais fraco. Então, em vez de pedalar na estrada, comprei um CompuTrainer que transformou meu treino de bicicleta em um jogo. Atraído para algo mais divertido, o treinamento ficou agradável.

Passei de odiar a esperar ansiosamente por ele. Durante a corrida em si, que às vezes era mesmo cansativa, minha isca para completar a etapa de ciclismo era equipar minha bicicleta com alto-falantes para que eu pudesse ouvir as músicas que meus amigos escolheram para mim antes da corrida. Ouvir as músicas não apenas levantou meu ânimo durante os trechos mais difíceis, mas como cada música era tão única quanto o amigo que a escolheu, foi como tê-los ali comigo, torcendo por mim (algo que na realidade não era prático, dado que a corrida foi na Nova Zelândia).

Nomeie seu objetivo: Shakespeare era um grande poeta e dramaturgo, mas um péssimo cientista comportamental. Acontece que uma rosa com qualquer outro nome pode *não* ter o cheiro tão doce. Por exemplo, um estudo mostrou que aumentamos significativamente a nossa escolha de alimentos saudáveis quando essas escolhas são rotuladas com "descritores indulgentes" – rótulos tão poéticos como "cenouras torcidas" e "beterrabas dinamite".[12] A linguagem importa, então dê à sua meta ou ao seu projeto um nome que você adore. Eu não me referia ao meu treinamento Ironman como treinamento Ironman. *Eca!* Eu o chamava de Projeto Burrito, por causa do meu plano de usar o dinheiro das apostas dos meus amigos para abrir minha lanchonete de burritos à beira-mar. Era um nome que combinava com todo o espírito da empreitada e me fazia sorrir sempre que pensava nisso. Também conectou meu treinamento à minha *motivação*, que era me dar impulso para iniciar meu próximo grande projeto. Dê ao seu objetivo um nome que o ilumine. Pode ser engraçado, pode ser extravagante, pode até ser sério. *Você decide*.

Recompense-se: como aprendemos com Woolley e Fishbach, recompensas imediatas são mais motivadoras do que a maioria de nós imagina. Considere recompensar-se sempre que riscar uma tarefa importante da sua lista ou atingir um marco. Escreva uma lista de pequenas indulgências (sinta-se à vontade para retirá-la do seu

Arquivo da Diversão) e escolha uma quando chegar a hora. Apenas certifique-se de que a recompensa esteja alinhada com seus objetivos de longo prazo (por exemplo, se perder peso for seu objetivo final, não recompense a queima de trezentas calorias com smoothies de seiscentas calorias).

Quando chegou o dia do Ironman, o despertador me acordou às 4h da manhã, e eu só conseguia pensar em uma coisa: *E se eu fracassar?* Todas as dúvidas que eu tinha conseguido suprimir tão bem despencaram sobre mim e senti o pânico se instalar. Então me lembrei de um e-mail que recebi de Dave Scott, uma lenda local da minha cidade natal, Davis, Califórnia, e a primeira pessoa a ser incluída no Hall da Fama do Ironman por seu sucesso no esporte. "É só um Ironman", escreveu ele. *Ele estava certo!* O que aconteceria se eu não terminasse? Seria constrangedor, mas eu superaria. O que estava em jogo era por vontade minha, e eu poderia reimaginar as coisas se fosse parar no fundo do poço.

É uma linha tênue: temos que levar nossos objetivos a sério para nos comprometermos com eles, mas se os levarmos muito a sério e não nos divertirmos ao longo do caminho, o medo e a pressão podem nos dominar. Isso é especialmente verdadeiro quando, na condição de adultos, tentamos algo novo que nos provoca sensações de estranheza e vulnerabilidade.

Recordar-nos constantemente de revestir nossos objetivos de diversão nos coloca em um espaço mais seguro. Quando me lembrei de que o objetivo da minha aventura no Ironman era me divertir, realmente terminar o percurso passou a importar muito menos. Esse pensamento foi suficiente para me tirar da cama e entrar em um carro que pegaria meu melhor amigo Micah. O que nos leva ao ingrediente final para trazer seu Hábito da Diversão aos seus maiores e mais complicados objetivos: as *pessoas*.

Hall da Diversão 43 Things

O primeiro experimento social 43 Things foi um site criado em 2005 que rapidamente se tornou popular pela forma divertida e fácil com que permitia o compartilhamento de objetivos com outras pessoas. O site levava os visitantes a se perguntar: "O que você quer fazer da sua vida?". Em resposta, você listava até 43 objetivos diferentes. (Os fundadores escolheram 43 porque parecia administrável, era menor que 50 e era um número primo.) Você também podia conferir as listas de outras pessoas e torcer por elas. O site envolveu e inspirou milhões de usuários antes de sair do ar no início de 2015. Embora o objetivo mais popular do site ("Blogar") fosse revelador sobre o momento cultural, outros eram clássicos reconhecíveis: perder peso, parar de procrastinar, correr uma maratona. Outros ainda eram comoventes: beijar na chuva, me amar, parar de me importar com o que as outras pessoas pensam de mim.

O cofundador Daniel Spils compartilhou que ele pessoalmente completou mais de quinhentos objetivos usando o site, "tudo, desde 'comer uma banana' até 'criar uma empresa que sobreviva dois anos' e 'casar'".[13] Mas, até 2016, havia um objetivo específico que ficou inconcluso: "gravar um álbum no meu porão". (Desde 1996, o multitalentoso Spils toca teclado na banda Maktub, de Seattle.)

Depois de saber que um ex-colega havia falecido, Spils se viu refletindo sobre "a natureza fugaz de nossas conexões humanas e as coisas que pretendemos alcançar". Então, pegou sua antiga lista e decidiu finalmente tentar gravar um álbum. Ele e sua esposa, Brangien, formaram uma banda chamada The Argument, e juntos lançaram onze músicas, todas gravadas em seu porão.

Torne-o social

Aprenda com um Ironman: para realizar o impossível, ter espectadores ajuda. Se você já assistiu a uma grande corrida, sabe que os melhores espectadores não são nada passivos. Eles gritam e comemoram. Distribuem lanches e água extra. Acenam sinais criativos e engraçados que fazem você rir quando está sofrendo. Eles o agarram quando a corrida acaba, o beijam e dão a você um burrito e uma cerveja. (*Pelo menos se eles forem minha esposa.*)

Posso dizer com sinceridade que não teria terminado a corrida sem as pessoas que me apoiaram. Moicano e shorts são ótimos, mas ter família e amigos ali foi o que tornou tudo realmente divertido e criou as memórias mais indeléveis. Durante o Ironman, desabei logo depois de percorrer 160 quilômetros de bicicleta. Meus quadríceps paralisaram com cãibras e tive que descer da bicicleta. Achei que seria o fim, que a dor nunca iria parar. Mas, milagrosamente, ela parou, e cheguei à última transição com cinco minutos de antecedência. A partir desse ponto, minhas lembranças são doces – apesar de um joelho machucado, da exaustão e de tudo o que você esperaria depois de nadar 3,9 quilômetros e pedalar para cima e para baixo por 180 quilômetros em estradas rurais.

A maratona era minha zona de conforto, e eu tinha pouco mais de seis horas para terminá-la, o que ajudou. Mas o que realmente deixou tudo ótimo foram as pessoas. Meus pais estavam lá, minha mãe torcendo por mim, pois eu fui uma das últimas pessoas a entrar na barraca de transição antes do corte da bicicleta. Com cerca de oito quilômetros de corrida, consegui dar um tapa na mão de Micah, que já estava em sua segunda volta e terminaria em menos de treze horas. Depois de vê-lo e sentir a alegria de saber que ele já estava chegando ao fim, senti meu joelho começar a relaxar e acelerei o ritmo. Percebi que os espectadores me reconheciam por causa do meu moicano e aplaudiam efusivamente – e ainda mais alto na minha segunda volta. Uma família neozelandesa me seguiu durante todas as duas horas finais da corrida, trazendo-me um colar por causa dos meus shorts malucos. A quatrocentos metros do final, meu pai apareceu do nada e me parabenizou. De lá até a linha de chegada, eu fiquei com um sorriso ridículo no rosto. No tempo oficial de **16:38:49**, eu tinha conseguido! *Era um Ironman!*

Os conselhos típicos sobre como tornar sociais as metas concentram-se principalmente na responsabilidade. Pessoas como Tony Robbins o incentivam a divulgar seu objetivo em público, porque você não vai querer viver com a vergonha do fracasso. Mas a vergonha é mesmo tão motivadora para todas as pessoas? Para mim, essa ideia deixa completamente de lado a verdadeira magia de convidar outras pessoas para conhecer seus objetivos. A razão para fazer isso é que seu objetivo se torna imediatamente mais divertido. Esse fator diversão resolve com facilidade o problema da responsabilização. Você precisa mesmo ser responsabilizado por fazer algo agradável com pessoas de quem você gosta? *Provavelmente não.*

Você pode observar essa mudança de pensamento afetando as tendências nos exercícios físicos. Nos anos 1990, os campos de treinamento estavam na moda, com foco em trotes amigáveis e na exigência amorosa. Hoje, as empresas mais influentes em exercícios físicos sociais são a SoulCycle e a Peloton, aulas de ciclismo que se valem da energia e da positividade de grandes grupos para ajudar as pessoas a ficarem e a permanecerem em forma. Tenho vários instrutores favoritos de Peloton, mas aquela cujas aulas mais se apoiam no combustível da diversão é Jess King. King se posiciona como anfitriã de uma festa que está sempre disponível para você. As aulas dela podem ser desafiadoras, mas você não se importa porque são divertidas. Se você olhar o site da Jess King Experience, talvez nem perceba que se trata de aulas de ginástica. Não há menção a calorias, condicionamento físico ou sensação de queimação. Em vez disso, você é convidado para "um grupo de pessoas" com a missão de inspirar um "senso de união", uma "experiência comovente, musical e imersiva da qual nossos membros são uma parte inerente". (Se você acha o Peloton tão divertido quanto eu, vamos nos conectar na plataforma. Eu participo como **Cr8Fun**.)

Por fim, lembre-se de que os amigos são mais do que apoiadores ou companheiros de viagem. Eles também são recursos incríveis quando você busca aprender e dominar coisas novas. Vi o exemplo mais literal disso no *feed* do Facebook de uma amiga de um amigo. Carrie tinha desenvolvido uma lista de coisas que queria aprender a fazer ou melhorar – de tudo, desde fazer um suflê até aprender a tocar teremim, passando por escrever um livro. Ela colocou a lista inteira em uma planilha do Google e a compartilhou, dizendo: "Esta é a minha maneira de alcançar todas as pessoas com quem não passei tempo suficiente nos últimos 25 anos". Ela pediu às pessoas que se inscrevessem na planilha para lhe ensinar o que pudessem durante uma reunião do Zoom. Ela também incentivou as pessoas a colocar seus nomes se vissem algo que também queriam aprender, para que pudessem fazer isso juntos, ou a acrescentar um item se houvesse algo que ela pudesse *lhes* ensinar. A planilha tinha 131 metas de aprendizagem e, três semanas depois, cerca de trinta delas tinham professores voluntários ou parceiros de aprendizagem entre os amigos de Carrie no Facebook. Seu primeiro Zoom foi com uma velha amiga que a ensinou a fazer malabarismo.

Já conhecemos a poderosa influência positiva que nossos amigos podem exercer. Ao subir de nível, você se beneficia ainda mais dessa influência. Quem em seu círculo pode se juntar a você para se *divertir muito*?

Capítulo 11

A diversão é uma força para a mudança

> Algumas pessoas veem coisas que
> existem e perguntam: por quê?
> Algumas pessoas sonham com coisas que
> nunca existiram e perguntam: por que não?
> Algumas pessoas precisam ir trabalhar
> e não têm tempo para tudo isso.
>
> **– GEORGE CARLIN**

Em 1986, 5 milhões de adultos e crianças deram as mãos para formar uma fila de quase 7 mil quilômetros por todo o país, nos Estados Unidos. Qualquer pessoa com idade suficiente provavelmente se lembra daquele dia. Durante quinze minutos, o país se uniu intencionalmente. Os participantes deram as mãos e cantaram "We Are the World" e "America the Beautiful", junto com uma música escrita especificamente para o dia. O evento arrecadou 53 milhões de dólares de doações para a África, ao mesmo tempo que fez uma declaração poderosa sobre o que a ação coletiva pode fazer – e como ela é fantástica. Ficar juntos, seja segurando a mão do seu melhor amigo ou a mão de um estranho, foi como um portal mágico para a diversão transcendental que discutimos antes.

Se você participou de qualquer tipo de ação coletiva, sem dúvida já experimentou esse sentimento, seja como um voluntário entregando comida a alguém necessitado, protestando por mudanças sociais ou apoiando um candidato político que você acredita que realmente fará a diferença. Unir forças por uma causa oferece uma bela oportunidade de sair de si mesmo e entrar em algo maior – algo esperançoso.

Talvez seja por isso que perseguir metas que ajudam os outros aumenta o nosso bem-estar, como aprendemos no último capítulo, com o estudo do Dr. Ehrlich sobre como o *porquê* de estabelecer uma meta afeta a nossa felicidade. No passado, a maioria dos acadêmicos concentrou-se na maneira como os objetivos servem ao "*Eu*", destacando os benefícios dos objetivos que fortalecem nosso senso de autonomia. A estrutura das razões para buscar objetivos, como proposto por Ehrlich, tanto expande a moldura quanto estreita seu foco, de modo a podermos nos concentrar no efeito de bem-estar dos objetivos buscados com motivação puramente altruísta e focada externamente. O que ele descobriu foi que os indivíduos se beneficiam quando os seus objetivos são escolhidos tendo o "*nós*" em mente. *Ser* a mudança que você deseja ver no mundo (por exemplo, ajudar os outros, tornar o mundo um lugar melhor) também foi identificado por Ehrlich como um dos ingredientes-chave para apoiar positivamente o nosso bem-estar subjetivo.[1] Em outras palavras, ser uma força do bem é uma ótima maneira de se tornar mais feliz. É mais uma oportunidade de usar a diversão para transcender o *eu* e saltar para o *nós*, conectando-nos a algo maior do que nós mesmos, e talvez até nos permitindo ter um vislumbre do chamamos aqui de *O Mistério*.

Agora, fechando o círculo, a ação coletiva se encaixa naturalmente na definição de diversão da qual você deve se lembrar do primeiro capítulo. Tanto a ação coletiva quanto a diversão:

Têm um viés para a ação

Ambas tiram você do seu proverbial sofá e o levam para o mundo. Em vez de se preocupar com o peso dos problemas do mundo, você está fazendo *algo* para melhorar as coisas. É um alívio para o sentimento de impotência que surge ao digerir as intermináveis histórias desanimadoras que nos são transmitidas pelos meios de comunicação e pelas redes sociais.

Pró-sociais

Ambas tiram você de dentro da sua própria cabeça. Em vez de se sentir sozinho, você está se conectando a algo diferente de você mesmo. Você está mudando do pensamento *eu* para o *nós*, parando de levar você mesmo e seus próprios problemas tão a sério.

Melhor quando autônomas

Escolher a maneira como você ajudará os outros é algo completamente diferente de ser levado a fazer algo pela culpa, porque aquele é seu "dever". Quando nos sentimos julgados ou pressionados, tendemos a nos tornar menos caridosos. Lembro-me de um episódio de *South Park* em que o personagem Randy Marsh se recusa a doar um dólar para a caridade na caixa registradora. Então, para concluir a compra, o caixa da Whole Foods força Randy a dizer no alto-falante: "Não vou dar nada às crianças famintas", depois de dar um sermão sobre sua decisão. "Então, com o sorvete, a vodca, as minipizzas e nada para as crianças famintas, são 37,83 dólares", diz o caixa em voz alta enquanto todos na fila assistem. Embora satírico, o trecho é engraçado porque se baseia no verdadeiro desconforto que sentimos quando nos sentimos coagidos.[2] (Para assistir ao trecho, visite https://share.michaelrucker.com/donation-shaming.)

Você incluiu atividades inspiradas no altruísmo, no voluntariado ou no ativismo em seu Arquivo da Diversão? Talvez não. Já passei por isso. Os motivos variam. Às vezes temos pouco tempo, trabalhamos demais e, portanto, queremos a liberdade de usar o resto do nosso tempo para atividades pessoais e momentos de espontaneidade. No Ocidente, estamos imersos numa cultura que posiciona as atividades pró-sociais como distrações das coisas importantes *de verdade*, como o sucesso individual.

Além disso, quem se comprometeu com uma causa sabe que nem todo momento é prazeroso. A luta para superar qualquer problema ou questão social significativa pode ser dolorosa e exaustiva. Pode parecer que damos dois passos para a frente e um para trás. Ela pode nos forçar a ter intimidade com a onipresença da dor e do sofrimento, tanto os nossos como os dos outros. Para aqueles que se comprometem profundamente, isso pode significar longas horas e verdadeiro sacrifício, às vezes até perigo.

Diversão, a aliada subutilizada

Agentes de mudança bem-sucedidos sabem que combinar prazer com ativismo sustenta e desenvolve movimentos. É o **agrupamento de atividades** em sua versão mais impactante. Pense, por exemplo, em como os músicos impulsionam a mudança social ao fazer da sua música a trilha sonora de um movimento. Já mencionei "We Are the World", e também Adam Yauch e os Beastie Boys tocando para multidões gigantescas para ajudar a libertar o Tibete (no Capítulo 6). A música desempenhou um papel importante na luta contra o Apartheid na década de 1980. E não apenas a música. Outras formas de entretenimento – humor, teatro, eventos para a arrecadação de fundos – fornecem a energia necessária para sustentar um movimento e causar impacto. A diversão atrai pessoas que de outra forma não contribuiriam com seu tempo. Prazeres simples podem ser uma ponte para compromissos mais profundos.

Quer você enxergue ou não a retribuição como um imperativo moral, esse é um acréscimo sensato para qualquer Hábito da Diversão. Sabe o que não é divertido? Sentir o peso dos problemas do mundo e *não* ajudar. A maioria de nós sente vontade de contribuir de alguma forma para o bem maior, mas acaba se afogando na abundância de males sociais, congelada na chamada *fadiga da escolha*.[3] Você deve se lembrar das pesquisas sobre fadiga da escolha do exercício para o Arquivo da Diversão, no Capítulo 2. Quando há muitas escolhas para compreender, ficamos paralisados e insatisfeitos, às vezes até ansiosos. Com tantos traumas coletivos a nos atingir por todos os lados, pode parecer que carregamos o peso dos problemas do mundo sobre os nossos ombros, especialmente quando sentimos que não estamos contribuindo *em nada* para melhorar as coisas. *Nada*, aí está a palavra de novo. Preocupar-se obsessivamente ou postar outro meme de "apoio" só alimenta o *Nada* ainda mais.

Não estou tentando vilanizar a simpatia; ela certamente é uma opção melhor do que a apatia. Contudo, por definição, falta-lhe empatia e, certamente, ação. Então, em vez disso, deixe que a diversão e a compaixão sejam aliadas naturais que o levem à ação coletiva. A diversão é uma ótima maneira de começar a trilhar o caminho como colaborador e agente de mudanças – e uma ótima maneira de continuar avançando, mesmo em momentos em que o processo é árduo.

Os benefícios pessoais de retribuir

Se os enormes desafios globais que a humanidade enfrenta o deixam desconfortável e ansioso, é quase certo que a ação coletiva vai lhe aliviar – especialmente se escolher o seu ponto de entrada com a diversão em mente. A PlayBuild é um excelente exemplo de organização sem fins lucrativos que utiliza a diversão como combustível para a contribuição comunitária e o impacto social. Fundada em Nova Orleans por Angela Kyle e Charlotte Jones, a organização se dedica a mudar a vida de crianças através do brincar. O primeiro site do PlayBuild foi criado em 2013, quando Kyle alugou um terreno de 2,75 metros por 27,50 metros em um bairro decadente e predominantemente negro de Nova Orleans e o transformou em um engenhoso e colorido "playground de grife". A PlayBuild, que é a edição de histórias em seu melhor, remodelou um ambiente dilapidado, transformando-o em um espaço divertido, convidativo e inclusivo para brincar. Em um bairro com poucos parques ou playgrounds, a instalação da PlayBuild oferece aos visitantes blocos gigantes, tubos e kits Rigamajig Builder* para criar elementos imaginários em seu bairro – casas, castelos, lojas etc. A diversão é, obviamente, um resultado importante, mas a missão é mais profunda: ajudar as crianças a perceberem que podem ser agentes de mudança na sua própria comunidade, ou, como Kyle disse uma vez, "colocá-las diretamente em contato com a transformação do ambiente construído para que enxerguem a oportunidade de ser *agentes* dessa transformação, e não só observadores passivos, à medida que quarteirões inteiros se transformam em algo diferente [pós-furacão Katrina]".[4]

A PlayBuild procura dar a mais crianças, adultos e voluntários a oportunidade de aprender para que possam moldar ativamente os seus ambientes, tornando-se guardiões conscientes dos seus bairros, cidades e planeta. Usando os termos que os psicólogos usariam, esse é um meio de construir *autoeficácia*, a crença de que você tem o que é preciso para enfrentar qualquer desafio. Como Angela me disse: "Ter voluntários da comunidade envolvidos no movimento tem sido muito poderoso porque confere a eles autoridade, habilidade e capacidade para que suas vozes sejam ouvidas. Numa área onde as pessoas de cor estão sendo prejudicadas pela gentrificação, ao defenderem algo de grande importância, incluindo questões de segurança, mobilidade e acessibilidade, esses voluntários tornam-se uma parte ativa do processo de planejamento comunitário".

A participação em ações coletivas parece produzir resultados semelhantes para adolescentes e adultos que constroem "estruturas" novas e melhores no mundo real. Preocupar-se com os problemas do mundo pode nos sobrecarregar, mas colaborar com outros para fazer mudanças positivas, não. Na verdade, parece produzir o efeito

* Marca de brinquedos americana que produz kits de construção em grande escala, em madeira. (N.T.)

oposto, um sentimento mais forte de autoeficácia e autoconsciência, de acordo com um estudo realizado com adolescentes em todo o Reino Unido.[5] Compartilhar um propósito com outras pessoas também aumenta o *vínculo*,[6] que, como discutimos antes, é um alicerce primário do bem-estar.

Embora as pesquisas sobre os benefícios psicológicos do ativismo político sejam um tanto limitadas, existe um grande conjunto de estudos que liga servir, ou o voluntariado, a melhorias na saúde física e mental. Oferecer seu tempo para ajudar os outros inevitavelmente proporciona oportunidades de comunidade e conexão – o que demonstrou trazer grandes benefícios à saúde, incluindo o alívio da depressão,[7] a redução da pressão arterial[8] e a melhoria da longevidade.[9] Já se demonstrou que até mesmo doar dinheiro para instituições de caridade melhora a saúde,[10] o que sugere que há mais em jogo do que simplesmente o ato de estar em campo.

Na PlayBuild, o "trabalho" em si é divertido por natureza, tornando-o uma proposta vantajosa para todos aqueles que procuram renovar-se através do envolvimento em uma comunidade. Angela diz: "O aspecto intergeracional da brincadeira também é ótimo. Crianças e avós da vizinhança se reunindo. Faremos uma caça aos ovos de Páscoa ou um piquenique no nosso espaço em que não estarão só crianças. São crianças, pais, avós, tias e tios, e todos estão se reunindo e brincando juntos. Isso cria um modo alternativo de comunicação, já que o ambiente é diferente e isso pode ser muito poderoso".

Reconheça a diversão como um ponto de partida

Você pode sentir necessidade de se julgar por colocar a diversão no topo de seus critérios ao buscar oportunidades de servir. Mas a gratificação imediata pode abrir opções para você começar, e depois ajudá-lo a avançar iterativamente para um trabalho mais desafiador ou para um compromisso mais profundo com um problema – e, se isso não acontecer, pelo menos você contribuiu um pouco. Um dos temas onipresentes deste livro se aplica a este ponto: quando se trata de diversão e atividades mais sérias, uma não precisa ser feita à custa da outra. Na linguagem da comédia de improviso, não é "ou/ou", é "sim, e". (Essa frase viajou do palco para as conversas convencionais como um atalho para o valor de uma atitude expansiva e voltada para o crescimento.)

Uma inspiração que tenho para o ativismo focado na diversão é Graeme Staddon, o amigo que mencionei no Capítulo 7 e que conheci no Serpentine Running Club quando morei brevemente em Londres. (Ficamos amigos ao tentar encontrar batatas fritas e salsa de qualidade no Reino Unido. Infelizmente fracassamos, mas nos divertimos muito tentando e desfrutamos de boas cervejas no processo.) Infelizmente, Graeme perdeu o sogro de câncer de próstata em 2016 e, em 2017, seu pai foi diagnosticado com câncer de mama (sim, os homens podem ter esse câncer, embora muito raramente). O pai dele sobreviveu. Graeme decidiu que queria fazer algo para ajudar a salvar outras pessoas do sofrimento. Ele anunciou no início de 2020 que correria doze maratonas naquele ano, com a meta de arrecadar 5 libras para cada milha corrida, ou 1.572 libras. Se uma maratona por mês parece loucura para você, considere que Graeme tinha 51 anos e tinha voltado a correr havia pouco tempo. Mesmo assim, ele abriu uma página de doações em uma plataforma de arrecadação de fundos e foi em frente. Suas duas primeiras maratonas foram auto-organizadas, e a terceira foi a Larmer Tree Marathon, em South Wiltshire, Inglaterra, que ele correu com sua esposa. Ele tinha planejado misturar corridas solo e organizadas – e então a pandemia chegou. A Inglaterra, como muitos outros lugares, impôs um confinamento rigoroso. Acabaram as maratonas em grupo.

Muita gente teria desistido. Graeme não, e a razão dele para isso põe em evidência o motivo pelo qual o ativismo divertido tem um verdadeiro poder de permanência. Primeiro, Graeme escolheu um pequeno conjunto de problemas no qual estava pessoalmente envolvido e com as quais estava profundamente comprometido. Em segundo lugar, o meio de retribuir era uma atividade que ele amava e pela qual tinha profunda consideração. Ele sabia planejar um percurso de corrida e organizar seu próprio financiamento. E o confinamento na Inglaterra ainda permitia que as pessoas praticassem exercício ao ar livre (desde que o distanciamento social pudesse ser mantido).

Seu incrível compromisso solo rendeu uma boa história, e o noticiário local rapidamente se interessou por ela. Ele falou no rádio, e sua página de doações foi amplamente compartilhada. Os meses foram passando e, à medida que dezembro se aproximava, ele decidiu aumentar a aposta, terminando seu projeto com uma maratona dupla em dezembro – 87 quilômetros do West End, em Southampton, até Sandbanks, em Poole, que ele planejava correr em dez a doze horas, começando e terminando no escuro. Ele acabou terminando o percurso em 9 horas e 59 minutos – elevando sua quilometragem anual para 2.127 quilômetros, com um total de 5.692 libras arrecadadas, quase o quádruplo da sua meta inicial.

Correr pode muitas vezes ser um esporte solitário, mas a experiência dele na criação do evento foi tudo menos isso. Em uma postagem no Facebook, ele disse que o que mais o surpreendeu foram todas as conversas que seu esforço gerou, tanto pessoalmente quanto online. Outras pessoas compartilharam histórias sobre entes queridos com câncer de pâncreas ou de mama. Outras lhe disseram que ele as tinha inspirado a se tornarem ativas.

Muitas pessoas em todo o mundo viveram um 2020 solitário, monótono, indutor de ansiedade ou mesmo depressivo. Um ano com pouca ou nenhuma opção. Enquanto isso, Graeme estava vivendo a melhor versão de sua vida, inspirando outras pessoas e contribuindo para a pesquisa sobre o câncer, ao mesmo tempo que fazia o que amava. É uma decisão fácil, não?

Se Graeme conseguiu arrecadar dinheiro correndo maratonas durante a pandemia, um período em que *ninguém correu maratonas*, imagine o que você poderia fazer se decidisse liberar seus próprios interesses e criatividade a serviço de uma causa. O que podemos aprender com Graeme sobre como começar? Ser cuidadoso com como você direciona seu envolvimento comunitário pode produzir uma experiência que satisfaça as três necessidades psicológicas básicas do eu – autonomia, competência e vínculo (ou seja, sentir-se conectado com os outros) – e, ao mesmo tempo, o conecte de forma expansiva a muito mais.

- **Escolha uma causa que seja pessoal:** retribuir expande seu senso de autonomia quando você está fazendo um trabalho que é exclusivamente significativo para você, em vez de um trabalho escolhido porque é popular ou guiado pela pressão social. Com a mente aberta, tente descobrir sua vocação. Então, seja intencional sobre para onde direciona sua energia altruísta. Há um milhão de problemas diferentes para resolver e maneiras de ajudar. Direcione sua energia para o que ressoa em você. É muito mais provável que você mantenha o compromisso se ele o motivar intrinsecamente e fizer você se sentir bem.
- **Encontre uma forma de participar que se adapte à sua personalidade e conjunto de habilidades:** ser ativo em prol de uma causa não significa que você tenha que estar na primeira fila de um comício. As organizações precisam de ajuda em tudo, desde a divulgação de informações até a preparação de refeições, desde a arrecadação de fundos até a construção de casas. Se você sentir que está exercendo seus dons únicos a serviço dos outros, desfrutará de um sentimento de competência que poderá até revigorar outras áreas de sua vida, profissionalmente ou não.
- **Toque o trombone:** quando feito com autenticidade, compartilhar seu envolvimento comunitário com outras pessoas é uma ótima maneira de desfrutar da experiência e aprofundar seu compromisso. É uma oportunidade para melhorar seu senso de vínculo, mediante o estabelecimento de uma conexão profunda com o trabalho em si, potencialmente atraindo outras pessoas interessadas para se juntarem à diversão.

Em suma, mude sua motivação de iscas egocêntricas baseadas em recompensas ("Vou participar para conseguir a recompensa/impressionar meus amigos/ficar sozinho") para iscas mais intrínsecas e compassivas ("Vou participar porque isso me acende por dentro/porque fazer o bem é gostoso"). Essa mudança produz a melhor experiência e os melhores resultados. É também uma motivação duradoura.

Para inspirá-lo ainda mais, aqui está outro exemplo. Noah Kagan, fundador do AppSumo, é alguém que queria organizar um evento divertido para sua comunidade e ao mesmo tempo fazer algo de bom. O evento que ele desenvolveu, o Sumo 50 Charity Ride, foi feito sob medida para criar camaradagem e alegria, não apenas para ele, mas para a comunidade de empreendedores que ele forjou ao longo dos anos. Posso afirmar isso por experiência própria porque participei do passeio. Quer soubesse disso ou não, ele ofereceu a mim (e a outras pessoas) a combinação perfeita entre motivações intrínsecas e baseadas em recompensas para que eu participasse. Ele pediu à organizadora da Lance Armstrong que projetasse um percurso de 40 e 80 quilômetros para o evento, então todos sabíamos de antemão que seria um percurso agradável e possivelmente desafiador. Antes do passeio propriamente dito, ele planejou uma grande festa com um épico show de mágica de Jonah Babins (que é um mágico incrível, confira aqui: https://share.michaelrucker.com/jonah-babins). Depois do passeio, festejamos com tacos (Noah é maluco por tacos), margaritas e música ao vivo. Para influenciar as pessoas a doarem mais, Noah ofereceu várias opções de incentivo, incluindo sessões de *coaching* de negócios pessoais para aqueles que atingissem limites específicos de doação. Enquanto isso, a cada 300 dólares arrecadados o evento fornecia um laptop para uma criança cuja família precisava de ajuda. O evento inaugural do Sumo 50 totalizou cinquenta laptops para crianças carentes.

Morando numa zona rural da Carolina do Norte durante a pandemia, vi em primeira mão o impacto da falta de um computador sobre crianças desprivilegiadas, que enfrentam inúmeros fardos relativos ao ensino a distância. Voltarei sempre que Noah fizer o evento. É um ótimo momento, com bons tacos e (o mais importante) pessoas muito divertidas. Mas, claro, não é apenas por diversão – participar significa que mais crianças merecedoras continuarão a obter as ferramentas de que necessitam para ter sucesso.

Diversão em conjunto para um bem maior

A história de Noah é um ótimo exemplo de como é mais fácil incorporar contribuição e serviço em sua vida se você convidar sua comunidade para aproveitar o passeio com você. Isso inclui sua família, quer isso signifique seus filhos, seus pais ou... a família que você escolheu – quem quer que sejam as pessoas com quem você passa seu tempo.

Uma das minhas lembranças favoritas de infância com meu pai é participar de um evento anual chamado Great American River Cleanup [Grande limpeza do rio American]. Meu pai costumava ser um ávido mergulhador. Ele e muitos outros vestiam seu equipamento de mergulho, enquanto o resto de nós, em botes, atuávamos como a equipe de apoio. Os mergulhadores vasculhavam o fundo do rio em busca de lixo, e nós, nos botes canoas, esperávamos entusiasmados para ver o que eles desenterravam. Havia prêmios, como o "Mais Chaves Encontradas", que um ano foi conquistado por um cara que desenterrou uma máquina de escrever velha.

O evento em si era muito divertido – em parte porque era algo em família. Uns anos atrás, participei de uma limpeza na praia de Crab Cove, em Alameda, Califórnia, com minha filha. Nós dois nos preocupamos com o oceano, mas a verdade é que nunca teríamos acordado cedo em um domingo para calçar luvas de plástico e fazer a tediosa tarefa de recolher o lixo se essa também não fosse uma ótima maneira de nos divertirmos em uma manhã de fim de semana. Os organizadores foram espertos e conceberam o evento como um evento divertido para a família, com diversas atividades para as crianças. Sabíamos que outras crianças da vizinhança também estariam lá, o que tornou tudo ainda mais divertido. Mesmo sem as festividades, provavelmente teríamos apreciado estar ao sol e ao ar livre, com velhos amigos e caras novas. No entanto, a atração de alguma diversão organizada foi o que nos tirou da cama.

As crianças que se voluntariam e se envolvem em trabalhos impactantes experimentam um aumento na autoestima enquanto desenvolvem habilidades próprias ao mundo real.[11] A Katamundi, rede social voltada para crianças e ações de impacto, oferece uma oportunidade pronta para você começar. A plataforma permite que você encontre uma causa, desenvolva uma forma de contribuir e depois monte uma equipe para atingir seus objetivos. Yvette Hwee, fundadora da Katamundi, disse para mim: "Depois de três anos realizando trabalhos de impacto social com a família e amigos, posso afirmar com certeza que o nosso maior benefício é nos divertirmos juntos enquanto trabalhamos lado a lado em direção aos nossos objetivos comuns. Ao fazermos parte de uma equipe, não só consideramos o trabalho socialmente gratificante, mas também desfrutamos de um sentimento de pertença e de propósito".

Outra maneira fácil de se envolver em uma causa é encontrar uma oportunidade através do seu empregador. Se você trabalha para uma grande organização, ela provavelmente tem programas de responsabilidade social corporativa, e um deles pode ser do seu interesse. Você pode aderir a uma iniciativa existente? Se não, pode dar início a uma? Thom Gilligan, fundador da Marathon Tours & Travel, incorporou a filantropia em tudo o que sua empresa faz. Você deve se lembrar que, no Capítulo 5, mencionei que corri em uma maratona na Antártida. Foi pela Marathon Tours & Travel que pude fazer isso, e nossa viagem (todas as maratonas de Gilligan na Antártida) arrecadou dinheiro para a Oceanites, uma organização científica sem fins lucrativos que monitora a Antártida – e o planeta – em busca de impactos negativos das alterações climáticas e do turismo. Em quase todos os lugares que a Marathon Tours & Travel realiza uma maratona, eles encontram uma maneira de contribuir. A Maasai Marathon, no Quênia, arrecada fundos para pagar mensalidades do Ensino Médio para mulheres

Maasai. Em Madagascar, a Marathon Tours & Travel está ajudando a financiar uma clínica de saúde local e, nos Estados Unidos, a empresa de Gilligan criou uma equipe anual de arrecadação de fundos para a Maratona de Boston (que já dura duas décadas) que arrecadou mais de 635 mil dólares para o Charlestown Boys & Girls Club, de Boston. Gilligan e seus colegas encaram a maratona não apenas como um desafio físico, mas também como uma oportunidade para melhorar a condição humana. Sua atividade única, que é a combinação de maratonas com viagens de aventura extrema e filantropia, leva a diversão ao seu auge.

A Marathon Tours & Travel não é uma organização sem fins lucrativos, é uma empresa com fins lucrativos. Ela provê o sustento de Thom Gilligan e de todos os seus funcionários. Todas essas histórias destacam que você não precisa ter um status fiscal especial ou mesmo uma organização formal para manejar o poder da diversão e fazer o bem. Diversão, criatividade, intenção e acompanhamento é tudo o que é preciso. E, quanto mais você treinar para procurar opções de retribuição, mais facilmente as encontrará.

Opções divertidas e fáceis para começar

Se você ainda não tem atividades impactantes em seu Arquivo da Diversão, reserve um tempo agora para acrescentá-las. A seguir, estão algumas ideias para você pensar:

- Inscreva-se em uma corrida divertida que apoie uma causa
- Compre ingressos para um evento de apoio a uma causa que interessa a você
- Participe de um evento comunitário de limpeza ou plantio de árvores (ou organize um no seu quarteirão)
- Marche por uma causa – e divirta-se fazendo de antemão cartazes com a família ou amigos
- Acompanhe seu movimento com o aplicativo Charity Miles (https://share.michaelrucker.com/charity-miles), que conecta você

a patrocinadores corporativos que fazem contribuições de caridade com base em sua milhagem; convide amigos para patrociná-lo em um desafio

- Faça das suas próximas férias uma viagem de serviço
- Monetize um hobby (por exemplo, cerâmica, crochê, joalheria) e doe os lucros para uma instituição de caridade de sua escolha
- Arrecade dinheiro para uma causa usando sua festa de aniversário como incentivo (uma ideia popularizada pela organização sem fins lucrativos Charity: Water)

Quando tiver opções suficientes, não se esqueça do valor da hedônica variável. Se você já é apaixonado por uma causa, o objetivo desse conselho não é atrapalhá-lo. Você já está lá, *então mantenha o rumo*. No entanto, se você está procurando uma ótima maneira de iniciar a generosidade em seu Hábito da Diversão, pode ser uma estratégia eficaz integrar uma série de pequenos atos aleatórios de generosidade para dar o pontapé inicial. Segundo a Dra. Juliana Breines, na *Greater Good Magazine*: "Praticar intencionalmente a generosidade em nossa vida cotidiana, mesmo nos dias em que não estamos com um humor particularmente generoso, pode ajudar muito a transformar a generosidade em um hábito. Isso se deve em grande parte à maneira como a generosidade gera felicidade: os bons sentimentos servem para reforçar nossos atos generosos e nos tornam mais propensos a querer praticá-los no futuro".[12]

Hall da Diversão **Desafio do balde de gelo**

Lembra-se do fenômeno viral conhecido como "Desafio do balde de gelo"? Tudo começou quando Pat Quinn e Pete Frates, jovens que viviam com a doença neurodegenerativa conhecida como ELA, desafiaram um ao outro, e também a outras pessoas, a despejarem um balde de água gelada em suas cabeças e fazerem uma doação para a Associação ELA. A mania espalhou-se rapidamente, acabando por recrutar milhares de voluntários, incluindo muitas celebridades, de Bill Gates a Leonardo DiCaprio, de George W. Bush a Oprah. Os vídeos e as cenas por trás deles eram o epítome da diversão, de todas as formas óbvias – e algumas mais sutis. Por exemplo, a campanha deu total autonomia aos participantes. Quinn, Frates e a ALS Association não publicaram regras sobre como deveria ser o vídeo ou o que você tinha que dizer. As pessoas podiam contar sua história como quisessem. Isso tornou os vídeos mais divertidos de produzir, mas também mais divertidos de assistir. À medida que a campanha continuava, os participantes foram ficando cada vez mais criativos para conseguirem aparecer mais. Um vídeo popular apresentava uma festa de casamento inteira com suas roupas formais encharcadas. Além da diversão de ver celebridades e amigos reagindo à água gelada, o aspecto do desafio (ou *edgework*, do Capítulo 2) também acrescentou um nível de curiosidade. É divertido tanto participar como assistir a alguém aceitar um desafio.

O que quer que estivesse alimentando a diversão, funcionou. No auge da campanha, em 2014, as visitas ao website da associação atingiram um pico de 4,5 milhões por dia; antes do desafio, esse número era de 20 mil. Na sua noite mais movimentada, a organização arrecadou 11,3 milhões de dólares, e a campanha gerou um total de 115 milhões de dólares.[13] Na época, havia críticos que temiam que a tolice do esforço minasse a seriedade da causa. A preocupação parece um pouco absurda, especialmente tendo em conta que os criadores do desafio já faleceram, Frates em 2019 e Quinn em 2020, ambos com menos de 40 anos. Ninguém pode subestimar a gravidade dessa terrível doença.

Pelo menos Frates e Quinn morreram vendo o tremendo impacto do seu compromisso com a diversão, mesmo nas piores circunstâncias. Em 2019, uma organização de pesquisa independente informou que as doações angariadas com o desafio permitiram à

Associação ALS aumentar seu financiamento anual para pesquisa em todo o mundo em 187%. Elas financiaram pesquisas que levaram à descoberta de cinco novos genes ligados à ELA, além de ensaios clínicos de potenciais tratamentos.[14]

A diversão pode parecer leve como o ar, mas é uma força surpreendentemente poderosa. O desafio do balde de gelo foi um grande ponto de inflexão, que inspirou uma nova geração de filantropos a reinventar o velho modelo de arrecadação de fundos (grandes festas para pessoas ricas; anúncios constrangedores cantados por Sarah McLachlan) através da diversão.

Altruísmo e recordações

Assim como recordar é uma ferramenta poderosa no seu sistema SAVOR pessoal, recordar é igualmente poderoso, se não mais, quando se trata da recompensa de causar um impacto. Os pesquisadores Kellon Ko, Seth Margolis, Julia Revord e Sonja Lyubomirsky designaram aleatoriamente participantes para executar comportamentos pró-sociais, recordar comportamentos pró-sociais, executar e recordar comportamentos pró-sociais ou não fazer nenhum dos dois (o grupo de controle). Os participantes dos três grupos (exceto o grupo de controle, que não fez nada) sentiram ganhos positivos comparáveis no bem-estar. É isso mesmo, o grupo que simplesmente relembrou um ato anterior de generosidade obteve o mesmo estímulo que aqueles que agiram.[15] Transmitir esse conhecimento a você não deveria inspirá-lo a fazer o mínimo possível e depois simplesmente relembrar quando precisar de um empurrãozinho. *Espero que não!* No entanto, é um lembrete perfeito de que a diversão e a generosidade têm benefícios excepcionalmente poderosos, que perduram por muito tempo depois do ato, se tivermos a intenção de saborear essas memórias quando chegar a hora certa.

Uma palavra final sobre autocompaixão e renovação

Oito de maio de 2020 foi um dia sombrio para mim. Ficamos confinados durante os primeiros meses da pandemia. Eu tinha sido informado havia pouco tempo de que minha mãe fora diagnosticada com Alzheimer. O setor de academias, em que trabalho, estava implodindo, e empresas em todo o país fecharam as portas e foram à falência. Cada reunião da empresa parecia uma luta para escolher entre o fogo e a panela. Meu cérebro e meu corpo pareciam estar me traindo, me sobrecarregando com dores de cabeça e confusão mental. Seja devido ao estresse, ao início da covid de longa duração ou provavelmente a uma combinação de ambos, eu estava perfeitamente ciente de que minha saúde estava cambaleando, mas até aquele dia estava escondendo bem.

Em meio a tudo isso, eu era um dos muitos americanos brancos engajados em um acerto de contas pessoal, despertado pelo movimento Black Lives Matter. E assim, no dia 8 de maio, tomei o que esperava que fosse uma ação muito pequena, mas significativa. Entrei para um grupo virtual, em que cada participante tinha o compromisso de correr quase quatro quilômetros em homenagem à vida de Ahmaud Arbery, um homem negro que foi baleado e morto enquanto corria perto de sua casa em Brunswick, na Geórgia. Quando comecei a caminhar sozinho pela minha vizinhança, meu coração pesou com a realidade de que muitas das liberdades e oportunidades que eu considerava garantidas eram, na verdade, privilégios negados a outros. Eu sabia que outras pessoas também estavam andando e correndo em homenagem a Ahmaud, mas tudo o que senti naquele momento foi muita solidão, o que acabou me levando a um ataque de pânico enquanto tentava fazer a homenagem. Quando fui para a cama naquela noite, me revirei, dominado pelo início de uma insônia severa que duraria meses.

Meu esforço, infelizmente, foi um "o que não fazer". Ao sair para participar naquele dia, eu sabia bem no fundo que meu tanque estava vazio. Mas pensei que talvez fosse isto que era exigido de mim: fazer *alguma coisa* em vez do temido *Nada* de que falamos ao longo deste livro.

Eu era só um cara branco privilegiado tentando completar alguns quilômetros, então eu o entendo se você achar que estou fazendo drama. Mas o burnout é um desafio documentado para pessoas envolvidas em todos os tipos de serviço (aqueles médicos de que falei no Capítulo 3 foram todos inicialmente atraídos para a profissão movidos pela paixão de servir – *cada um deles!*) e uma ameaça para a sustentabilidade dos movimentos sociais, da empatia, do altruísmo e do bem maior em geral. Pode levar pessoas apaixonadas – aquelas que contribuem porque acreditam num futuro melhor – a abandonar completamente o trabalho. Um estudo descobriu que a pressão para contribuir pode levar os indivíduos a ter dificuldade em dizer não, mesmo quando o tanque está quase vazio; podem também sentir vergonha pelo trabalho estar pesando sobre eles, o que pode levá-los a se isolar e a ignorar os seus próprios cuidados.[16]

O que eu poderia ter feito diferente? Para começo de conversa, eu poderia ter encontrado outras pessoas para se juntarem a mim – e, depois, poderia ter me reunido com elas para desvendar algumas das emoções complexas do momento. Mesmo se não tivéssemos conversado, mostrar apoio ombro a ombro com amigos ou mesmo estranhos quase certamente teria feito eu me sentir menos só e sobrecarregado.

Mas talvez o mais importante seja que eu poderia ter mudado meu comportamento nos meses anteriores. Olhando para trás, percebo que realmente parei de me divertir muito. Eu deveria ter feito diferente. Ativistas veteranos compreendem que muitos indivíduos (incluindo eles próprios) podem não ver o fim da luta. A mudança que você busca pode acontecer de forma crescente, ao longo de anos e décadas. Como pesquisador, você terá sorte se experimentar uma única conquista inovadora. Assim, se você quiser estar no jogo por tempo suficiente para fazer uma contribuição significativa, sua devoção à causa não pode consumi-lo. *Você não vai dar conta.*

Querer fazer a diferença não significa sentir raiva o tempo todo. O comediante Trevor Noah disse algo semelhante quando um entrevistador do *The Guardian* questionou por que ele não estava mais irritado, ou talvez mais polêmico em sua comédia, visto que ele é um homem birracial que cresceu sob o Apartheid na África do Sul e cuja infância foi marcada pela violência e agitação política. Ele também foi abusado por seu padrasto. Noah explicou seu bom humor assim: "Qual é o objetivo de existir com um sentimento que não o leva adiante? Porque, agora, o que está acontecendo é que você está cozinhando em sua própria raiva, ressentimento e amargura, mas o sistema que você está combatendo não sente nada disso. Ele nem se dá conta. Então, você está desperdiçando essa energia". Ele deu crédito à sua mãe por mostrar-lhe que o amor e o riso eram as emoções primárias de que precisavam para processar a vida: "Transformamos a nossa situação em algo de que podíamos rir".[17]

A princípio, sua resposta emocional pode não parecer algo que você consiga controlar. Mas você pode começar dando permissão a si mesmo – na verdade, ordenando a si mesmo – para renovar seu viés para a diversão. Não fomos feitos para brigar o tempo todo. Pense nisso da mesma forma que eu e muitos outros abordamos a filantropia pessoal: você pode fazer uma contribuição significativa doando uma quantia fixa, com consistência, ao longo da vida. *Ninguém está pedindo para você doar tudo.*

No final de 2020, optei por tomar uma dose do meu próprio remédio, o que no início pareceu bastante mecânico. Foi assim que acabei no retiro que me levou a escrever o Capítulo 6, um dos vários passos que dei para recuperar o equilíbrio.

Não adie a diversão até que os problemas do mundo sejam resolvidos, porque eles nunca serão. Cada um de nós tem a responsabilidade de criar espaço para renovação, celebração, conexão e alegria – para nós mesmos e, ainda mais importante, uns para os outros. Essa é mais uma maneira de defender a importância de um Hábito da Diversão – e aqui você começa a entender que, sim, é preciso disciplina para se inclinar para a alegria quando o mundo tem tanta escuridão. Não conheço a mãe de Trevor Noah, mas acho que a disposição dela para o amor foi uma escolha consciente, e nem sempre fácil.

Embora a diversão seja um ponto de partida para contribuir para um mundo melhor, o ponto-final depende de você. Quanto mais você cuida de si mesmo, energizando sua psique com atos de prazer, compaixão e contribuição que o inspiram, mais você descobrirá que é capaz de enfrentar o desconforto ocasional que acompanha a necessidade de crescimento. Se você conseguir continuar assim, a recompensa poderá ser a descoberta de uma conexão, satisfação, deleite e alegria incomparáveis... e às vezes até um passo que alimenta a alma em direção às maravilhas do *Mistério*.

Conclusão Encontrando Ultima

Eu tenho sim um "sistema de crenças", mas ele se resume ao que Michelle sempre disse: "É o caos. Seja bondoso".

— PATTON OSWALT

Quando criança, eu gostava de verdade dos livros *Choose Your Own Adventure* [Escolha sua própria aventura]. Na minha vizinhança, muitos de nós trocávamos nossas leituras como se fossem cartas de baralho. Era divertido comparar nossos finais únicos, compartilhando uma história completamente diferente, embora todos tivéssemos lido o mesmo livro. Gostei de quase todos os títulos que encontrei, mas um da série se destacou, *Inside UFO 54-40*. Na história, "você" é o protagonista. A história começa a bordo do Concorde, o luxuoso jato supersônico, em um voo de Nova York a Londres. Enquanto está no ar, você é abruptamente abduzido por alienígenas, sendo teletransportado para uma nave espacial em forma de charuto. À medida que as primeiras páginas se desenrolam, você rapidamente descobre que não está mais na Terra – e a aventura começa.

Os leitores desse gênero estão acostumados com uma mistura de finais possíveis – alguns bons, outros ruins, alguns que terminam com uma reviravolta convincente. Mas não *Inside UFO 54-40*. Exclusivamente neste livro, todos os finais disponíveis são infelizes ou estranhamente insatisfatórios. Conforme a história avança, você é provocado pela existência de um planeta utópico chamado Ultima. Ultima parece incrível, mas não há enredos baseados nas escolhas disponíveis no livro que levem você a esse lugar mágico.

Alguns de nós na vizinhança que lemos o livro na mesma época literalmente mapeamos cada árvore de decisões, procurando caminhos que levariam a Ultima. Depois de um estudo cuidadoso, analisando todos os resultados possíveis, *obtivemos os dados*: Ultima era um destino impossível.

Ou assim pensávamos. Um dia sentei-me e, ignorando a convenção do livro, li-o página por página, do início ao fim. Escondida nas páginas do livro, *lá estava*: Ultima! Disponível para qualquer pessoa disposta a ousar fugir das convenções e optar por simplesmente *chegar*.

Embora os puritanos possam considerar isso uma trapaça, não vejo a questão dessa forma. *De jeito nenhum*. Eu decifrei o código. **A beleza de encontrar Ultima é que nenhum conjunto específico de escolhas leva você até lá.** Não existem caminhos convencionais. No entanto, escondida no meio do livro, Ultima está lá, para qualquer um descobrir.

A diversão é nossa Ultima. Ela esteve escondida à vista de todos esse tempo todo. Tão fácil de encontrar que é de se admirar que sempre tenha parecido fugidia. Alguém pode atrair você na direção certa – mas, em última análise, é sua escolha ser curioso e agir para chegar lá.

Todas as coisas boas chegam ao fim

Só há uma coisa que posso prever com precisão sobre cada um de vocês que estão lendo este livro: em algum momento, sua vida chegará ao fim. (Disseram-me que um livro sobre diversão não pode incluir um capítulo sobre a morte, por isso tive de incluir este trecho na conclusão.) Para alguns de nós, como meu irmão, o fim chega cedo demais. Se você leu este livro até aqui, espero que minha mensagem tenha ressoado em você. Espero que, quando se deparar com a decisão de ter que rifar a diversão por coisas que não são prioridades ponderadas, você agora delibere de forma mais crítica sobre a taxa que está pagando. Existe uma verdade universal enraizada no clichê de que, no final, não dá para levar nada com você: *a vida é tanto total quanto finita*, então você deve priorizar e planejar para aproveitá-la ao máximo. No entanto, isso é difícil de fazer porque a maioria de nós vive como se não tivesse prazo de validade. Na verdade, estamos programados para não pensar no nosso fim. Isso foi exaustivamente explorado no livro *The Worm at the Core* [O verme no centro][1] pelos pesquisadores Tom Pyszczynski, Jeff Greenberg e Sheldon Solomon, que batizaram isso de *teoria de gestão do terror*. Como a maioria dos nossos sistemas internos foi construída para nos ajudar na autopreservação, ficamos literalmente aterrorizados com a dissonância cognitiva criada quando contemplamos que, em última análise, esses sistemas vão falhar.

Memento mori

Em vez de ficarmos aterrorizados com a morte, e se a abraçarmos? Você já teve uma experiência que o despertou para a realidade de que sua vida poderia acabar amanhã? Para mim, esse toque do despertador foi a morte súbita de meu irmão. Para Ric Elias, CEO da Red Ventures, foi um ganso.

Em Nova York, fazia uma tarde agradável em 15 de janeiro de 2009. Para Rico Elias, não houve nada de extraordinário quando ele pegou o voo 1549 da U.S. Airways em direção à Carolina do Norte. A quase um quilômetro de altitude, Ric e seus companheiros de viagem ouviram uma explosão. Gansos voadores atingiram a aeronave e eliminaram toda a potência do motor. Dois minutos depois, eles foram instruídos a "se prepararem para o impacto", e então o avião iniciou sua rota de colisão contra o rio Hudson.

Confiante de que sua vida tinha acabado, vários pensamentos passaram pela mente de Ric enquanto o avião descia. Muitos dos pensamentos estavam enraizados no arrependimento de todas as oportunidades de alegria que ele adiara na vida até aquele momento. Ele batizou esse fracasso de "Eu coleciono vinhos ruins", uma forte metáfora para todas as experiências adiadas e "não abertas" que ele perderia se não conseguisse sair daquela vivo. Ric também percebeu quanto tempo tinha desperdiçado com energias negativas porque não tinha se preocupado com seu impacto coletivo.

A boa notícia é que Ric e o restante dos passageiros sobreviveram. Ric surgiu do "Milagre no Hudson" como uma nova pessoa. O caderno pessoal de Ric agora tem um novo roteiro: "Se o vinho estiver pronto e a pessoa estiver lá, eu abro. Não quero mais adiar nada na vida. E essa urgência, esse propósito, realmente mudou a minha vida".[2] Nenhum de nós sabe realmente quando nosso tempo vai acabar, mas podemos aprender com aqueles que chegaram perto disso e se beneficiaram por serem capazes de reconhecer seus arrependimentos.

Um *memento mori* é um objeto usado para nos lembrar da morte – mas também podemos usar esses artefatos para nos lembrar de aproveitar o dom da vida. O *memento mori* de Ric é sua adega. A minha é uma foto minha e do meu irmão esperando na fila do Kingda Ka em nossa última aventura juntos, sobre um exemplar de *A lição final*, livro de Randy Pausch, na mesa do meu escritório. Quando estou viajando, é a mensagem de voz salva do meu pai ligando para avisar sobre o falecimento de Brian. Quando sinto que preciso renovar minha preferência pela diversão, às vezes me apoio em um desses artefatos. O correio de voz é especialmente útil se eu estiver em uma cidade onde exista uma oportunidade de me conectar com um velho amigo, mas estou com um pouco de preguiça. Se você está procurando seu próprio *memento mori*, um cronômetro de contagem regressiva é uma opção eficaz. Tenho um que você pode usar gratuitamente, disponível aqui: https://share.michaelrucker.com/memento-mori. Olhe para ele sempre que precisar de um lembrete de que *agora* é a hora de dizer sim à diversão.

Por que o reconhecimento da morte é uma ferramenta tão poderosa para conseguir criar um viés para a diversão e remover todos os "poderia ter sido" de nossas vidas? Aceitar a noção de mortalidade nos dá um empurrão; é um estímulo para nos expressarmos antes que seja tarde demais. Algumas pessoas se tornam muito prolíficas quando percebem que seu fim está próximo. David Bowie, por exemplo, teve dezoito meses notáveis antes de sua morte, em 2016.[3] Começamos a valorizar mais a vida, a gostar mais de nós mesmos, a nos divertir com os outros.

Mas por que esperar até que alguém tenha chegado ao final para ter um relacionamento com a morte? Por que adiar a diversão até o fim quando ela pode coexistir confortavelmente com as responsabilidades da vida, tanto mundanas quanto profundas? Quando reconhecemos que há um prazo final para a vida, damos a nós mesmos o condão de viver nossas vidas de acordo.

A dor é um ingrediente da condição humana. Querendo ou não, faz parte da jornada. Certa vez, pensei que deveria haver uma maneira de "*hackear*" a vida de modo que o estresse desagradável pudesse ser evitado. Agora vejo como isso é equivocado: negar o lugar dele na ordem natural apenas parece amplificar seu efeito. Dor e perda são partes inerentes do nosso design. Veremos entes queridos morrerem. A mudança é inevitável e pode ser brutal. O que espero que você aprenda com este livro é que, embora a dor exista, a diversão também existe. A diversão nos permite lidar com a dor da vida e, por vezes, até transcendê-la, vivendo mais plenamente as dádivas da vida.

Quando nos atiramos na diversão sem refletir e sem limites – embora a diversão certamente seja ilimitada –, ela nunca parece ser suficiente, então a transformamos em vilã. No entanto, quando procuramos diversão intencionalmente, não apesar da nossa dor, mas em harmonia com ela, abrimos uma porta para um novo mundo que escapa a muitos. Não apenas experimentamos mais prazer, mas também desbloqueamos *insights* e sabedoria valiosos. E, talvez o melhor de tudo, a vida nos presenteia com momentos de encantos e maravilhas que se tornam acessíveis quando nos conectamos com alegria à nossa própria concretização do *Mistério*.

Quais seriam as possibilidades se, de alguma forma, magicamente, pudéssemos aceitar de pronto que nossa história vai mesmo ter um fim?

Comece com o final em mente

Se você quiser aproveitar as maravilhas da vida, perceber que sua vida uma hora terá um fim é um bom ponto de partida – mas não de forma ansiosa, como muitos de nós fazemos. Quando enfrentamos a realidade da nossa mortalidade, esse pode ser um gatilho poderoso que muda as bases do que nos motiva. Em termos puramente científicos, os dados que consegui recuperar são principalmente de estudos anedóticos e retrospectivos,* mas há um punhado de estudos que podem enriquecer nossa compreensão.

Embora possa parecer paradoxal à primeira vista, muitos psicólogos acreditam que nossa relação com a morte se correlaciona com a satisfação com a vida. A autorrealização e a atitude em relação à mortalidade parecem estar conectadas. Uma coisa é sentir ansiedade em relação à experiência da morte. É natural ter um medo saudável de coisas desagradáveis. Estamos falando aqui daqueles que não aceitam que a vida é finita. Um estudo científico que explorou a conexão entre a aceitação da mortalidade e a autorrealização foi conduzido em 1975 pelo Dr. John W. Gamble.[4] Gamble mostrou que as pessoas consideradas mais autorrealizadas – e que aceitam radicalmente a si mesmas e aos outros – também se sentem geralmente mais confortáveis com o fim da vida. Em contraste, as pessoas menos autorrealizadas têm dificuldade em contemplar a sua mortalidade.

---

* Se você estiver interessado em retrospectivas, a incrível pesquisa de Bronnie Ware sobre o arrependimento, que alimentou a criação de seu livro best-seller *Antes de partir*, vai inspirar qualquer um a começar a viver de forma mais intencional. (N.A.)

Será que esse relacionamento poderia funcionar ao contrário? Poderia um simples contato com a mortalidade aumentar nossa motivação para a autorrealização, como parece ter acontecido com Ric Elias, eu e outros? *Sim e não*. Um estudo de Catherine Nogas, Kathy Schweitzer e Judy Grenst não encontrou nenhuma associação entre a ansiedade com a morte e a necessidade de realização.[5] Parece que o medo da morte por si só não é tão motivador. Na verdade, ter medo da morte não só não nos estimula de forma produtiva, mas também pode dificultar as nossas atividades e planos.

Mas um confronto com a morte não conduz necessariamente à ansiedade da morte. Poderia levar à aceitação da morte – e isso parece fazer a diferença. Um estudo conduzido por John Ray e Jackob Najman descobriu que a necessidade de realização estava positivamente ligada à aceitação da morte.[6] Quando aceitamos que a vida terá um fim (em vez de temê-lo), nos tornamos mais capazes de usar a consciência da morte em nosso favor.

Em geral, a aceitação da morte tem sido associada a um sentido mais elevado na vida. Por exemplo, ao estudar o sentido de propósito das pessoas (com o teste de propósito de vida, ou PIL [Purpose In Life]), psicólogos descobriram que as pessoas com pontuações elevadas no PIL geralmente tinham uma atitude mais positiva em relação à morte. John Blazer, pesquisador da Universidade de Miami que esteve por trás de um dos estudos sobre mortalidade e sentido da vida, argumentou que nossa relação com a morte pode se beneficiar da análise atenta de nossos objetivos e propósitos.[7] Uma pessoa com senso de significado (que não seja motivado por status e finanças) é mais propensa a aceitar a morte.

Vida após a morte (aceitação)

Alguns psicólogos acreditam que aceitar a morte é o objetivo final da vida. De acordo com David Sobel, o crescimento ocorre apenas quando reconhecemos a morte.[8] Ele escreve que a experiência da morte é a separação dos entes queridos e das coisas que amamos.

Quando você consegue abandonar o medo da morte, você consegue abandonar o desejo de controlar e manipular. O medo do fracasso desaparece, e as recompensas por experimentar a vida se tornam completamente disponíveis. Alguns terapeutas conduzem seus pacientes pela experiência de sua morte como uma ferramenta terapêutica. "Cafés da Morte" – reuniões informais destinadas a normalizar a conversa sobre a morte, que de outra forma poderia ser um tabu – estão surgindo por toda parte, para que os participantes possam explorar juntos o tópico.[9]

Todos nós experimentamos "pequenas" mortes ao longo da vida: se mudar para outra cidade, romper com um primeiro amor ou um parceiro de longa data, mudar de emprego. Esses "marcos temporais" podem dar início a comportamentos aspiracionais.[10] Eles podem nos levar a movimentos psicológicos semelhantes (embora menos intensos). Quando nos permitimos, vivenciar esse tipo de perda pode ser um portal para novos comportamentos e *insights*.

A especialista em luto Elisabeth Kübler-Ross resume isso bem:

> *A morte é a chave da porta da vida. É através da aceitação da finitude das nossas próprias existências individuais que somos capazes de encontrar a força e a coragem para rejeitar esses papéis e expectativas extrínsecos e dedicar cada dia das nossas vidas – por mais longas que sejam – a crescer tão plenamente quanto formos capazes. [...] Quando se entende por completo que cada dia em que você acorda pode ser o último, você reserva um tempo para crescer, para se tornar mais quem você realmente é, para alcançar outros seres humanos.*[11]

Randy Pausch, que foi professor de ciência da computação na Carnegie Mellon University, é um herói pessoal meu quando se trata de uma abordagem saudável da vida e da morte. Em sua palestra

Really Achieving Your Childhood Dreams [Alcançando de verdade seus sonhos de infância] – uma "última palestra" proferida para uma casa cheia de alunos da Carnegie Mellon, colegas professores e amigos em 18 de setembro de 2007 –, Randy falou sobre realizar seus sonhos de infância e ajudar outros a fazerem o mesmo.[12] Na época daquela que viria a ser sua última palestra na Carnegie Mellon, embora parecesse saudável, Randy tinha apenas de dois a cinco meses de vida, tendo sido diagnosticado com câncer no pâncreas.

Randy tinha sonhos muito específicos na infância – experimentar a gravidade zero, jogar na National Football League, escrever um artigo na *World Book Encyclopedia*, ser o Capitão Kirk (que mais tarde ele alterou para "conhecer o Capitão Kirk"), ganhar um grande bicho de pelúcia daqueles jogos de parque de diversões e ser um Imagineer da Disney. Dá para dizer que Randy é o patrono do Arquivo da Diversão. Durante sua última palestra, Randy falou sobre como encontrou maneiras de realizar (quase todas) essas experiências. Foi isto que ele disse sobre sua vida: "Não sei como não me divertir. Estou morrendo e estou me divertindo. E vou continuar me divertindo todos os dias que me restam. Porque não há outra maneira de passar por isso". E sobre as lições aprendidas: "Nunca perca a admiração infantil. É muito importante. É o que nos move. Ajude os outros".

A atitude divertida, corajosa, livre e de aproveite-o-momento de Randy continua a ser uma inspiração para mim e para inúmeras outras pessoas. Mesmo diante da morte, ele parecia otimista e alegre em relação à vida. É claro que uma das razões pelas quais ele é amado é porque sua atitude era contagiante e ele levava alegria aos outros. Mas talvez o mais importante é que Randy não adiou as coisas, o que o deixou com poucos arrependimentos. Ele priorizou a experiência da vida, por isso ao morrer, aos 47 anos, deixou um legado importante: uma ode ao poder de buscar a diversão. Sua última e inspiradora palestra foi assistida por milhões de pessoas em todo o mundo, e seu livro *A lição final*, que compartilha a experiência da palestra (bem como a sabedoria de Randy sobre a vida), tornou-se um best-seller do *The New York Times*.[13] Em uma vida muito curta, Randy Pausch mudou o mundo para melhor. Ele deu sua contribuição divertindo-se o tempo todo.

O poder de viver uma vida extraordinária

Fomos preparados para sermos apaziguados pelo acesso superficial ao *Nada*. Quando estamos desanimados, aparentemente gostamos daquele microimpulso quando alguém curte nossa postagem aleatória nas redes sociais, então fazemos outra, em vez de estender a mão para agradecer à pessoa que possibilitou que nos sentíssemos assim.

Experiências extraordinárias exigem que façamos escolhas intencionais. Momentos transformadores nem sempre caem do céu, mas definitivamente existem maneiras de aumentar sua frequência. **Se você quer uma reviravolta do destino, comece a se revirar.** Com o tempo, escolher a diversão todos os dias, de maneiras pequenas e aparentemente superficiais, pode levar você a novos padrões de comportamento – escolhas novas e melhores. O que começa como uma dança extravagante pode levá-lo à descoberta do *Mistério*, com sua alegria iluminando o caminho. Quão melhor sua vida pode ficar depois de um mês, ou um ano – ou dez anos – tornando a diversão um hábito?

Um último pedido

Chegamos ao fim. Muito obrigado por reservar um tempo para ler este livro. Se você gostou, compartilhe a diversão deste livro com um amigo. Minha esperança é de que possamos espalhar o poder da diversão para o maior número de pessoas possível. Além disso, se você tiver alguma dúvida ou comentário, entre em contato. Estou aqui para dialogar e para explorar ainda mais a diversão.

Second City, Chicago, Illinois, 24/04/2015

Você deve ter notado que comecei cada capítulo com uma citação de um comediante. Em parte, isso foi uma homenagem a meu irmão. Nós nos divertimos muito juntos em nosso amor compartilhado pela comédia. A citação de Patton Oswalt no início desta conclusão é adequada ao fim. Nela há quatro palavras que foram o mantra de sua esposa, Michelle McNamara, que ele conheceu após uma apresentação em um clube de comédia (encontro que ele descreveu como amor à primeira vista). Após esse primeiro encontro, eles se tornaram inseparáveis, se casaram e tiveram uma filha juntos. E então, após onze anos de um casamento amoroso e dedicado, Michelle morreu repentina e inesperadamente.

Oswalt diz que ele e sua esposa travaram um debate filosófico de longa duração. Embora ateu, Oswalt sempre defendeu estar aberto a algum "complexo lógico" ou a uma inteligência mais profunda guiando o universo. Michelle, porém, discordava, dizendo que a mentira mais cruel do mundo era que "tudo acontece por uma razão". Pelo contrário, tudo seria um caos chocantemente aleatório. "Ela venceu a discussão da maneira mais horrível possível", brinca Oswalt em um dos muitos momentos de riso e lágrimas em seu comovente especial da Netflix, *Annihilation* [Aniquilação]. "Se houver alguma inteligência com um plano, então o plano dela é uma droga."

Mas sua esposa ofereceu o antídoto, a sabedoria que enfim ajudou Oswalt a superar a dor entorpecente que sentiu nos meses após a morte dela, uma época em que todas as suas habituais fugas reconfortantes fracassaram. Acredito que seja o antídoto para todos nós quando a dor da vida atinge o ponto mais baixo. Em poucas e simples palavras, ela convidou o marido a adentrar o *Mistério*:

É o caos. Seja bondoso.

Diz Patton: "Se você quiser falar com Deus – ou com o que quer que você pense que Deus é –, seja bondoso com outra pessoa. Essa é a melhor maneira de se comunicar com o infinito. Seja legal com um membro da família, um ente querido, espalhe isso por aí... Você não sabe de que maneira isso vai se espalhar, mas sabe que está literalmente fazendo o bem".

A ciência também apoia o mantra de McNamara.[14] Junto com a diversão, praticar a bondade nos torna mais felizes – e os atos de bondade que parecem ser os que mais apoiam o nosso bem-estar são aqueles que nos ligam uns aos outros de uma forma autêntica e nos permitem sentir que vivemos livremente, em linha com a nossa identidade e valores. Diversão e bondade, portanto, são grandes companheiras.

E assim, enquanto você aplica os conselhos deste livro e desenvolve seu próprio Hábito da Diversão, deixo-lhe estas *seis* palavras: É o Caos. Seja Bondoso. Divirta-se.

Agradecimentos

Nós nos divertimos muito criando este livro, que definitivamente foi um trabalho de equipe. Gostaria de começar agradecendo a Sara Grace por se juntar a mim como colaboradora nesta jornada e tornar todo o processo o mais agradável possível. A Lisa DiMona, por ser uma pessoa incrível e agente *superstar*, além de confiar e acreditar em um livro sobre diversão. Gostaria de agradecer a Stephanie Hitchcock, pela sua curiosidade entusiasmada pela proposta e por seu esforço em ajudar o livro a tomar a melhor forma possível. Sou grato a David Moldawer e seu incrível trabalho como editor no desenvolvimento inicial do projeto. Tenho uma dívida de gratidão com Ursa Bratun por seus anos de esforço ajudando-me a pesquisar e sintetizar a ciência da diversão, que agora é a base de *Não se leve tão a sério*. Sou grato a Hayley Riggs, por todos os seus anos de ideias e edição do blog. O Ano da Diversão existe por causa de Hayley. Completando a equipe imediata de *Não se leve tão a sério* estão Sabine Andree e Sue Campbell (bem como sua equipe na Pages Platforms), que foram acréscimos tardios, mas jogadoras essenciais no lançamento do livro.

Este livro não teria sido possível sem minha família. Sou grato aos meus pais, Robert e Margaret. Eu poderia preencher a página com motivos, mas isso não seria divertido. Então, deixe-me apenas dizer que serei eternamente grato porque sempre que não consegui me levantar sozinho, eles estiveram lá para me fazer avançar novamente. Ao longo do processo de concretização deste livro, eles foram meus maiores líderes de torcida, e isso certamente foi muito divertido. Sou grato à minha esposa, que abriu mão de muitos momentos de diversão para que eu pudesse escrever este livro. Prometo nunca mais escrever outro livro, assim como prometi nunca competir em outro Ironman ou maratona, conseguir outro diploma ou fazer outra tatuagem. Você tem sido minha inabalável companheira de ferro nos últimos vinte anos, apesar dessas falsas promessas. E, claro, os pequenos: Archer e Sloane. Amo muito vocês. Obrigado pelas lições contínuas de diversão. Vocês dois são excelentes professores. Egoisticamente, uma das minhas partes favoritas de ter criado este livro é o fato de ele ser um artefato que é um pedaço de mim para vocês dois guardarem.

Fui abençoado por estar rodeado de pessoas fantásticas durante a maior parte da minha vida, mas há cinco grupos de amigos em particular que moldaram a minha visão de mundo e por isso gostaria de agradecê-los: os meus padrinhos, a galera do Vodka Train, meus colegas de quarto de Isla Vista em 1996, meus companheiros de time de *fantasy football* e minha família no Club One/Active Wellness. (Observe que daqui em diante as listas de nomes não terão uma ordem significativa.) **Padrinhos de casamento**: Brian Rucker, Micah Myers (e sua esposa, Kirsten), Nathan Burroughs (e sua esposa, Meaghan), Darren Pujalet (e sua esposa, Genevieve), Luke Aguilar (e sua esposa, Amy), Rich Gray, Erik Foster, Alberto Feliciano, Brian Manalastas, Alfred "Alfie" DelFavero, Sam Pietsch e Matthew Szymszyk. **Galera do Vodka Train**: Nathan Baldwin, Mark Burley, Darren "Daz" Swain, Andrew Page, Todd Mathers, Aine e Philip Murphy, Rebecca Mojsin e Blaise Agresta. (Eu teria incluído algumas de nossas histórias neste livro, mas o que acontece na Mongólia Exterior fica na Mongólia Exterior.) **Colegas de quarto da Isla Vista**: Claire Bloomberg, Anne Stratman, Amy Bloomberg, Ani (e Monico) Casillas, Lisa Welch Holton, Becky Grove, Erin Dunning, Maya Lise Singer e Anne Paffrath Ray. **Amigos do *fantasy football***: Jeremy Carver, Dave Otterson, Jim Monagle, Drew Shimizu, Niccolo De Luca, Glenn Chenn, Scott Carlson, Jon Hallin, Ken Lee, Scott Russell, Andrew Nelson e Dan Offenbach. **Família Club One/Active Wellness**: Bill McBride, Jill Kinney, Carey White, Michele Wong, Kari Bedgood,

Meredith DePersia, Ryan McFadden, Elizabeth Studebaker, Jessica Isle, Erica Stenz, Karah Ehrhardt, Jennie Martin, Kenny e Annette Ko, Manda Wong, Alvin Dizon, Jerry Cardinali, Andy (e Alisah) Spieth, Lauren Suggett, Natalie Jensen, Rosemary Mamisay, Justin Weber e o resto da família Club One/Active Wellness. A imensa diversão que tive com os nomes contidos neste parágrafo proporcionou a esta alma afortunada uma vida inteira de recordações.

Antes de *Não se leve tão a sério*, existia o Projeto Burrito. Quem sabe, sabe. Obrigado a todos os meus colegas da USC que doaram para que esse empreendimento acontecesse. E um agradecimento especial vai para Patrick Fellows, que me acolheu como aprendiz por nenhuma outra razão além de eu ser louco (como ele), nós dois adorarmos burritos e ambos gostarmos de esportes de resistência.

Gostaria de agradecer a Michael Gervais, Olav Sorenson, Nir Eyal, Ryan Tarzy, Tim Grahl e Jyotsna Sanzgiri como mentores incríveis em vários períodos da minha vida. Esses seis foram muito gentis com seu tempo e sabedoria. Valorizo cada um de vocês.

Obrigado a Ritu Barua, Andy Velez e Finley Skelton, por sua ajuda como assistentes virtuais, e a Doan Trang, por suas contribuições ilustrativas.

Gostaria de agradecer a todos os líderes de pensamento que reservaram um tempo para serem entrevistados para o Live Life Love Project e que ainda não foram reconhecidos: Stuart MacFarlane, Jamie Ramsden, Sean Waxman, David Allen, Jeff Atkinson, Dave Scott, Scott Bell, Chris Talley, Kristi Frank, Jeff Galloway, Todd DiPaola, Tom DeLong, Mark Friedman, Gloria Park Perin, Bryan Pate, J.K. Monagle, Lloyd Nimetz, Gear Fisher, Ed Baker, Brodie Burris, Hammad Zaidi, Thom Gilligan, Margaret Moore, Barbara Lippard, Ellen Burton, Deena Varshavskaya, Liz Applegate, Scot Hacker, Alex Gourley, Erik Allebest, Nadeem Kasaam, Jerome Breche, Brian Russell, Alex Kaplinsky, Ken Snyder, Eric Quick, Sky Christopherson, Tim Ferriss, Matthew Heineman, Sunil Saha, Howard Jacobson, Ned Dwyer, Ari Meisel, Gary Vanerchuk, Mike

Leveque, Neville Medhora, Bob Summers, Brad Bowery, Craig DeLarge, Ben Rubin, Ben Greenfield, James Pshock, Chris Bingham, Al Lewis, Drew Schiller, Laura Putnam, Kate Matsudaira, Mitesh Patel, Edgar Schein, Jill Gilbert, John Gengarella, Henry DePhillips, Raj Raghunathan, Chip Conley, Matthew Nock, Cathy Presland, Daniel Freedman, Steve Groves, Matt Holt, Amanda Krantz, Morten Hansen, Charlie Hoehn, Erik Paquet, Jeffrey Pfeffer, Brad Wills, Anthony Middlebrooks, Laura Vanderkam, Jonah Babins, Noah Kagan, Craig Lund, Cassie Mogilner Holmes, Dike Drummond, Angela Kyle, Timothy Wilson, Gary Ware, Tara Gerahty, Tania Katan, Susanne Cook-Greuter, Karen Pollard, Alexandre Mandryka, Jordan Etkin, Lisa Feldman Barrett, Kaitlin Woolley, Iris Mauss, Todd Kashdan, Tasha Eurich, Jill Vialet, Jedd Chang, Lee Huffman e Christian Ehrlich.

Gostaria de agradecer aos meus colegas no Healthcare Information and Management Systems Society Digital Changemakers [Transformadores digitais da sociedade de sistemas de informação e gestão de saúde], especialmente ao nosso organizador, Michael Gaspar. Este mundo precisa de mais pessoas como Michael. Gostaria também de agradecer a Kathleen Terry e aos meus colegas ex-alunos da Leadership Manhattan Beach. Os dois grupos foram fundamentais para o meu crescimento como líder servidor.

Quero agradecer a Paula Nowick, Kelly Cash, Bryan Wish, Brad Bowery, Eugene Manin, Linda Leffel, Scott Russell, Ken Holt, Lindsey Nicole, Yonina Siegal, Julia Bellabarba, Karen Barletta e Quin Bee por responderem a sugestões de *crowdsourcing* que resultaram em segmentos de sabedoria coletiva encontrados nos Capítulos 6 e 9.

Por último, gostaria de agradecer a todos os estudiosos, investigadores, autores e pessoas sábias que moldaram a minha visão sobre diversão: Ronald A. Berk, Stanley Cohen, Laurie Taylor, David J. Linden, Willard Gaylin, Elaine Hatfield, John T. Cacioppo, Richard L. Rapson, Erik H. Erikson, Joan M. Erikson, Joseph J. Sandler, Peter Fonagy, Charles Murray, Jeffrey Goldstein, Daniel H. Pink, John B.

Miner, Gary Wolf, Henry Sidgwick, John Rawls, Bronnie Ware, Richard M. Ryan, Edward L. Deci, Edward O. Wilson, George Ritzer, Alex Soojung-Kim Pang, Martin E. P. Seligman, Peter Railton, Roy F. Baumeister, Chandra Sripada, Matthew Killingsworth, Susan Cain, Yi-Fu Tuan, Dan Sullivan, Benjamin P. Hardy, Viktor E. Frankl, Harold S. Kushner, William J. Winslade, Benjamin Hale, Karl E. Weick, Catherine Wilson, Daniel L. Schacter, Dan – iel T. Gilbert, Daniel M. Wegner, Robert Kegan, Shasta Nelson, Dale Carnegie, Sherry Turkle, Stuart Brown, Travis Bradberry, Jean Greaves, Eric Berne, Thomas Harris, David F. Lancy, Kathryn Schulz, Ellen Jane Langer, Elisabeth Kibler-Ross, Lisa L. Lahey, Brené Brown, Carl Pacifico, Mihaly Csikszentmihalyi, Dylan Walsh, Clare Ansberry, Willibald Ruch, René Proyer, Marco Weber, Sara Wellenzohn, Kristy Holtfreter, Michael D. Reisig, Jillian J. Turanovic, Shin-Hyun Kim, Scott YH Kim, Hong Jin Kim, Hadi Kooshiar, Zohre Najafi, Amin Azhari, Erika Forbes, Peter M. Lewinsohn, Jeremy Pettit, Thomas E. Joiner, Liang Gong, John R. Seeley, Cancan He, Yingying Yin, Hui Wang, Qing Ye, Feng Bai, Yonggui Yuan, Haisan Zhang, Luxian Lv, Hongxing Zhang, Zhijun Zhang, Chunming Xie, Laurie R. Santos, Alexandra G. Rosati, Jennifer A. Hunter, Charles J. Palus, David M. Horth, Minkyung Koo, Jens Timmermann, Lynda Flower, Christian Meisel, Antonio Damasio, Nasir Naqvi, Baba Shiv, Antoine Bechara, Richard M. Wenzlaff, Michael Lacewing, Emma A. Renstrom, Torun Lindholm, Mark E. Koltko-Rivera, Henry Venter, Eduard Venter, Wulf-Uwe Meyer, Rainer Reisenzein, Achim Schuetzwohl, Marret K. Noordewier, Eric van Dijk, Gregory S. Berns, Samuel M. McClure, Pendleton R. Montague, Vincent K. M. Cheung, Peter M. C. Harrison, Lars Meyer, Marcus T. Pearce, John-Dylan Haynes, Stefan Koelsch, Matgorzata A. Goctowska, Matthijs Baas, Richard J. Crisp, Carsten K. W. De Dreu, Brian Knutson, Curt M. Adams, Grace W. Fong, Robert Sapolsky, Yu-Chen Chan, Wei-Chin Hsu, Tai-Li Chou, Scott A. Langenecker, Leah R. Kling, Natania A. Crane, Stephanie M. Gorka, Robin Nusslock, Katherine S. F. Damme, Jessica Weafer,

Harriet de Wit, K. Luan Phan, Kennon Sheldon, Stefano Di Domenico, Richard Koestner, Barbara A. Marinak, Linda B. Gambrell, Laura G. Burgess, Patricia M. Riddell, Amy Fancourt, Kou Murayama, Rosemarie Anderson, Sam T. Manoogian, J. Steven Reznick, Orjan de Manzano, Simon Cervenka, Aurelija Jucaite, Oscar Hellenas, Lars Farde, Fredrik Ullén, Konstanze Albrecht, Johannes Abeler, Bernd Weber, Armin Falk, Brendan J. Tunstall, Dean Kirson, Lia J. Zallar, Sam McConnell, Janaina C. M. Vendruscolo, Chelsea P. Ho, Volker Ott, Graham Finlayson, Hendrik Lehnert, Birte Heitmann, Markus Heinrichs, Jan Born, Manfred Hallschmid, Peter Katsingris, John P. Robinson, Steven Martin, Deniz Bayraktaroglu, Gul Gunaydin, Emre Selcuk, Anthony D. Ong, Ayelet Fishbach, Veronika Huta, Alan S. Waterman, Harald S. Harung, Gill Pomfret, Joe Hoare, Sherry Hilber, Hanna R. Rodenbaugh, Heidi L. Lujan, David W. Rodenbaugh, Stephen E. Di-Carlo, Reneé L. Polubinsky, Jennifer M. Plos, D. J. Grosshandler, Niswander Grosshandler, Renate L. Reniers, Amanda Bevan, Louise Keoghan, Andrea Furneaux, Samantha Mayhew, Stephen J. Wood, Stephen Lyng, Sue Scott, Mark D. Austin, Alan Dix, Regan L. Mandryk, Stella M. Atkins, Paul Ekman, Richard J. Davidson, Kiki M. De Jonge, Eric F. Rietzschel, Nico W. Van Yperen, Benjamin Scheibehenne, Rainer Greifeneder, Peter M. Todd, Hazel Rose Markus, Barry Schwartz, Elena Reutskaja, Axel Lindner, Rosemarie Nagel, Richard A. Andersen, Colin F. Camerer, Kirsi-Marja Zitting, Mirjam Y. Minch, Sean W. Cain, Wei Wang, Arick Wong, Joseph M. Ronda, Daniel Aeschbach, Charles A. Czeisler, Jeanne F. Duffy, Max Hirshkowitz, Kaitlyn Whiton, Steven M. Albert, Cathy Alessi, Oliviero Bruni, Lydia DonCarlos, Nancy Hazen, John Herman, Eliot S. Katz, Leila Kheirandish-Gozal, David N. Neubauer, Anne E O Donnell, Maurice Ohayon, John Peever, Robert Rawding, Ramesh C. Sachdeva, Belinda Setters, Michael V. Vitiello, James Catesby Ware, Paula J. Hillard, Laura K. Barger, Najib T. Ayas, Brian E. Cade, John W. Cronin, Bernard Rosner, Frank E. Speizer, Bronwyn Fryer, Sandi Mann, Rebekah Cadman, Lydia Saad, John Pencavel,

Francesco P. Cappuccio, Lanfranco D Elia, Pasquale Strazzullo, Michelle A. Miller, John Helliwell, Huong Dinh, Lyndall Strazdins, Jennifer Welsh, Katrina L. Piercy, Richard P. Troiano, Rachel M. Ballard, Susan Carlson, Janet E. Fulton, Deborah A. Galuska, Stephanie M. George, Richard D. Olson, William W. Beach, William J. Wiatrowski, Homa Khaleeli, Elizabeth Frates, Dan Buettner, Sam Skemp, Bryce Hruska, Sarah D. Pressman, Kestutis Bendinskas, Brooks B. Gump, Kim Brooks, Thomas P. Reith, Gareth Cook, David A. Reinhard, Erin C. Westgate, Nicole Ellerbeck, Cheryl Hahn, Casey L. Brown, Adi Shaked, Sarah Alahmadi, Nicholas R. Buttrick, Amber M. Hardin, Colin West, Sanford E. DeVoe, Paul A. O"Keefe, Carol S. Dweck, Gregory M. Walton, Curt Richter, David Premack, Leif D. Nelson, Tom Meyvis, Alyssa Croft, Elizabeth Dunn, Jordi Quoidbach, Dinah Avni-Babad, Ilana Ritov, Chess Stetson, Matthew P. Fiesta, David M. Eagleman, Gilles Grolleau, Sandra Said, Sharon Hadad, Miki Malul, Agnete Gundersen, Michaela Benson, Karen O Reilly, Nico H. Frijda, Sonja Lyubomirsky, David Schkade, Philip C. Watkins, Kathrine Woodward Thomas, Tamara Stone, Russell L. Kolts, Paul G. Middlebrooks, Marc A. Sommer, Gdbor Orosz, Edina Dombi, Istvdn Toth-Kirdly, Bedta Bethe, Baldzs Jagodics, Phil Zimbardo, John N. Boyd, Fred B. Bryant, Joseph Veroff, Bradley P. Turnwald, Danielle Boles, Alia J. Crum, Colette M. Smart, Scott P. King, Stephen Schueller, Megan E. Speer, Jamil P. Bhanji, Mauricio R. Delgado, Bethany Morris, Greg J. Stephens, Uri Hasson, Oliver S. Curry, Lee Rowland, Caspar J. van Lissa, Sally Zlotowitz, Harvey Whitehouse, John McAlaney, Justin Thomas, Tel Amiel, Stephanie L. Sargent, Pablo Fernandez-Berrocal, Rosario Cabello, Peter Hills, Michael Argyle, Elizabeth Bernstein, William Fleeson, Adriane B. Malanos, Noelle M. Achille, Zhenkun Zhou, Ke Xu, Jichang Zhao, Craig Ross, Emily S. Orr, Mia Sisic, Jaime M. Arseneault, Mary G. Simmering, Robert R. Orr, David Cunningham, Liz Thach, Karen J. Thompson, Shengli Deng, Yong Liu, Hongxiu Li, Feng Hu, Zoya Gervis, Sointu Leikas, Ville-Juhani Ilmarinen, William Pavot, Ed

Diener, Frank Fujita, Joshua J. Mark, Steven Fife, Michael J. Tews, John W. Michel, Raymond A. Noe, Judy Willis, Ronald Alsop, David L. Collinson, Frode Stenseng, Jostein Rise, Pal Kraft, Brigitte Wanner, Robert Ladouceur, Amélie V. Auclair, Frank Vitaro, Doris Bergen, Maxime Taquet, Yves-Alexandre de Montjoye, Martin Desseilles, James J. Gross, Desirée Kozlowski, Elizabeth Berry, Barls K. Y06rik, Chris Hadfield, Wendy Wood, Nate Staniforth, Heather McIver, Trevor Noah, Michel Hansenne, Moira Mikolajczak, Abraham H. Maslow, David B. Yaden, Jonathan Haidt, Ralph W. Hood, David R. Vago, Andrew Newberg, Ingrid Koller, Michael R. Levenson, Judith Glick, Mark H. Anshel, Diane Bamber, Ian M. Cockerill, Sheelagh Rodgers, Douglas Carroll, Chantal Seguin-Levesque, Marie-Lyne Laliberté, Luc G. Pelletier, Celine Blanchard, Robert J. Vallerand, Genevieve A. Mageau, Catherine Ratelle, Laude Leonard, Marylene Gagne, Josee Marsolais, Joshua Phelps, Tommy Haugen, Monica Torstveit, Rune Hoigaard, Eva Roos, Eero Lahelma, Ossi Rahkonen, Wijnand A. P. van Tilburg, Eric R. Igou, Constantine Sedikides, Jennifer Sommers, Stephen J. Vodanovich, Gregory J. Boyle, Lisa M. Richards, Anthony J. Baglioni, Mary B. Harris, Gustavo Razzetti, Chantal Nederkoorn, Linda Vancleef, Alexandra Wilkenh06ner, Laurence Claes, Remco C. Havermans, Kalina Christoff, Alan M. Gordon, Jonathan W. Schooler, Michael I. Posner, Inchara Naidu, Jothi A. Priya, Gayatri Devi, Cory J. Gerritsen, Maggie E. Toplak, Jessica Sciaraffa, John Eastwood, Robert Waldinger, Catherine Caruso, Diana Baum Toplak, Jessica Sciaraffa, John Eastwood, Robert Waldinger, Catherine Caruso, Diana Baum casca, Julee P. Farley, Jungmeen Kim-Spoon, Anna-Beth Doyle, Heather Lawford, Julie N. Kingery, Cynthia A. Erdley, Katherine C. Marshall, Jacob A. Burack, Alexandra D Arrisso, Vladimir Ponizovsky, Wendy Troop-Gordon, Tarek Mandour, Curtis Tootoosis, Sandy Robinson, Grace Iarocci, Stephanie Fryberg, Deborah Laible, Gustavo Carlo, Marcela Raffaelli, Alex Williams, Kim Reinking, Robert A. Bell, Michael E. Roloff, Karen Van Camp, Susan H. Karol, Jan-Emmanuel De Neve, George

Ward, Maria Konnikova, Sergio M. Pellis, Vivien C. Pellis, Brett T. Himmler e Jaak Panksepp.

Se você acabou de ler as últimas páginas, volte ao Capítulo 2 e faça novamente o exercício do Modelo PLAY. Meu palpite é que você é capaz de encontrar opções muito melhores com as quais gastar seu tempo do que ler uma lista de nomes. Com toda a seriedade, continuo grato a todos aqueles mencionados (e aos inadvertidamente não mencionados) que permitiram que este livro se tornasse realidade. *Foi realmente muito divertido*.

Sinceramente,
Michael Rucker, Ph.D.

Notas de fim

Nota do autor

1 **Nos demos conta da verdade**: Keller, Helen. *Let Us Have Faith* (New York: Doubleday, & Doran & Company, Incorporated, 1940).

Introdução

1 **Já contei**: Golden, Ryan. "What Does the Outcry over Amazon's Mental Health Kiosks Say About Corporate Wellness Programs?" HR Dive, 16 jun. 2021, https://www.hrdive.com/news/what-does-outcry-over-amazon-amazen-mental-health-kiosks-say-about-corporate-wellness/601942.

Capítulo 1: O antídoto é a diversão

1 **Deixamos que essas importantes habilidades**: Ansberry, Clare. "An Overlooked Skill in Aging: How to Have Fun." *The Wall Street Journal*. Dow Jones & Company, 2 jun. 2018, http://www.wsj.com/articles/an-overlooked-skill-in-aging-how-to-have-fun-1527937260.

2 **Os Estados Unidos têm**: Iacurci, Greg. "U.S. Is Worst Among Developed Nations for Worker Benefits." *CNBC*, February 4, 2021, http://www.cnbc.com/2021/02/04/us-is-worst-among-rich-nations-for-worker-benefits.html.

3 **Isso foi vividamente demonstrado**: Ehrenreich, Barbara. *Nickel and Dimed: On (Not) Getting By in America* (New York: Metropolitan Books, 2010).

4 **O autor Rahaf Harfoush observa**: Harfoush, Rahaf. Hustle and Float: Reclaim Your Creativity and Thrive in a World Obsessed with Work (New York: Diversion Books, 2019).

5 **Esse assim chamado *trabalho algorítmico***: Pink, Daniel H. Drive: *The Surprising Truth About What Motivates Us* (New York: Penguin, 2011).

6 **A autora Ann Larson teoriza**: Larson, Ann. "My Disturbing Stint on a Corporate Wellness App: At Some Point, I Realized the Goal Was to Make My Job Kill Me Slower." *Slate*, 26 abr. 2021, https://slate.com/human-interest/2021/04/corporate-wellness-grocery-store-work-dangers.html.

7 **Empresas contratam palestrantes populares**: Vaynerchuk, Gary. *Crush It!: Why NOW Is the Time to Cash In on Your Passion*, vol. 10 (New York: HarperCollins, 2015).

8 **Empresas contratam palestrantes populares**: Cardone, Grant. *The 10X Rule: The Only Difference Between Success and Failure* (New York: John Wiley & Sons, 2011).

9 **Em seu livro *Dying for a Paycheck***: Pfeffer, Jeffrey. *Dying for a Paycheck: Why the American Way of Business Is Injurious to People and Companies* (New York: HarperCollins Publishers, 2018).

10 **Numa entrevista para a *Insights***: Walsh, Dylan. "The Workplace Is Killing People and Nobody Cares." *Stanford Graduate School of Business*, 15 mar. 2018, http://www.gsb.stanford.edu/insights/workplace-killing-people-nobody-cares.

11 **Pesquisas da Organização Mundial da Saúde**: Pega, Frank, Bálint Náfrádi, Natalie C. Momen, Yuka Ujita, Kai N. Streicher, Annette M. Prüss-Üstün, Alexis Descatha, et al. "Global, Regional, e National Burdens of Ischemic Heart Disease and Stroke Attributable to Exposure to Long Working Hours for 194 Countries, 2000–2016: A Systematic Analysis from THE WHO/ILO Joint Estimates of the Work-Related Burden of Disease and Injury." *Environment International* 154 (2021): 106595. https://doi.org/10.1016/j.envint.2021.106595.

12 **E apesar do indisfarçável desprezo**: Taylor, Frederick Winslow. *The Principles of Scientific Management* (New York: Harper & Brothers, 1919).

13 **Lembro-me de aprender**: Miner, John. *Organizational Behavior 1: Essential Theories of Motivation and Leadership* (New York: Routledge, 2015).

14 **Tal como acontece com tantas atividades**: Bartels, Bjoern. "My Love—Relationship Counter." *App Store*, 18 dez. 2010. https://apps.apple.com/us/app/my-love-relationship-counter/id409609608.

15 **ela aumenta *antes***: Schott, B. H., L. Minuzzi, R. M. Krebs, D. Elmenhorst, M. Lang, O. H. Winz, C. I. Seidenbecher, et al. "Mesolimbic Functional Magnetic Resonance Imaging Activations During Reward Anticipation Correlate With Reward-Related Ventral Striatal Dopamine Release." *Journal of Neuroscience* 28, n. 52 (2008): 14311–19, https://doi.org/10.1523/jneurosci.2058-08.2008.

16 **Impulsionados pela dopamina**: "Dopamine Jackpot! Sapolsky on the Science of Pleasure." *YouTube*, publicado por FORA.tv, 2 mar. 2011, https://www.youtube.com/watch?v=axrywDP9Ii0.

17 **Há décadas**: Brickman, Philip, Dan Coates e Ronnie Janoff-Bulman. "Lottery Winners and Accident Victims: Is Happiness Relative?" *Journal of Personality and Social Psychology* 36, n. 8 (1978): 917–27. https://doi.org/10.1037/0022-3514.36.8.917.

18 **Se formos capazes de assimilar**: Lindqvist, Erik, Robert Östling e David Cesarini. "Long-Run Effects of Lottery Wealth on Psychological Well-Being." *The Review of Economic Studies* 87, n. 6 (2020): 2703–26. https://doi.org/10.1093/restud/rdaa006.

19 **Da mesma forma**: Grolleau, Gilles e Sandra Saïd. "Do You Prefer Having More or More Than Others? Survey Evidence on Positional Concerns in France," *Journal of Economic Issues* 42, n. 4 (2008): 1145–58. https://doi.org/10.1080/00213624.2008.11507206.

20 **Pesquisas recentes sugerem**: Kable, Joseph W. e Paul W. Glimcher. "The Neurobiology of Decision: Consensus and Controversy." *Neuron* 63, n. 6 (2009): 733–45. https://doi.org/10.1016/j.neuron.2009.09.003.

21 **Na verdade, alguns pesquisadores**: Twenge, Jean M., Thomas E. Joiner, Megan L. Rogers e Gabrielle N. Martin. "Increases in Depressive Symptoms, Suicide-Related Outcomes, e Suicide Rates Among U.S. Adolescents After 2010 and Links to Increased New Media Screen Time." *Clinical Psychological Science* 6, n. 1 (2017): 3–17. https://doi.org/10.1177/2167702617723376.

22 **O trabalho de Jean Marie Twenge**: Twenge, Jean. *IGen: Why Today's Super-Connected Kids Are Growing Up Less Rebellious, More Tolerant, Less Happy—and Completely Unprepared for Adulthood—and What That Means for the Rest of Us* (New York: Atria Books, 2017).

23 **Em *The Compass of Pleasure***: Linden, David J. *The Compass of Pleasure: How Our Brains Make Fatty Foods, Orgasm, Exercise, Marijuana, Generosity, Vodka, Learning, e Gambling Feel So Good* (New York: Penguin, 2012).

24 **Na Universidade de Libeck**: Ott, Volker, Graham Finlayson, Hendrik Lehnert, Birte Heitmann, Markus Heinrichs, Jan Born e Manfred Hallschmid. "Oxytocin Reduces Reward-Driven Food Intake in Humans." *Diabetes* 62, n. 10 (2013): 3418–25. https://doi.org/10.2337/db13-0663.

25 **Quando a ocitocina está presente**: Barraza, Jorge A. e Paul J. Zak. "Oxytocin Instantiates Empathy and Produces Prosocial Behaviors." *Oxytocin, Vasopressin and Related Peptides in the Regulation of Behavior*, 2013, 331–42. https://doi.org/10.1017/cbo9781139017855.022.

26 **Os relâmpagos são espetaculares**: Engelking, Carl. "Lightning's Strange Physics Still Stump Scientists." *Discover Magazine*, 20 nov. 2019. https://www.discovermagazine.com/environment/lightnings-strange-physics-still-stump-scientists.

27 **Há a teoria de que**: Goldstein, Jeffrey. *Play in Children's Development, Health and Well-Being* (Brussels: Toy Industries of Europe, 2012).

28 **Quando temos um viés para a diversão**: Sullivan, Dan e Benjamin P. Hardy. *The Gap and The Gain: The High Achievers' Guide to Happiness, Confidence, e Success* (Hay House Business, 2021).

29 **O riso é uma força democrática**: Petras, Kathryn, Ross Petras. "Nothing Is Worth More Than This Day.": *Finding Joy in Every Moment* (New York: Workman Publishing, 2016).

30 **De acordo com a biografia de Walter Isaacson**: Isaacson, Walter. *Einstein: His Life and Universe* (New York: Simon & Schuster Paperbacks, 2008).

31 **Pessoas que demonstram aptidão**: Feingold, Alan, e Ronald Mazzella. "Psycho-metric Intelligence and Verbal Humor Ability." *Personality and Individual Differences* 12, n. 5 (1991): 427–35. https://doi.org/10.1016/0191-8869(91)90060-o.

32 **Eles descobriram que ambos**: Bryant, Fred B., Colette M. Smart e Scott P. King. "Using the Past to Enhance the Present: Boosting Happiness through Positive Reminiscence." *Journal of Happiness Studies* 6, n. 3 (2005): 227–60. https://doi.org/10.1007/s10902-005-3889-4.

Capítulo 2: Hora de descer para o PLAY

1 **Matthew Killingsworth, ao concluir seu doutorado**: Killingsworth, Matthew. *Happiness from the Bottom Up*. Diss., Harvard University, 2013.

2 **Uma pesquisa de 2004 com 909 mães**: Kahneman, Daniel, Alan B. Krueger, David A. Schkade, Norbert Schwarz e Arthur A. Stone. "A Survey Method for Characterizing Daily Life Experience: The Day Reconstruction Method." *Science* 306, n. 5702 (2004): 1776–80. https://doi.org/10.1126/science.1103572.

3 **primeiro, pesquisas de**: Sharif, Marissa A., Cassie Mogilner e Hal E. Hershfield. "Having too little or too much time is linked to lower subjective well-being." *Journal of Personality and Social Psychology* (2021).

4 **De acordo com os resultados**: "American Time Use Survey Summary." U.S. Bureau of Labor Statistics. *U.S. Bureau of Labor Statistics*, 22 jul. 2021. http://www.bls.gov/news.release/atus.nr0.htm.

5 **E embora a investigação**: Livingston, Gretchen e Kim Parker. "8 Facts About American Dads." *Pew Research Center*, 30 maio 2020. http://www.pewresearch.org/fact-tank/2019/06/12/fathers-day-facts.

6 **E embora a investigação**: Houle, P., Turcotte, M., & Wendt, M. (2017*). Changes in parents' participation in domestic tasks and care for children from 1986 to 2015*.

7 **O Pew Research Center relata**: Drake, Bruce. "Another Gender Gap: Men Spend More Time in Leisure Activities." *Pew Research Center*, 7 fev. 2014, https://www.pewresearch.org/fact-tank/2013/06/10/another-gender-gap-men-spend-more-time-in-leisure-activities.

8 **Se você acha que quatro**: Khaleeli, Homa. "How to Get More Free Time in Your Day." *The Guardian*, 13 mar. 2018, https://www.theguardian.com/money/shortcuts/2013/jun/07/how-get-more-free-time.

9 **pelo menos no pensamento de curto prazo**: Mogilner Holmes, Cassie. "The Pursuit of Happiness Time, Money, e Social Connection." *Psychological Science* 21, n. 9 (2010): 1348–54. https://doi.org/10.1177/0956797610380696.

10 **Num deles, professores da UCLA**: Hershfield, Hal E., Cassie Mogilner Holmes e Uri Barnea. "People Who Choose Time over Money Are Happier." *Social Psychological and Personality Science* 7, n. 7 (2016): 697–706. https://doi.org/10.1177/1948550616649239.

11 **Considerando a frequência**: Herrbach, Toni. "Age Appropriate Chores for Kids: Printable." *The Happy HousewifeTM: Home Management*, 1 mar. 2019, https://thehappyhousewife.com/home-management/age-appropriate-chores-for-kids-printable.

12 **Um dos meus exemplos favoritos**: Katan, Tania. *Creative Trespassing: How to Put the Spark and Joy Back into Your Work and Life* (New York: Currency, 2019).

13 **Com base em descobertas recentes da Nielsen**: The Nielsen Company. *The Nielsen Total Audience Report*, Q1 2018, p. 34, https://www.nielsen.com/wp-content/uploads/sites/3/2019/04/q1-2018-total-audience-report.pdf. Acesso em: 21 jan. 2020.

14 **No entanto, após anos de pesquisas**: Robinson, John P. e Steven Martin. "What Do Happy People Do?" *Social Indicators Research* 89, n. 3 (2008): 565–71. https://doi.org/10.1007/s11205-008-9296-6.

15 **No entanto, após anos de pesquisas**: Bayraktaroglu, Deniz, Gul Gunaydin, Emre Selcuk e Anthony D. Ong. "A Daily Diary Investigation of the Link between Television Watching and Positive Affect." *Journal of Happiness Studies* 20, n. 4 (2018): 1089–1101. https://doi.org/10.1007/s10902-018-9989-8.

16 **A essa altura, estamos todos familiarizados**: Hunt, Melissa G., Rachel Marx, Courtney Lipson e Jordyn Young. "No More FOMO: Limiting Social Media Decreases Loneliness and Depression." *Journal of Social and Clinical Psychology* 37, n. 10 (2018): 751–68. https://doi.org/10.1521/jscp.2018.37.10.751.

17 **Por exemplo, fumantes**: Cohen, Lee M., Frank L. Collins Jr e Dana M. Britt. "The effect of chewing gum on tobacco withdrawal." *Addictive Behaviors* 22, n. 6 (1997): 769-773.

18 **E, no mundo do desejo humano**: Rietzschel, Eric F., J. Marjette Slijkhuis e Nico W. Van Yperen. "Task Structure, Need for Structure, and Creativity." *European Journal of Social Psychology* 44, n. 4 (2014): 386–99. https://doi.org/10.1002/ejsp.2024.

19 **usuários de computador**: Scheibehenne, Benjamin, Rainer Greifeneder e Peter M. Todd. "Can There Ever Be Too Many Options? A Meta-Analytic Review of Choice Overload." *Journal of Consumer Research* 37, n. 3 (2010): 409–25. https://doi.org/10.1086/651235.

20 **Os cientistas concluíram**: Reutskaja, Elena, Axel Lindner, Rosemarie Nagel, Richard A. Andersen e Colin F. Camerer. "Choice Overload Reduces Neural Signatures of Choice Set Value in Dorsal Striatum and Anterior Cingulate Cortex." *Nature Human Behaviour* 2, n. 12 (2018): 925–35. https://doi.org/10.1038/s41562-018-0440-2.

21 **O Dicionário de Psicologia**: Peak experience: In *APA Dictionary of Psychology*. (2022). Recuperado de: https://dictionary.apa.org/peak-experience.

22 **"Chamo de viciante aquele tipo"**: Mandryka, Alexandre. "Pleasure without Learning Leads to Addiction." *Game Whispering*, 29 ago. 2016, https://gamewhispering.com/pleasure-without-learning-leads-to-addiction.

23 **De paraquedas, o homem voltou**: Guardian Staff Reporter. "Man Accidentally Ejects Himself from Fighter Jet During Surprise Flight." *The Guardian*, 14 abr. 2020, https://www.theguardian.com/world/2020/apr/14/man-accidentally-ejects-himself-from-fighter-jet-during-surprise-flight.

24 **Ao analisar as interações**: Grosshandler, D.J, e E Niswander Gross-handler. "Constructing Fun: Self-Determination and Learning at an After-school Design Lab." *Computers in Human Behavior* 16, n. 3 (2000): 227–40. https://doi.org/10.1016/s0747-5632(00)00003-0.

25 **Em seu artigo**: Dix, A. Fun Systematically, 2012, recuperado de: http://alandix.com/academic/papers/ECCE-fun-2004/ecce-alan-fun-panel.pdf.

26 **Stephen Lyng é um pioneiro**: Lyng, Stephen. "Edgework: A Social Psychological Analysis of Voluntary Risk-Taking." *American Journal of Sociology* 95, n. 4 (1990): 851–886.

27 **Isso as coloca**: Ritzer, George. *Enchanting a Disenchanted World: Revolutionizing the Means of Consumption* (Newbury Park, California: Pine Forge Press, 2005).

28 **Maslow também considerou**: Maslow, Abraham H. *Toward a Psychology of Being* (New York: Simon and Schuster, 2013).

29 **Por exemplo, um estudo com ciclistas**: Scott, Shane, e D. Mark Austin. "Edgework, Fun, and Identification in a Recreational Subculture: Street BMX Riders." *Qualitative Sociology Review* 12, n. 4 (2016): 84–99.

30 **Fiquei impressionado**: McRae, Donald. "Sky Brown: 'Sometimes You Fall but I Wanted to Show Me Getting up Again'." *The Guardian*, 3 ago. 2020. https://www.theguardian.com/sport/2020/aug/03/sky-brown-gb-skateboarder-fall-getting-up-olympic-games.

31 **Em *Introdução à psicologia do ser***: Maslow, Abraham H. *Toward a Psychology of Being* (New York: Simon and Schuster, 2013).

32 **Alguns podem dizer**: Anshel, Mark H. "A Psycho-Behavioral Analysis of Addicted Versus Non-Addicted Male and Female Exercisers." *Journal of Sport Behavior* 14, n. 2 (1991): 145.

33 **A diversão em excesso**: Linden, David J. *The Compass of Pleasure: How Our Brains Make Fatty Foods, Orgasm, Exercise, Marijuana, Generosity, Vodka, Learning, and Gambling Feel So Good* (New York: Penguin, 2012).

34 **Para determinar se uma**: Vallerand, Robert J. "On Passion for Life Activities: The Dualistic Model of Passion." *Advances in Experimental Social Psychology*, vol. 42, pp. 97–193 (Academic Press, 2010).

35 **As experiências de Vallerand**: Vallerand, Robert J., Céline Blanchard, Geneviève A. Mageau, Richard Koestner, Catherine Ratelle, Maude Léonard, Marylène Gagné, e Josée Marsolais. "Les Passions De L'âme: On Obsessive and Harmonious Passion." *Journal of Personality and Social Psychology* 85, n. 4 (2003): 756–67. https://doi.org/10.1037/0022-3514.85.4.756.

36 **De acordo com uma pesquisa**: Hirshkowitz, Max, Kaitlyn Whiton, Steven M. Albert, Cathy Alessi, Oliviero Bruni, Lydia DonCarlos, Nancy Hazen, et al. "National Sleep Foundation's Sleep Time Duration Recommendations: Methodology and Results Summary." *Sleep Health* 1, n. 1 (2015): 40–43. https://doi.org/10.1016/j.sleh.2014.12.010.

37 **Em contrapartida, se dormirmos menos**: Barger, Laura K, Najib T Ayas, Brian E Cade, John W Cronin, Bernard Rosner, Frank E Speizer, e Charles A Czeisler. "Impact of Extended-Duration Shifts on Medical Errors, Adverse Events, and Attentional Failures." *PLoS Medicine* 3, n. 12 (2006). https://doi.org/10.1371/journal.pmed.0030487.

38 **O Dr. Czeisler também acredita**: Fryer, Bronwyn. "Sleep Deficit: The Performance Killer." *Harvard Business Review*, out. 2006, https://hbr.org/2006/10/sleep-deficit-the-performance-killer.

39 **Se você é um dos mais de**: Zitting, Kirsi-Marja, Mirjam Y. Münch, Sean W. Cain, Wei Wang, Arick Wong, Joseph M. Ronda, Daniel Aeschbach, Charles A. Czeisler, e Jeanne F. Duffy. "Young Adults Are More Vulnerable to Chronic Sleep Deficiency and Recurrent Circadian Disruption than Older Adults." *Scientific Reports* 8, n. 1 (2018). https://doi.org/10.1038/s41598-018-29358-x.

Capítulo 3: Saboreie cada momento

1 **Embora o esgotamento possa**: Reith, Thomas P. "Burnout in United States Healthcare Professionals: A Narrative Review." *Cureus*, 2018. doi:10.7759/cureus.3681.

2 **Como explica Wilson**: Cook, Gareth. "How to Improve Your Life with 'Story Editing.'" *Scientific American*, 13 set. 2011, https://www.scientificamerican.com/article/how-to-improve-your-life-with-story-editing.

3 **Em um experimento conduzido**: Wilson, Timothy D., David A. Reinhard, Erin C. Westgate, Daniel T. Gilbert, Nicole Ellerbeck, Cheryl Hahn, Casey L. Brown, e Adi Shaked. "Just Think: The Challenges of the Disengaged Mind." *Science* 345, n. 6192 (2014): 75–77. https://doi.org/10.1126/science.1250830.

4 **O grupo de pesquisadores concluiu**: Alahmadi, Sarah, Nicholas R. Buttrick, Daniel T. Gilbert, Amber M. Hardin, Erin C. Westgate, e Timothy D. Wilson. "You Can Do It If You Really Try: The Effects of Motivation on Thinking for Pleasure." *Motivation and Emotion* 41, n. 5 (2017): 545–61. https://doi.org/10.1007/s11031-017-9625-7.

5 **Os participantes que receberam**: Westgate, Erin C., Timothy D. Wilson, e Daniel T. Gilbert. "With a Little Help for Our Thoughts: Making It Easier to Think for Pleasure." *Emotion* 17, n. 5 (2017): 828–39. https://doi.org/10.1037/emo0000278.

6 **Uma edição bem-sucedida**: Dweck, Carol S. *Mindset: The New Psychology of Success*. (New York: Random House, 2008).

7 **Essa pequena mudança**: West, Colin, Cassie Mogilner, e Sanford E. DeVoe. "Happiness from Treating the Weekend like a Vacation." *Social Psychological and Personality Science* 12, n. 3 (2020): 346–56. https://doi.org/10.1177/1948550620916080.

8 **No mínimo, você começará**: O'Keefe, Paul A., Carol S. Dweck, e Gregory M. Walton. "Implicit Theories of Interest: Finding Your Passion or Developing It?" *Psychological Science* 29, n. 10 (2018): 1653–64. https://doi.org/10.1177/0956797618780643.

9 **Essas histórias agora lendárias**: Avallone, Tommy, diretor. *The Bill Murray Stories: Life Lessons Learned from a Mythical Man*. Gravitas Ventures, 2018. 1 hr., 11 min.

10 **Na década de 1920**: Richter, Curt Paul. "A Behavioristic Study of the Activity of the Rat." *Comparative Psychology Monographs* (1922).

11 **David Premack estudou esse**: Premack, David. "Toward empirical behavior laws: I. Positive reinforcement." *Psychological Review* 66, n. 4 (1959): 219.

12 **Por exemplo, se você estiver**: Nelson, Leif D., e Tom Meyvis. "Interrupted Consumption: Disrupting Adaptation to Hedonic Experiences." *Journal of Marketing Research* 45, n. 6 (2008): 654–64. https://doi.org/10.1509/jmkr.45.6.654.

13 **Por exemplo, em um estudo**: Quoidbach, Jordi, e Elizabeth W. Dunn. "Give It Up: A Strategy for Combating Hedonic Adaptation." *Social Psychological and Personality Science* 4, n. 5 (2013): 563–68. https://doi.org/10.1177/1948550612473489.

14 **As pessoas que ficaram na incerteza**: Wilson, Timothy D., David B. Centerbar, Deborah A. Kermer, e Daniel T. Gilbert. "The Pleasures of Uncertainty: Prolonging Positive Moods in Ways People Do Not Anticipate." Journal of Personality and Social Psychology 88, n. 1 (2005): 5–21. https://doi.org/10.1037/0022 -3514.88.1.5.

15 **Em todos os seis estudos**: Avni-Babad, Dinah, e Ilana Ritov. "Routine and the Perception of Time." *Journal of Experimental Psychology: General* 132, n. 4 (2003): 543–50. https://doi.org/10.1037/0096-3445.132.4.543.

16 **Os autores concluíram**: Stetson, Chess, Matthew P. Fiesta, e David M. Eagleman. "Does Time Really Slow Down During a Frightening Event?" *PLoS ONE* 2, n. 12 (2007). https://doi.org/10.1371/journal.pone.0001295.

17 **Em *O fim da história***: Fukuyama, Francis. *The End of History and the Last Man*. (Simon and Schuster, 2006.)

18 **Ter muito mais**: Hadad, Sharon, e Miki Malul. "Do You Prefer Having Much More or Slightly More Than Others?" *Social Indicators Research* 133, n. 1 (2016): 227–34. https://doi.org/10.1007/s11205-016-1362-x.

19 **Fazem isso indo morar**: Gundersen, Agnete. "Starting Over: Searching for the Good Life—an Ethnographic Study of Western Lifestyle Migration to Ubud, Bali." *New Zealand Sociology* (2017): 157–171.

20 **Michaela Benson e sua colega**: O' Reilley, Karen, e Michaela Benson. "Lifestyle Migration: Escaping to the Good Life?" Em *Lifestyle Migration: Expectations, Aspirations, and Experiences*, pp. 1–13 (Farnham, United Kingdom: Ashgate, 2008).

21 **Também é importante**: Benson, Michaela. "The Movement Beyond (Lifestyle) Migration: Mobile Practices and the Constitution of a Better Way of Life." *Mobilities* 6, n. 2 (2011): 221–35. https://doi.org/10.1080/17450101.2011.552901.

22 **Como bem disse o psicólogo**: Frijda, Nico H. "The Laws of Emotion." *American Psychologist* 43, n. 5 (1988): 349–58. https://doi.org/10.1037/0003-066x.43.5.349.

23 **Por exemplo, Sonja Lyubomirsky**: Lyubomirsky, Sonja, Kennon M. Sheldon, e David Schkade. "Pursuing Happiness: The Architecture of Sustainable Change." *Review of General Psychology* 9, n. 2 (2005): 111–31. https://doi.org/10.1037/1089-2680.9.2.111.

24 **Mesmo assim, a maioria**: Watkins, Philip C., Kathrane Woodward, Tamara Stone, e Russell L. Kolts. "Gratitude and Happiness: Development of a Measure of Gratitude, and Relationships with Subjective Well-Being." *Social Behavior and Personality: An International Journal* 31, n. 5 (2003): 431–51. https://doi.org/10.2224/sbp.2003.31.5.431.

Capítulo 4: Prazer *depois* do momento

1 **Em 2015, vigésimo aniversário**: Spade, David. 2015. "I'm told that today is the 20th anniversary of Tommyboy." *Facebook*. 31 mar. 2015. https://www.facebook.com/DavidSpade/photos/im-told-that-today-is-the-20th-anniversary-of-tommyboy-aside-from-that-making-me/10153717195027678.

2 **A Dra. Barbara Fredrickson**: Fredrickson, Barbara L. "What Good Are Positive Emotions?" Review of *General Psychology* 2, n. 3 (1998): 300–319. https://doi.org/10.1037/1089-2680.2.3.300.

3 **A Dra. Barbara Fredrickson**: Burton, Chad M., e Laura A. King. "The Health Benefits of Writing about Intensely Positive Experiences." *Journal of Research in Personality* 38, n. 2 (2004): 150–63. doi:10.1016/s0092-6566(03)00058-8.

4 **Pesquisadores do MIT**: Ramirez, Steve, Xu Liu, Christopher J. MacDonald, Anthony Moffa, Joanne Zhou, Roger L. Redondo, e Susumu Tonegawa. "Activating Positive Memory Engrams Suppresses Depression-like Behaviour." *Nature* 522, n. 7556 (2015): 335–39. https://doi.org/10.1038/nature 14514.

5 **Fui influenciado em particular**: Bryant, Fred B., e Joseph Veroff. *Savoring: A New Model of Positive Experience* (Lawrence Erlbaum Associates, 2007).

6 **Isso está de acordo**: Ford, Brett Q., Phoebe Lam, Oliver P. John, e Iris B. Mauss. "The Psychological Health Benefits of Accepting Negative Emotions and Thoughts: Laboratory, Diary, and Longitudinal Evidence." *Journal of Personality and Social Psychology* 115, n. 6 (2018): 1075–92. https://doi.org/10.1037/pspp0000157.

7 **Kevin Rathunde sugere que**: Rathunde, Kevin. “Broadening and Narrowing in the Creative Process: A Commentary on Fredrickson’s ‘Broaden-and-Build’ Model.” Prevention & Treatment 3, n. 1 (2000). https://doi.org/10.1037/1522-3736.3.1.36c.

8 **Alguns psicólogos**: Lieberman, Matthew D., Naomi I. Eisenberger, Molly J. Crockett, Sabrina M. Tom, Jennifer H. Pfeifer, e Baldwin M. Way. “Putting Feelings into Words.” *Psychological Science* 18, n. 5 (2007): 421–28. https://doi.org/10.1111/j.1467-9280.2007.01916.x.

9 **especialistas alertam que**: Eurich, Tasha. “Here’s Why You Should Journal (Just Not Every Day).” *The Muse*, 19 jun. 2020, https://www.themuse.com/advice/heres-why-you-should-journal-just-not-every-day.

10 **Eles descobriram que as pessoas**: Cosley, Dan, Victoria Schwanda Sosik, Johnathon Schultz, S. Tejaswi Peesapati, e Soyoung Lee. “Experiences with Designing Tools for Everyday Reminiscing.” *Human–Computer Interaction* 27, n. 1-2 (2012): 175–198.

11 **Thomas e Briggs também destacaram**: Thomas, Lisa, e Pam Briggs. “Reminiscence Through the Lens of Social Media.” *Frontiers in Psychology* 7 (2016). https://doi.org/10.3389/fpsyg.2016.00870.

12 **Segundo, porque reservar**: Rucker, Michael. “Interview with Jordan Etkin About the Folly of Activity Tracking.” *Mike Rucker, Ph.D.*, 23 dez. 2020, https://michaelrucker.com/thought-leader-interviews/dr-jordan-etkin-activity-tracking-folly.

13 **Em geral, existem duas**: Herold, David M., e Martin M. Greller. “Feedback the Definition of a Construct.” *Academy of Management Journal* 20, n. 1 (1977): 142–47. doi:10.5465/255468.

Capítulo 5: A grande fuga

1 **“uma espécie de importância natural”**: “Chris Hadfield: How Looking at 4 Billion Years of Earth’s History Changes You | Big Think.” *YouTube*, publicado por Big Think, 24 mar. 2018, https://www.youtube.com/watch?v=qPvSRPsWhOQ.

2 **O que Hadfield descreve**: Stenseng, Frode, Jostein Rise, e Pal Kraft. “Activity Engagement as Escape from Self: The Role of Self-Suppression and Self-Expansion.” *Leisure Sciences* 34, n. 1 (2012): 19–38. https://doi.org/10.1080/01490400.2012.633849.

3 **Eles nos permitem estar**: Killingsworth, M. A., e D. T. Gilbert. “A Wandering Mind Is an Unhappy Mind.” Science 330, n. 6006 (2010): 932.doi:10.1126/science.1192439.

4 **Os trabalhadores americanos**: “Study: A Record 768 Million U.S. Vacation Days Went Unused in ’18.” *U.S. Travel Association*, 11 nov. 2019, https://www.ustravel.org/press/study-record-768-million-us-vacation-days-went-un used-18-opportunity-cost-billions.

5 **Pesquisas anuais da Expedia**: Expedia.com. "Americans Plan to Take an Additional Week of Vacation This Year, Expedia Reports." *Cision PR Newswire*, 3 fev. 2021, https://www.prnewswire.com/news-releases/americans-plan-to-take-an-additional-week-of-vacation-this-year-expedia-reports-301221553.html.

6 **A escritora Susan Sontag**: Sontag, Susan. *On Photography* (New York. Picador: 2001), pg. 14. (Publicação original em 1973).

7 **Em um livro que adoro**: Staniforth, Nate. Here Is Real Magic. Bloomsbury, 2018.

8 **Jaye Smith, sócia-fundadora**: Garone, Elizabeth. "The Surprising Benefits of a Mid-Career Break." *BBC Worklife*, 2016, https://www.bbc.com/worklife/article/20160325-the-surprising-benefits-of-a-mid-career-break.

9 **Esse foi o caso**: Wills, Brad. 2018. "Why I Left and What I Learned." *LinkedIn*. 5 fev. 2018. https://www.linkedin.com/pulse/why-i-left-what-learned-brad-wills.

10 **Derek Sivers, um ex-empreendedor**: Sivers, Derek. "Travel Without Social Praise." *Derek Sivers*, 24 set. 2019. https://sive.rs/tp2.

11 **Enquanto a primeira pessoa**: Stenseng, Frode, Jostein Rise, e Pal Kraft. "Activity Engagement as Escape from Self: The Role of Self-Suppression and Self-Expansion." *Leisure Sciences* 34, n. 1 (2012) 19–38. doi:10.1080/0149040.2012.633849.

Capítulo 6: O Mistério

1 **Uma equipe de cientistas de Harvard**: Taquet, Maxime, Jordi Quoidbach, Yves-Alexandre de Montjoye, Martin Desseilles, e James J. Gross. "Hedonism and the Choice of Everyday Activities." *Proceedings of the National Academy of Sciences* 113, n. 35 (2016): 9769–73. https://doi.org/10.1073/pnas.1519998113.

2 **Na ciência, temos um ditado**: Street, Farnam. "The Map Is Not the Territory." *Farnam Street*, 1 out. 2020, https://fs.blog/2015/11/map-and-territory.

3 **Todd B. Kashdan**: Kashdan, Todd. *Curious? Discover the Missing Ingredient to a Fulfilling Life* (New York: William Morrow & Co, 2009).

4 **Em contrapartida, quando**: Kashdan, Todd. "Science Shows You Can Die of Boredom, Literally." *Psychology Today*, mar. 2010, https://www.psychologytoday.com/us/blog/curious/201003/science-shows-you-can-die-boredom-literally.

5 **O tédio tem sido associado**: Kim, Meeri. "Boredom's Link to Mental Illnesses, Brain Injuries and Dysfunctional Behaviors." *The Washington Post*, 17 jul. 2021, https://www.washingtonpost.com/health/boredom-mental-health-disconnected/2021/07/16/c367cd30-9d6a-11eb-9d05-ae06f4529ece_story.html.

6 **A curiosidade também**: Hunter, Jennifer A., et al. "Personality and Boredom Proneness in the Prediction of Creativity and Curiosity." *Thinking Skills and Creativity*, vol. 22, 2016, pp. 48–57. Crossref, doi:10.1016/j.tsc.2016.08.002.

7 **Uma surpresa significa**: Meyer, Wulf-Uwe, Rainer Reisenzein, e Achim Schutzwohl. "Toward a Process Analysis of Emotions: The Case of Surprise." *Motivation and Emotion* 21, n. 3 (1997): 251–274.

8 **No artigo publicado**: Noordewier, Marret K., e Eric van Dijk. "Surprise: Unfolding of Facial Expressions." *Cognition and Emotion* 33, n. 5 (2019): 915–930.

9 **A equipe concluiu**: Berns, Gregory S., Samuel M. McClure, Giuseppe Pagnoni, e P. Read Montague. "Predictability Modulates Human Brain Response to Reward." *The Journal of Neuroscience* 21, n. 8 (2001): 2793–98. https://doi.org/10.1523/jneurosci.21-08-02793.2001.

10 **As melhores, aquelas que produziam**: Cheung, Vincent K.M., Peter M.C. Harrison, Lars Meyer, Marcus T. Pearce, John-Dylan Haynes, e Stefan Koelsch. "Uncertainty and Surprise Jointly Predict Musical Pleasure and Amygdala, Hippocampus, and Auditory Cortex Activity." *Current Biology* 29, n. 23 (2019). https://doi.org/10.1016/j.cub.2019.09.067.

11 **Já aqueles**: Gocłowska, Małgorzata A., Matthijs Baas, Richard J. Crisp, e Carsten K. De Dreu. "Whether Social Schema Violations Help or Hurt Creativity Depends on Need for Structure." *Personality and Social Psychology Bulletin* 40, n. 8 (2014): 959–71. https://doi.org/10.1177/0146167214533132.

12 **Está claro que a diversão**: Tews, Michael J., John W. Michel, e Raymond A. Noe. "Does Fun Promote Learning? The Relationship Between Fun in the Workplace and Informal Learning." *Journal of Vocational Behavior* 98 (2017): 46–55. https://doi.org/10.1016/j.jvb.2016.09.006.

13 **Karl E. Weick**: Weick, Karl E. *Sensemaking in Organizations*. Vol. 3. Sage, 1995. Sage.

14 **Viktor Frankl, psiquiatra**: Frankl, Viktor E. *Man's Search for Meaning* (New York: Simon & Schuster, 1985).

15 **O sentido é tão importante**: Hale, Benjamin. *The Evolution of Bruno Littlemore* (New York: Twelve, 2011).

16 **Ele acreditava que**: Sidgwick, Henry. *The Methods of Ethics* (Indianapolis, Indiana: Hackett, 1874/1982).

17 **A ligação entre bem-estar**: Kozlowski, Desiree. "What Is Hedonism and How Does It Affect Your Health?" *The Conversation*, 3 set. 2017, https://theconversation.com/what-is-hedonism-and-how-does-it-affect-your-health-78040.

18 **Permite que você faça um reajuste**: Rucker, Michael. "Interview with Lisa Feldman Barrett About Emotion and Affect." *Mike Rucker, Ph.D.*, 5 fev. 2021, https://michaelrucker.com/thought-leader-interviews/lisa-feldman-barrett-emotion-affect.

19 **Em contrapartida, quando estamos distraídos**: Quoidbach, Jordi, Elizabeth V. Berry, Michel Hansenne, e Moira Mikolajczak. "Positive Emotion Regulation and Well-Being: Comparing the Impact of Eight Savoring and Dampening Strategies." *Personality and Individual Differences* 49, n. 5 (2010): 368–73. https://doi.org/10.1016/j.paid.2010.03.048.

20 **Pouco antes de sua morte**: Maslow, Abraham H. "The Farther Reaches of Human Nature." *The Journal of Transpersonal Psychology* 1, n. 1 (1969): 1–9.

21 **Depois de estudar o trabalho**: Koltko-Rivera, Mark E. "Rediscovering the Later Version of Maslow's Hierarchy of Needs: Self-Transcendence and Opportunities for Theory, Research, and Unification." *Review of General Psychology* 10, n. 4 (2006): 302–317.

22 **David Bryce Yaden**: Yaden, David Bryce, Jonathan Haidt, Ralph W. Hood, David R. Vago, e Andrew B. Newberg. "The Varieties of Self-Transcendent Experience." *Review of General Psychology* 21, n. 2 (2017): 143–60. https://doi.org/10.1037/gpr0000102.

23 **Uma banda cujo propósito**: Diamond, Michael, e Adam Horovitz. *Beastie Boys Book* (Random House Publishing Group, 2018).

24 **"E é uma falácia"**: Decurtis, Anthony "Adam Yauch: 'I Don't Care If Somebody Makes Fun of Me.' " *Rolling Stone*, 28 maio 1998, https://www.rollingstone.com/music/music-news/adam-yauch-i-dont-care-if-somebody-makes-fun-of-me-188139.

25 **"Yauch ADORAVA disfarces"**: Potts, Erin. "Adam Yauch, Activism & Fake Mustaches." *Medium*, 28 nov. 2017, https://medium.com/@erin_potts/adam-yauch-activism-fake-mustaches-dc101a1524f8.

26 **Quando dançavam, envolviam-se**: Flower, Lynda. "'My Day-to-Day Person Wasn't There; It Was like Another Me': A Qualitative Study of Spiritual Experiences during Peak Performance in Ballet Dance." *Performance Enhancement & Health* 4, n. 1–2 (2016): 67–75. doi:10.1016/j.peh.2015.10.003.

Capítulo 7: Amizades são esquisitas

1 **Um artigo do *The New York Times***: Williams, Alex. "Why Is It Hard to Make Friends Over 30?" *The New York Times*, 2012, pp. 97–98.

2 **O número de membros de igrejas**: Jones, Jeffrey. "U.S. Church Membership Down Sharply in Past Two Decades." *Gallup*, 13 ago. 2021, https://news.gallup.com/poll/248837/church-membership-down-sharply-past-two-decades.aspx.

3 **Uma metanálise frequentemente citada**: Holt-Lunstad, Julianne, Timothy B. Smith, e J. Bradley Layton. "Social Relationships and Mortality Risk: A Meta-Analytic Review." *PLoS Medicine* 7, n. 7 (2010). https://doi.org/10.1371/journal.pmed.1000316.

4 **Um crítico do site de entretenimento**: Fleming, Laura Zoe. "Joke's On Who...? – Impractical Jokers U.K. (TV Review)." *VultureHound Magazine*, 9 ago. 2016, https://vulturehound.co.uk/2016/08/jokes-on-who-impractical-jokers-uk-tv-review.

5 **Amigos divertidos são como**: Reis, Harry T., Stephanie D. O'Keefe, e Richard D. Lane. "Fun Is More Fun When Others Are Involved." *The Journal of Positive Psychology* 12, n. 6 (2016): 547–57. https://doi.org/10.1080/17439760.2016.1221123.

6 **Talvez você já esteja familiarizado**: Gladwell, Malcolm. *The Tipping Point: How Little Things Can Make a Big Difference* (Little, Brown, 2006).

7 **Talvez você já esteja familiarizado**: Christakis, Nicholas A., e James H. Fowler. "Social contagion theory: examining dynamic social networks and human behavior." *Statistics in Medicine* 32, n. 4 (2013): 556–77.

8 **O contágio emocional**: Hsee, Christopher K., Elaine Hatfield, John G. Carlson, e Claude Chemtob. "The effect of power on susceptibility to emotional contagion." *Cognition and Emotion* 4, n. 4 (1990):327–40.

9 **Eles, porém, são creditados**: Stamenov, Maksim, e Vittorio Gallese, orgs. *Mirror Neurons and the Evolution of Brain and Language*, Vol. 42. (John Benjamins Publishing, 2002).

10 **Pesquisadores que estudam motivação intríseca**: Burgess, Laura G., Patricia M. Riddell, Amy Fancourt, e Kou Murayama. "The Influence of Social Contagion within Education: A Motivational Perspective." *Mind, Brain, and Education* 12, n. 4 (2018): 164–74. https://doi.org/10.1111/mbe.12178.

11 **O jogo deles apareceu**: Adams, Russell. "You're It! How I Got the 'Tag' Story." *The Wall Street Journal, Dow Jones & Company*, 16 jun. 2018, https:// www.wsj.com/articles/inside-a-journalists-pursuit-of-grown-men-playing-tag-1525963582.

12 **Como já discutimos**: Tsai, Jeanne L., Brian Knutson, e Helene H. Fung. "Cultural variation in affect valuation." *Journal of Personality and Social Psychology* 90, n. 2 (2006): 288–307. doi:10.1037/0022-3514.90.2.288.

13 **Mas, como me disse uma vez**: Rucker, Michael. "Interview with Iris Mauss About the Consequences of the Pursuit of Happiness." *Mike Rucker, Ph.D.*, 9 abr. 2021, https://michaelrucker.com/thought-leader-interviews/iris-mauss-pursuit-of-happiness.

14 **Uma ferramenta que ele achou útil**: MacLeod, Chris. "Does Meetup.com Work for Making Friends?" *Succeed Socially*, https://www.succeedsocially.com/doesmeet upwork.

15 **Em um estudo, adultos**: Hudson, Nathan W., e R. Chris Fraley. "Volitional Personality Trait Change: Can People Choose to Change Their Personality Traits?" *Journal of Personality and Social Psychology* 109, n. 3 (2015): 490–507. doi:10.1037/pspp0000021.

Capítulo 8: Diversão e paternidade

1 **Daniel Gilbert famosamente teorizou**: Gilbert, Daniel. *Stumbling on Happiness*. (Vintage Canada, 2009).

2 **Os filhos são a melhor coisa na vida**: Wargo, Eric. "Aiming at Happiness and Shooting Ourselves in the Foot." *APS Observer* 20, n. 7 (2007).

3 **Um estudo de 2016**: Glass, Jennifer, Robin W. Simon, e Matthew A. Andersson. "Parenthood and happiness: Effects of work-family reconciliation policies in 22 OECD countries." *American Journal of Sociology* 122, n. 3 (2016): 886-929.

4 **Ou talvez as crianças só deixem**: Blanchflower, David. "Children, Unhappiness and Family Finances: Evidence from One Million Europeans." *NBER*, 25 fev. 2019, https://www.nber.org/papers/w25597.

5 **O estudo chamou essas pessoas**: Ashton-James, Claire E., Kostadin Kushlev, e Elizabeth W. Dunn. "Parents reap what they sow: Child-centrism and parental well-being." *Social Psychological and Personality Science* 4, n. 6 (2013): 635–42. https://doi.org/10.1177/1948550613479804.

6 **Geralmente se define brincar**: Yogman, Michael, Andrew Garner, Jeffrey Hutchinson, Kathy Hirsh-Pasek, Roberta Michnick Golinkoff, Rebecca Baum, Thresia Gambon et al. "The power of play: A pediatric role in enhancing development in young children." *Pediatrics* 142, n. 3 (2018).

7 **Entretanto, crianças que não receberam**: Bonawitz, Elizabeth, Patrick Shafto, Hyowon Gweon, Noah D. Goodman, Elizabeth Spelke, e Laura Schulz. "The Double-Edged Sword of Pedagogy: Instruction Limits Spontaneous Exploration and Discovery." *Cognition* 120, n. 3 (2011): 322–30. https://doi.org/10.1016/j.cognition.2010.10.001.

8 **Esse *insight* vem do professor Peter Gray**: Gray, Peter. "Playing with Children: Should You, and If So, How?" *Psychology Today*, 6 set. 2014. https://www.psychologytoday.com/us/blog/freedom-learn/201409/playing-children-should-you-and-if-so-how.

9 **O comediante Maz Jobrani**: "'Persian Parents Party' | Maz Jobrani—I'm Not a Terrorist but I've Played One on TV." *YouTube*, publicado por Maz Jobrani, 6 dez. 2016, https://www.youtube.com/watch?v=b750fKHXS18.

10 **Ao que parece, Jobrani e minha colega**: Lancy, David F. *The Anthropology of Childhood: Cherubs, Chattel, Changelings* (Cambridge University Press, 2008).

11 **E, de fato, em outras partes do mundo**: Moore, Lela. "From Tokyo to Paris, Parents Tell Americans to Chill." *The New York Times*, 2 ago. 2018, https://www.nytimes.com/2018/08/02/reader-center/free-range-parenting-outside-united-states.html.

12 **A pesquisa do Dr. Yogman**: Yogman, Michael, Andrew Garner, Jeffrey Hutchinson, Kathy Hirsh-Pasek, Roberta Michnick Golinkoff, Rebecca Baum, Thresia Gambon et al. "The power of play: A pediatric role in enhancing development in young children." *Pediatrics* 142, n. 3 (2018).

13 **Outras pesquisas também indicam**: Cates, Carolyn Brockmeyer, Adriana Weisleder, Benard P. Dreyer, Samantha Berkule Johnson, Kristina Vlahovicova, Jennifer Ledesma, e Alan L. Mendelsohn. "Leveraging Healthcare to Promote Responsive Parenting: Impacts of the Video Interaction Project on Parenting Stress." *Journal of Child and Family Studies* 25, n. 3 (2015): 827–35. https://doi.org/10.1007/s10826-015-0267-7.

14 **Eles queriam orientar as crianças**: Shine, Stephanie, e Teresa Y. Acosta. "Parent-Child Social Play in a Children's Museum." *Family Relations* 49, n. 1 (2000) 45–52. doi:10.1111/j.1741-3729.2000.00045.x.

15 **Por exemplo, o Dr. Thomas A. Harris**: Harris, Thomas Anthony. *I'm OK—You're OK* (New York: Harper & Row, 1967).

16 **Em *The Alter Ego Effect***: Herman, Todd. *The Alter Ego Effect: The Power of Secret Identities to Transform Your Life* (New York: HarperCollins, 2019).

17 **A oportunidade de aprendizagem**: Rucker, Michael. "Interview with Susanne Cook-Greuter About Fun and the Ego." *Mike Rucker, Ph.D.*, 2 fe A oportunidade de aprendizagem. 2021, https://michaelrucker.com/thought-leader-interviews/dr-susanne-cook-greuter-about-fun-and-the-ego.

18 **Yogman (o professor de Harvard)**: Yogman, Michael. "Fathers' Roles in the Care and Development of Their Children: The Role of Pediatricians." *American Academy of Pediatrics*, 1 jul. 2016, https://pediatrics.aappublications.org/content/138/1/e20161128.

19 **Um estudo israelense, por exemplo**: Feldman, Ruth, Ilanit Gordon, Inna Schneiderman, Omri Weisman, and Orna Zagoory-Sharon. "Natural Variations in Maternal and Paternal Care Are Associated with Systematic Changes in Oxytocin Following Parent–Infant Contact." *Psychoneuroendocrinology* 35, n. 8 (2010): 1133–41. https://doi.org/10.1016/j.psyneuen.2010.01.013.

20 **Em 70% das vezes**: Yogman, Michael W. "Games Fathers and Mothers Play with Their Infants." *Infant Mental Health Journal* 2, n. 4 (1981): 241–48.

21 **Em *Savoring* [Saboreando]**: Fred B. Bryant and Joseph Veroff, *Savoring: A New Model of Positive Experiences* (New Jersey: Lawrence Erlbaum Associates, 2007), pg 41.

22 **A autora Rachel Macy Stafford**: Stafford, Rachel Macy. "Six Words You Should Say Today." *Hands Free Mama*, 3 out. 2020, https://www.handsfreemama.com/2012/04/16/six-words-you-should-say-today.

23 **Um estudo recente da Universidade de Toledo**: Dauch, Carly, Michelle Imwalle, Brooke Ocasio, e Alexia E. Metz. "The Influence of the Number of Toys in the Environment on Toddlers' Play." *Infant Behavior and Development* 50 (2018): 78–87. https://doi.org/10.1016/j.infbeh.2017.11.005.

24 **Discutindo o fenômeno em *Savoring***: Fred B. Bryant and Joseph Veroff, *Savoring: A New Model of Positive Experiences* (New Jersey: Lawrence Erlbaum Associates, 2007), pg. 42.

Capítulo 9: Leve seu Hábito da Diversão para o trabalho

1 **Num projeto de investigação sobre o desempenho acadêmico**: Woolley, Kaitlin, e Ayelet Fishbach. "For the Fun of It: Harnessing Immediate Rewards to Increase Persistence in Long-Term Goals." *Journal of Consumer Research* 42, n. 6 (2016) 952–66. doi:10.1093/jcr/ucv098.

2 **Esses estudos também revelaram**: Woolley, Kaitlin, e Ayelet Fishbach. "Immediate Rewards Predict Adherence to Long-Term Goals." *Personality and Social Psychology Bulletin* 43, n. 2 (2016): 151–62. doi:10.1177/0146167216676480.

3 **Em 2020, Erik Gonzalez-Mulé e Bethany S. Cockburn**: Gonzalez-Mule, Erik, e Bethany S. Cockburn. "This Job Is (Literally) Killing Me: A Moderated-Mediated Model Linking Work Characteristics to Mortality." *Journal of Applied Psychology* 106, n. 1 (2021): 140–51. doi:10.1037/apl0000501.

4 **Como concluiu uma revisão**: Lammers, Joris, Janka I. Stoker, Floor Rink, e Adam D. Galinsky. "To Have Control over or to Be Free from Others? The Desire for Power Reflects a Need for Autonomy." *Personality and Social Psychology Bulletin* 42, n. 4 (2016): 498–512. https://doi.org/10.1177/0146167216634064.

5 **A teoria da autodeterminação**: Deci, E. L., & R. M. Ryan (2012). "Self-determination theory." In P. A. M. Van Lange, A. W. Kruglanski, & E. T. Higgins (Orgs.). *Handbook of Theories of Social Psychology* (pp. 416–436). (Sage Publications Ltd.) https://doi.org/10.4135/9781446249215.n21.

6 **Essa foi a conclusão de John Trougakos**: Trougakos, John P., Ivona Hideg, Bonnie Hayden Cheng, e Daniel J. Beal. "Lunch Breaks Unpacked: The Role of Autonomy as a Moderator of Recovery During Lunch." *Academy of Management Journal* 57, n. 2 (2014): 405–21. https://doi.org/10.5465/amj.2011.1072.

7 **Numa palestra agora amplamente divulgada**: Cleese, John. "Creativity in Management." Palestra no Grosvenor House Hotel, Londres, RU, 23 jan. 1991.

8 **Eu mesmo passei a usar esse método**: Frachon, Kate. "Turn Your Weekly To-Do List into a Raise or Promotion." *Ink+Volt*, 11 meio 2017, https://inkandvolt.com/blogs/articles/turn-your-weekly-to-do-list-into-a-raise-or-promotion.

9 **Se você é o proprietário de uma pequena empresa**: Jarvis, Paul. *Company of One: Why Staying Small Is the Next Big Thing for Business* (Boston: Houghton Mifflin, 2019).

10 **Os autores Adam Gazzaley e Larry Rosen**: Gazzaley, Adam, e Larry D. Rosen. *The Distracted Mind: Ancient Brains in a High-Tech World* (Cambridge, Massachusetts: MIT Press, 2016).

11 **Depois que um atleta toma consciência**: Hanin, Yuri L. "Emotions and Athletic Performance: Individual Zones of Optimal Functioning Model." *European Yearbook of Sport Psychology* 1 (1997): 29–72.

12 **Os psicólogos e pesquisadores Robert Yerkes e John Dodson**: Yerkes, Robert M., e John D. Dodson. "The Relation of Strength of Stimulus to Rapidity of HabiFormation." *Journal of Comparative Neurology and Psychology* 18, n. 5 (1908): 459–82. doi:10.1002/cne.920180503.

13 **Foi isso que Nicholas Epley e Juliana Schroeder**: Epley, Nicholas, e Juliana Schroeder. "Mistakenly Seeking Solitude." *Journal of Experimental Psychology: General* 143, n. 5 (2014): 1980.

14 **Depois de seu solo**: "Dave Grohl Lets Fan Play Guitar On Stage. 'Brady'— Foo Fighters PlayStation E3 Party 2003." *YouTube*, publicado por rage12345678, 30 out. 2013, https://www.youtube.com/watch?v=2L83Cmf58Dw.

15 **"Na minha pesquisa, descobri"**: Fogg, BJ. "How You Can Use the Power of Celebration to Make New Habits Stick." *Ted*, 6 jan. 2020, https://ideas.ted.com/how-you-can-use-the-power-of-celebration-to-make-new-habits-stick.

16 **Michael Gervais**: Gervais, Michael. The Passion Trap (blog). *LinkedIn Pulse*, 10 jul. 2020. https://www.linkedin.com/pulse/passion-trap-michael-gervais.

17 **Mas vale a pena ser intencional**: Sonnentag, Sabine, Carmen Binnewies, e Eva J. Mojza. " 'Did You Have a Nice Evening?' A Day-Level Study on Recovery Experiences, Sleep, and Affect." *Journal of Applied Psychology* 93, n. 3 (2008): 674–84. https://doi.org/10.1037/0021-9010.93.3.674.

Capítulo 10: O prazer da diversão difícil, ou como realizar quase tudo

1 **O prazer – sentir-se bem**: Kringelbach, Morten L., e Kent C. Berridge. "Towards a Functional Neuroanatomy of Pleasure and Happiness." *Trends in Cognitive Sciences* 13, n. 11 (2009): 479–87. doi:10.1016/j.tics.2009.08.006.

2 **Ao longo da última década**: Ehrlich, Christian. "Be Careful What You Wish For but Also Why You Wish for It—Goal-Striving Reasons and Subjective Well-Being." *The Journal of Positive Psychology* 7, n. 6 (2012): 493–503. doi:10.1080/17439760.2012.721382.

3 **Houve até relatos**: Hopkins, Benjamin S., Daniel Li, Mark Svet, Kartik Kesavabhotla, e Nader S. Dahdaleh. "CrossFit and Rhabdomyolysis: A Case Series of 11 Patients Presenting at a Single Academic Institution." *Journal of Science and Medicine in Sport* 22, n. 7 (2019): 758–62. https://doi.org/10.1016/j.jsams.2019.01.019.

4 **Em seu artigo "The Hidden Cost of Personal Quantification"**: Etkin, Jordan. "The Hidden Cost of Personal Quantification." *Journal of Consumer Research* 42, n. 6 (2016): 967–984.

5 **Essas descobertas foram replicadas**: Kent, Rachael. "Self-Tracking Health Over Time: From the Use of Instagram to Perform Optimal Health to the Protective Shield of the Digital Detox." *Social Media + Society* 6, n. 3 (2020): 205630512094069. doi:10.1177/2056305120940694.

6 **O trabalho da Dra. Etkin explora**: Rucker, Michael. "Interview with Jordan Etkin About the Folly of Activity Tracking." *Mike Rucker, Ph.D.*, 23 dez. 2020, https://michaelrucker.com/thought-leader-interviews/dr-jordan-etkin-activity-tracking-folly.

7 **Enquanto isso, as crianças do grupo**: Lepper, Mark R., David Greene, e Richard E. Nisbett. "Undermining Children's Intrinsic Interest with Extrinsic Reward: A Test of the 'Overjustification' Hypothesis." *Journal of Personality and Social Psychology* 28, n. 1 (1973): 129–37. https://doi.org/10.1037/h0035519.

8 **Vi isso acontecer em tempo real**: "New Study Brings Value of Activity and Biometric Tracking into Question." *PRWeb*, 26 fev. 2013, https://www.prweb.com/releases/fitness/tracking/prweb10470191.htm.

9 **Na primeira corrida do Ironman**: Carlson, Timothy. "First Ironman Champion." *Slowtwitch*, https://www.slowtwitch.com/Interview/First_Ironman_Champion__7033.html.

10 **Sou um grande fã da ideia de incentivos (*nudges*)**: Thaler, Richard H., e Cass R. Sunstein. *Nudge: Improving Decisions about Health, Wealth, and Happiness* (New York: Penguin, 2009).

11 **Muitos estudos mostram que a aparência**: Wadhera, Devina, e Elizabeth D. Capaldi-Phillips. "A Review of Visual Cues Associated with Food on Food Acceptance and Consumption." *Eating Behaviors* 15, n. 1 (2014): 132–43. doi:10.1016/j.eatbeh.2013.11.003.

12 **Por exemplo, um estudo mostrou**: Turnwald, Bradley P., Danielle Z. Boles, e Alia J. Crum. "Association between indulgent descriptions and vegetable consumption: Twisted carrots and dynamite beets." *JAMA Internal Medicine* 177, n. 8 (2017): 1216–18.

13 **O cofundador Daniel Spils compartilhou**: Argument, The. "1 of My 43 Things." *Medium*, 9 set. 2016. https://medium.com/theargument/1-of-my-43-things-271d076c2ba8.

Capítulo 11: A diversão é uma força para a mudança

1 ***Ser* a mudança que você deseja**: Ehrlich, Christian. "The Goal-Striving Reasons Framework: Further Evidence for Its Predictive Power for Subjective Well-Being on a Sub-Dimensional Level and on an Individual Goal-Striving Reasons Level as Well as Evidence for Its Theoretical Difference to Self-Concordance." *Current Psychology* 40, n. 5 (2019): 2261–74. doi:10.1007/s12144-019-0158-y.

2 **Embora satírico, o trecho é engraçado**: "Nothing for Hungry Kids." *South Park Digital Studios LLC*, publicado por South Park, 21 out. 2015, https://www.southparkstudios.com/video-clips/lit77f/south-park-nothing-for-hungry-kids.

3 **A maioria de nós sente vontade**: Schwartz, Barry. *The Paradox of Choice: Why More Is Less* (New York: Ecco, 2004).

4 **A diversão é obviamente um resultado importante**: Jessica Blatt Press. "Ideas We Should Steal: Turning Blight into Play Spaces." *The Philadelphia Citizen*, 9 fev. 2021, https://thephiladelphiacitizen.org/ideas-we-should-steal-turning-blight-into-play-spaces.

5 **Na verdade, parece produzir o efeito oposto**: Montague, Anne C., e Francisco Jose Eiroa-Orosa. "In It Together: Exploring How Belonging to a Youth Activist Group Enhances Well-Being." *Journal of Community Psychology* 46, n. 1 (2017): 23–43. doi:10.1002/jcop.21914.

6 **Compartilhar um propósito**: Ibid.

7 **Oferecer seu tempo para ajudar**: Umberson, Debra, e Jennifer Karas Montez. "Social Relationships and Health: a Flashpoint for Health Policy."

Journal of Health and Social Behavior 51, n. 1_suppl (2010): S54-S66. doi:10.1177/0022146510383501.

8 **Oferecer seu tempo para ajudar**: Ibid.

9 **Oferecer seu tempo para ajudar**: Berkman, Lisa S. and S. Leonard Syme. "Social Networks, Host Resistance, And Mortality: A Nine-Year Follow-Up Study of Alameda County Residents" *American Journal of Epidemiology* 109, Volume 2 (1979): 186–204, https://doi.org/10.1093/oxfordjournals.aje.a112674.

10 **Até mesmo doar dinheiro**: Yoruk, Barış K. "Does Giving to Charity Lead to Better Health? Evidence from Tax Subsidies for Charitable Giving." *Journal of Economic Psychology* 45 (2014): 71–83. doi:10.1016/j.joep.2014.08.002.

11 **As crianças que se voluntariam**: Johnson, Monica Kirkpatrick, Timothy Beebe, Jeylan T. Mortimer, and Mark Snyder. "Volunteerism in Adolescence: A Process Perspective." *Journal of Research on Adolescence* 8, n. 3 (1998): 309–32. https://doi.org/10.1207/s15327795jra0803_2.

12 **Isso se deve em grande parte**: Breines, Juliana, "Three Strategies for Bringing More Kindness into Your Life." *Greater Good*, 16 set. 2015, https://greatergood.berkeley.edu/article/item/three_strategies_for_bringing_more_kindness_into_your_life.

13 **Na sua noite mais movimentada**: ALS Association. "The ALS Association FY 2015 Annual Report." *Issuu*, https://issuu.com/alsassociation/docs/020816-fy-2015-annual-report-websit.

14 **Elas financiaram pesquisas**: "Ice Bucket Challenge Dramatically Accelerated the Fight Against ALS." *ALSA*, http://web.alsa.org/site/PageNavigator/pr_060419.html.

15 **É isso mesmo, o grupo que simplesmente**: Ko, Kellon, Seth Margolis, Julia Revord, e Sonja Lyubomirsky. "Comparing the Effects of Performing and Recalling Acts of Kindness." *The Journal of Positive Psychology* 16, n. 1 (2019): 73–81. https://doi.org/10.1080/17439760.2019.1663252.

16 **Um estudo descobriu que a pressão:** Maslach, Christina, e Mary E. Gomes. "Overcoming Burnout." Em R. M. MacNair (Org.) & Psychologists for Social Responsibility. *Working for Peace: A Handbook of Practical Psychology and Other Tools* (Oakland, California: Impact Publishers/New Harbinger Publications, 2006), pp. 43–49.

17 **Ele deu crédito à sua mãe**: Aitkenhead, Decca. "The Daily Show's Trevor Noah: 'I Am Extremely Political.'" *The Guardian*, 28 nov. 2017, https://www.theguardian.com/culture/2016/nov/25/trevor-noah-interview.

Conclusão: Encontrando Ultima

1 **Isso foi exaustivamente explorado**: Solomon, Sheldon, Jeff Greenberg, e Tom Pyszczynski. *The Worm at the Core: On the Role of Death in Life* (New York: Random House, 2015).

2 **“E essa urgência, esse propósito”**: Elias, Ric. “3 Things I Learned While My Plane Crashed.” *TED Talks*, publicado por TED Talks, 22 abr. 2011, https://www.ted.com/talks/ric_elias_3_things_i_learned_while_my_plane_crashed.

3 **David Bowie, por exemplo**: Walters, Joanna, e Edward Helmore. “David Bowie’s Last Days: An 18-Month Burst of Creativity.” *The Guardian*, 26 mar. 2020, https://www.theguardian.com/music/2016/jan/15/david-bowies-last-days-an-18-month-burst-of-creativity.

4 **Um estudo científico que explorou**: Gamble, John Wylie. “The Relationship of Self-Actualization and Authenticity to the Experience of Mortality.” (1975): 3578-3578.

5 **Um estudo de Catherine Nogas**: Nogas, Catherine, Kathy Schweitzer, e Judy Grumet. “An Investigation of Death Anxiety, Sense of Competence, and Need for Achievement.” *OMEGA-Journal of Death and Dying* 5, n. 3 (1974): 245—55.

6 **Um estudo conduzido por John Ray**: Ray, J. J., e J. Najman. “Death Anxiety and Death Acceptance: A Preliminary Approach.” *OMEGA—Journal of Death and Dying* 5, n. 4 (1975): 311—15. doi:10.2190/mhel-88yd-uhkf-e98c.

7 **John Blazer, pesquisador da Universidade de Miami**: Blazer, John A. “Relationship Between Meaning In Life And Fear Of Death.” *Psychology* 10, n. 2 (1973): 33—34.

8 **De acordo com David Sobel**: Sobel, David E. “Death and dying.” *AJN The American Journal of Nursing* 74, n. 1 (1974): 98—99.

9 **“Cafés da Morte”**: “Forthcoming Death Cafes,” *Death Cafe*, https://deathcafe.com/deathcafes.

10 **Esses “marcos temporais” podem**: Dai, Hengchen, Katherine L. Milkman, e Jason Riis. “The Fresh Start Effect: Temporal Landmarks Motivate Aspirational Behavior.” *Management Science* 60, n. 10 (2014): 2563—82. https://doi.org/10.1287/mnsc.2014.1901.

11 **Quando se entende por completo**: Kibler-Ross, Elisabeth. *Death: The Final Stage of Growth* (Englewood Cliffs, New Jersey: Prentice-Hall, 1975).

12 **Em sua palestra Really Achieving**: Pausch, Randy. *Really Achieving Your Childhood Dreams* (Network Media Group, Carnegie Mellon University, 2007).

13 **Sua última e inspiradora palestra**: Pausch, Randy. *The Last Lecture* (Hachette Books, 2008).

14 **A ciência também apoia o mantra de McNamara**: Hui, Bryant P., Jacky C. Ng, Erica Berzaghi, Lauren A. Cunningham-Amos, e Aleksandr Kogan. “Rewards of Kindness? A Meta-Analysis of the Link between Prosociality and Well-Being.” *Psychological Bulletin* 146, n. 12 (2020): 1084—116. https://doi.org/10.1037/bul0000298.

Acreditamos
nos livros

Este livro foi composto em Ibarra Real Nova e
impresso pela Lis Gráfica para a Editora Planeta
do Brasil em julho de 2025.